U0138995

警察職權行使法概論

蔡震榮、黃清德 | 著

POLICE POWER EXERCISE ACT · POLICE POWER

五南圖書出版公司 印行

四版序

　　由於警察資訊蒐集日益重要，本次改版與黃清德教授合作，黃教授正是此領域之專家，本次改版增加了資訊蒐集部分，係由黃教授主導，希望藉由黃教授之加入，使本書更爲完備。

　　我國警察職權行使法是參考德國警察法而來，德國近幾年在資訊蒐集部分，逐步加強，反而我國法處於停滯階段，黃教授在此部分參考美國與德國之新發展，增加本書在此領域之可看性，希望藉此能引起立法者之注意，並期許未來立法時能考慮增加有關資訊蒐集的相關規定。

　　本次修正也增加一些案例，透過案例解析，使讀者更能瞭解本書之內容敘述。

蔡震榮 於玄奘大學

2019年10月19日

三版序

　　有關警察資料蒐集部分，隨著恐怖主義之高漲，如美國2001年911事件以及最近2015年11月13日法國巴黎恐怖攻擊，讓歐美國家感受治安重要性，而不斷增加警察於資料處理上之職權。加上科技日益月新，犯罪型態變化不只使得原本的警察職權產生變革，亦促使執法機關偵辦案件時透過資料蒐集手段不斷的翻新。警察蒐集資料時善用科技工具為達維護公共安全的積極目的，卻也相對地導致警察的職權與執法行為可能因此踩到了侵害基本人權的紅線。

　　我國目前並無恐怖攻擊事件之發生，然而，警察也會以科技來輔助職權之行使，是否增加警察資料蒐集之職權，容有探究。

　　本次修訂在逐條釋義部分，針對第三條第三項有關誘捕偵查部分，作一些補充，在第七條部分有關警察職權行使遭受民眾錄音錄影時之法律關係作探討，其次，在第二十八條有關警察概括條款以及補充性條款，增列一些學者意見作比較分析。

　　未來警察職權行使法，是否如歐美國家增加一些警察資料蒐集之手段，以確保公共秩序與國家安全，但也應同時顧及人民之隱私與資訊自決權，是我們應深切思考之問題。

　　本次感謝高雄大學李兆麒研究生幫忙校稿。

蔡震榮

2016年3月13日

contents 目錄

第一篇　專　論

附　錄

第一篇
專　論

摘　要

警察職權行使法之通過，是立法院版與行政院版的角力、德國版與日本版之競爭，亦即，以公益爲重與保障人權爲先的評比，最後我國採用了「德國版」，並添加了我國因應實務需要的一些規定。

本法對警察職權之行使手段是採取行政與刑事並進的模式。其中一些犯罪偵查的手段如線民或釣魚方式，本法也有規定。

本法擴充警察相當的權限，尤其第二章身分查證與資料蒐集部分，警察採取了行政與刑事手段並進之情形，增加警察的執行力，但警察仍應遵守法律之程序與規定以及執法技巧，以確保人權之保障。

關鍵字：

警察職權、職務執行、公權力、臨檢、防止危害、具體危害、犯罪預防、強制力、總則、身分查證、資料蒐集、即時強制、管束、救濟。

壹、前言

警察職權行使是公權力行使的一種方式，此種公權力行使與人民權利息息相關，是一種最能直接且明顯反映民意之職權行使方式。吾人觀之，最近有關交通超速照相以及花蓮賄選警察臨檢的問題，引起社會相當廣泛的辯論即可得知，因此，如何就其公權力行使與人民權利取其平衡，是本部法律之重點。

---

* 本文原刊載於：法學講座，第19期，2003年7月，頁10-23。

制定警察職權行使法之理由，肇始於警察之臨檢缺乏有關的法律規定，警察勤務條例第11條第3款雖有對「臨檢」作定義規定而稱：「於公共場所或指定處所、路段，由服勤人員擔任臨場檢查或路檢，執行取締、盤查及有關法令賦予之勤務。」然而，由於該條文缺乏程序、執行要件以及有關權利義務之規定，導致警察執法之際經常與民眾發生爭議。

由於法律規定不全導致警察執法之困難，為了使警察執法符合法律之要求，1999年內政部警政署乃委託李震山教授草擬「警察職務執行法」草案。

在該草案草擬完成後，送內政部審查之際，恰逢釋字第535號解釋。大法官在釋字第535號解釋中，對警察實施臨檢發動要件以及程序，提出諸多批評。因此，該草案重新退回警政署修正，增列大法官解釋之主要內容。雖然如此，其主要內容仍大致以李震山教授所提之版本為主。然而，本案送行政院時，行政院重新思考警察之定位，並參考日本警察官職務執行法，侷限「警察職權行使」所採手段於「行政調查」範圍內，因而，最後行政院送立法院之版本，刪除「刑事調查」之手段規定，如資料蒐集所採取的監視、線民等手段，而與內政部版本產生極大差異，行政院版主要內容以釋字第535號解釋為主，但在本法審議時，立法院本身所提版本卻又採用李震山教授版本，而三讀通過的警察職權行使法主要以立法院之版本為重點，亦即，是以陳其邁委員所提之版本為主[1]。由於立法院版本與行政院所提版本之精神有極大差異，因此，本文擬先簡單介紹各版本之特色，而後對現行法之內容作介紹與評析。

貳、警察職權之特色

各國警察權行使範圍各有不同，我國學者[2]在本法立法之前亦曾試圖

---

[1]　該版本在逐條討論時，警察改革協會與中華警政研究學會也參與之，例如：有關帶往使用強制力之規定，是在一次協調會上，與實務界的交換意見中所得出的結論。

[2]　月旦法學雜誌（「釋字第五三五號解釋座談會」，第81期，2002年2月，頁34-47）及台灣本土法學雜誌（「『從釋字第五三五號解釋談警察臨檢的法制與實務』座談會」，第33期，2002年4月，頁61-122），就本議題曾請學者發表意見。而在立法前夕，台灣本土法學雜誌於第44期（2003年3月），以「警察職務執行之定位與出發」作為特別企劃之專題報導。

分析各國之情形，主要仍集中以德國與日本兩國為重點，立法三讀通過的警察職權行使法，則是採用「德國式」的警察權，而摒棄「日本式」，前者屬立法院版本，後者為行政院版。

一、德國警察職權之特色

德國區分警察任務為二，一為「防止危害」，另一為「犯行追緝」，前者受警察法所規範，屬警察預防性之作為（präventiv），可依法自行處理之範圍；後者受刑事訴訟法之規範，屬警察事後犯行追訴之作為（repressiv），係警察立於檢察官助手的地位，而協助檢察官偵查犯罪。前述兩者對警察行使職權而言，經常難予分割，且由於犯罪類型以及手段不斷推陳出新，且為應付組織性犯罪以及恐怖活動之盛行[3]，警察也知道，僅以目前警察法以及刑事訴訟法上之方法與手段，已不足於應付組織性犯罪，因此，德國乃擴充警察在警察法上的權限，警察權之發動原因，不再僅侷限在防止危害上[4]，且及於新增的「犯行的預先抗制」（Vorbeugende Bekämpfung von Straftaten），其又包括兩種情形，其一為犯罪預防，屬具體危害之前置階段，為阻止犯行發生所造成之損害的預防措施（防止危害的前階段）。另一為追緝將來犯行的預備（Vorsorge）（刑罰追緝的前階段）。上述兩概念之解釋，請參閱下列圖示。此種新增加的領域，是擴充警察權發動要件，由於此種情形是在危害或犯罪尚未發生之際，警察通常僅是處在「資料蒐集」的狀況，為能有效蒐集資料，以防止將來危害或犯罪之發生，法律上應准許警察利用一些科技工具或相關之人來執行蒐集資料之工作。而這些手段之採取，已由傳統的「行政調查手段」諸如查證身分，擴充至「刑事調查手段」如警察依法採取資料蒐集、傳遞與儲存，公開活動的錄影與錄音以及鑑識措施等[5]。

---

[3] Michael Kniesel, Vorbeugende Bekämpfung von Straftaten im neuen Polizeirecht-Gefahrenabwehr oder Strafverfolgung?, ZRP 1989, S.332.

[4] 警察所稱的危害，是指依事物個案狀態的發展，有充分可能性在可預見時間內，將會發生對公共安全或秩序造成損害，亦即，可能造成警察所保護之法益受到損害。

[5] 德國在1983年因全民普查被宣告違憲後，德國聯邦與各邦統一警察法標準草案於1986年3月12日，乃增列有關「資料蒐集」部分，隨後於1998年基本法第13條增列第4項有關警察的大監聽規定，將警察秘密監視合法化。

茲以下列圖示表示德國警察法規定警察權之範圍[6]：

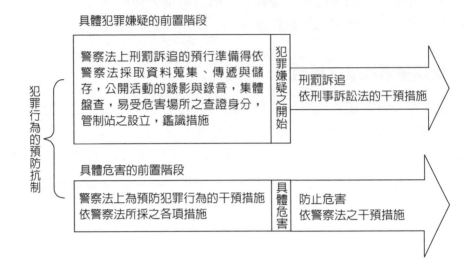

上述若干措施，例如集體盤查、管制站之設立以及鑑識措施，不僅於警察法，同時也在刑事訴訟法上作重複規定，此種重複規定，雖有利於警察職權之行使，但對於人權之保障就多所限制[7]。因此，我國有人對此提出批評而認為：「德國警察職權行使法制，是在假行政之名而行司法之實，違反了『不當連結原則』[8]。」

二、日本警察權發動之依據

日本警察盤檢之發動，主要是依據警察官職務執行法而來，與盤檢有關條文是該法第2條所規定的攔停、盤問、同行以及第6條進入公眾得出入場所之檢查。

6　Josef König, Eingriffsrecht: Maßnahmen der Polizei nach der Strafprozessordnung und dem Polizeigesetz Baden-Württemberg, 1996, S. 49.
7　蔡震榮，警察職務執行條例草案之探討，台灣本土法學雜誌，2003年3月，第44期，頁101。
8　鄭善印，警察臨檢法制問題之研究，收錄於：內政部警政署警政法學研討會，內政部編印，2002年6月11日，頁52。

(一)盤檢發動之目的及其要件

　　日本警察官職務執行法第2條以及第6條是規定盤檢發動的目標，第2條之攔停、盤問是以「犯罪偵查」爲盤查目標，該條第1項稱：「警察官，從異常舉動及周圍情況爲合理的判斷，認具有足以懷疑犯罪或犯罪之虞之相當理由者，或已知悉犯罪或將從事犯罪情事者，得使其停駐，並爲質問。」本項以「犯罪偵查」爲目的，而非以「防止危害」爲發動。而第6條第2項規定：「遊樂業、旅館、料理店、車站及其他多數客人集中之場所之管理人或相當於管理人者，於公開營業時間內，警察爲犯罪之預防及人民生命、身體或財產之危害預防，要求進入場所者，非有正當理由，不得拒絕。」其發動原因，明顯比第2條規定更寬，除「犯罪預防」外，尚包括「危害預防」。分析上述盤查發動目的，似乎無法涵蓋在所謂行政法上「行政調查」之範圍，因爲它不再侷限在「危害防止」上，而是應視其爲介於刑事偵查程序與行政調查程序之間的警察職務行爲[9]。

(二)強制力行使的界限

　　警察採取警察官職務執行法第2條所稱「攔停、盤問、同行」手段而遭受拒絕時，是否得使用強制力，是一個相當值得討論的問題，該法第2條第2項規定：「前項質問，若在現場爲之係對本人不利，或妨害交通者，得要求其同行至附近之警察署、派出所或駐留所[10]。」因此種手段之採取屬於所謂的「任意調查」以及「任意同行」，不得以強制力爲之，爲日本多數學者所主張。

　　至於第6條第2項「警察爲犯罪之預防及人民生命、身體或財產之危害預防，要求進入場所者，非有正當理由，不得拒絕。」而對公眾得出入場所實施檢查，其發動要件是「預防犯罪與危害」，且因有其急迫性，故多數學者認爲該實施檢查手段爲即時強制，得使用強制力爲之[11]。

9　此爲鄭善印氏所持意見，參閱：鄭善印，同前揭註8，頁54；但學者蔡秀卿，則仍視其爲「行政調查」行爲，就此請參閱：蔡秀卿，日本警察臨檢法制與實務——兼論大法官釋字第五三五號解釋，台灣本土法學雜誌，第33期，2002年4月，頁85以下。

10　我國釋字第535號有關同行之規定，則深受該條第2項影響，且在行政院版草案中規定之。

11　蔡秀卿，同前揭註9，頁88。

日本學界及實務界，一般認為警察權之發動，雖非純粹行使行政權之範圍，但亦不得跨越至刑事偵查程序，而使用刑事偵查之手段，兩者之間應保持一定之界限[12]。只有在該行為已達刑事訴訟法之規定，才可使用刑事訴訟法強制之規定，否則只能依警察官職務執行法採取措施。

綜觀日本的警察官職務執行法，吾人可約略分成兩階段，其一為發動要件，第2條與第6條之規定，除行政上具體危害外，尚可包括司法上犯罪預防要素在內；另一為手段之採取，第2條為任意性行政調查，第6條雖對於公眾得出入場所之檢查，因其構成要件符合所謂即時強制要件，故得以強制力為之[13]。但兩者所採取之手段，仍屬於行政上之手段，而非司法之手段。

三、行政院版警察職務執行條例草案之內容評析

我國行政院版的警察職務執行條例送立法院之版本，內容係依據釋字第535號而來，主要精神卻與日本法類似。釋字第535號是針對警察臨檢而來，其對警察臨檢之實施，因缺乏程序以及手段相關法令之規定，而提出諸多批評[14]。行政院版有關臨檢內容之規定，其實只是釋字第535號解釋的翻版，其將內政部所提出的版本（根據李震山教授所草擬以德國法為主）凡屬於涉及有關採取犯罪偵查手段之條文全部刪除，將警察職權侷限在「臨檢勤務」上，且僅得採取不具強制力行政手段以及即時強制措施等。該草案約略可歸納如下缺點：

(一)發動要件過於嚴格

該草案對警察職權之行使，所規定的發動構成要件過於嚴格，是以釋字第535號解釋所稱的「相當理由」為準，如此嚴格要件，將會導致警察權難以運作，而錯失防止具體危害或制止犯罪之機會。

---

[12] 林裕順，談警察風格之展現，警光雜誌，第554期，2002年9月，頁43。

[13] 有關於此，其與我國營業場所之區別在於，日本法之規定僅只在於強制進入，如何採取其他措施並無規定，我國草案第6條則對營業場所是採取盤檢手段，因此兩者內容有所不同。

[14] 有關釋字第535號解釋之分析，參閱蔡震榮，同前揭註7，頁96以下。

(二)缺乏給予警察必要時之強制力

　　該法案著重基本人權之保障，對警察臨檢之實施，若有不遵從警察命令，例如現場身分無法查證，要求同行，當事人若不從，得否使用強制力，該法案並無規定[15]。

(三)法規名稱不當

　　以「警察職務執行條例」作為法規名稱，概念不清，備受爭議，甚至連警察同仁也產生混淆[16]。且由於該版本將警察職權侷限在有限範圍內（以臨檢為重點），過於狹隘，因此，有人建議應適度放寬其適用範圍並更改其名稱為「警察職權行使法」[17]。

參、立法院通過之警察職權行使法的評析

一、本法之精神

(一)立法之經過

　　本法在立法院審查時（2003年4月8日），除行政院所提版本外，尚有由立法委員陳其邁、邱太三等所提之立法院版本，最後獲得通過之條文主要以立法院版本為主[18]，其主要係根據李震山教授研究之版本而來[19]，該法如前所述，將警察職權之發動擴充至於「危害或犯罪尚未發生」的資料蒐集上，對警察權之行使是採行政與刑事手段兩者並進之模式。因此，本法之精神除側重強調「維持公共秩序與保護社會安全」之功能，但也同時兼顧「保障人民之權益」，與行政院版著重「保障人民之權益」，功能上有極大不同。

---

[15] 該條規定是參考日本警察官職務執行法第2條第2項而來，日本法對於同行是不准使用強力的。
[16] 李震山主持，警察職務執行法草案之研究，內政部警政署委託研究，1999年6月10日，頁432。
[17] 由中華警政研究學會於2003年2月14日在立法院舉行的「警察職務執行條例草案」討論會邀集邱太三以及陳學聖立法委員、多位學者以及實務界參加，所彙整之結果。
[18] 立法院於2003年4月審查該法案時，共提出以上三個版本。
[19] 1999年6月10日，李震山在內政部警政署委託下完成了警察職務執行法草案之研究，該草案以德國警察法為藍本，包括相當多刑事上之手段，立法院之版本以其為主要依據。

(二)兼具補充警察相關法規不足之處

由於警察職權之規定並未統一，而散見於警察各有關法規，本法增列了警察職權有關規定，補充行政執行法、集會遊行法、警械使用條例、刑事訴訟法等法規不足之處。本法雖以立法院所提版本為主，但在立法院審議當中也增列一些提案內容所無之規定，例如第3條第3項「警察行使職權，不得以引誘、教唆人民犯罪或其他違法之手段為之」以及2011年4月因應相關法規所修正之第15條有關「治安顧慮人口實施查訪」之規定即是。

二、警察職權行使法之定名

行政院版所採用之名稱為「警察職務執行條例」，與最初李震山教授所提版本之名稱大致相同，之所以採取該名稱是因為源自於當時「國家治安會議」之決議，要求內政部警政署以此作為委託案的名稱[20]。

職務（Amt）一詞，應是指組織上之意義，是指個人在其職位上所負擔之任務，屬組織內部，而非具有對外之權限[21]。李教授研究案亦指出，職務一詞可區分為廣、狹二義，廣義是指，國家或機關依實際需要，分配給同一職稱人員所應負擔之責任與處理之事務而言。狹義則是指單純之「工作」而言[22]。該研究亦指出「職務執行名稱之不當」，應將名稱修正為「警察職權法」[23]。

職權（Befugnis）一詞是指行政機關行使公權力，對外採取具體措施之權，屬作用法，而與權限（Kompetenz）是指權利行使範圍與界限，屬組織法意義有所不同。本次審查法案時，將名稱修正為「警察職權行使法」，可謂正名乎，修正後較不會產生爭議乃屬當然[24]。

---

[20] 李震山，同前揭註16，頁429。
[21] Hartmut Maurer, Allgemeines Verwaltungsrecht, 12.Aufl., 1999, §21, Rdnr. 37。
[22] 李震山，同前揭註16，頁430。
[23] 李震山，同前揭註16，頁432。
[24] 參閱立法院三讀通過「警察職權行使法」草案條文之第2條說明，92年6月5日：有關「職權」與「權限」區分，參閱：蔡震榮，管轄權之意義，收錄於：台灣行政學會主編，行政法爭議問題研究（上），五南圖書，2000年11月，頁310以下。

三、警察職權行使法內容之介紹與評析

本法共區分為五章，茲敘述如下：

(一)總則

1.條文內容

共有五個條文，第1條為本法立法之目的；第2條係對「警察」、「警察職權」、「警察機關主管長官」名詞之定義；第3條為比例原則之規定，其中增列的第3項規定「警察行使職權，不得以引誘、教唆人民犯罪或其他違法之手段為之」；第4條為行使職權之表明身分規定，第5條為行使職權致人受傷之救助。

有關本法第3條第3項規定，是禁止警察特殊手段之採用，與比例原則似乎無絕對關聯，放置於此，使人有不搭調之感。

2.內容評析

本法從立法院審議至條文三讀通過，不到兩個月的時間，可謂相當匆促，立法品質有待考驗。有些條文內容與邏輯思考不甚恰當，且在順序排列上有所不當。

「總則」是指一般性規定，在本法中應是指「警察職權行使」的一般規定，亦即，凡是以「職權」作為總括性概念的規定，應置於總則篇內。

本法第2條為定義性條款，規定在總則上毫無問題，而第2條第2項所稱的「查證身分、鑑識身分、蒐集資料、通知、管束、驅離、直接強制、物之扣留、保管、變賣、拍賣、銷毀、使用、處置、限制使用、進入住宅、建築物、公共場所、公眾得出入場所或其他必要之公權力之具體措施」屬於對特別職權之規定，以示與一般性職權規定作區別，規定於總則篇應無問題。

然而，本法第28條雖屬警察職權行使一般性之要件，並非特別職權，卻置於即時強制上（依本法第2條第2項規定，即時強制措施應屬特別職權之具體措施），其位置擺設有所不當。

第28條第1項規定：「警察為制止或排除現行危害公共安全、公共秩

序或個人生命、身體、自由、名譽或財產之行為或事實狀況，得行使本法規定之職權或採取其他必要之措施。」該項規定屬警察一般職權發動之原因。

第2項規定：「警察依前項規定，行使職權或採取措施，以其他機關就該危害無法或不能即時制止或排除者為限。」在此，警察職權行使有補充他機關職權行使不足之處。本項應屬所謂的「補充性條款」（subsidiär Klauseln）的規定，在其他機關無法或不能即時制止或排除危害時，警察權才可發動。該條文應屬職權行使的一般性規定以及補充他機關之職權的「補充性條款」，而非具體職權之規定，因此，似應將其置於總則篇為當[25]。且第28條第1項「概括條款」，是補充本法第2條「公權力之具體措施」的一般性規定，是補充具體措施不足之處，兩者實應同時規定於總則篇中。

此外，值得一提的是，第28條所規定的警察職權，其性質也非全屬所謂的「即時強制」，仍應就個案觀察之。例如，警察偵查網路犯罪所為之進入特定網站行為，屬於第28條第1項「警察的概括職權」，但此種行為卻非屬於「即時強制」。因此，建議未來應將本法第28條移列至總則之規定中。

本法第3條第3項規定「警察行使職權，不得以引誘、教唆人民犯罪或其他違法之手段為之。」是目前人民對警察職權行使而言，較有爭議之處；所謂「引誘、教唆人民犯罪」是指「陷害教唆」而言，亦即，警察對原無犯意之人，鼓動或引誘其犯罪，再加以逮捕之謂。與此相對的是所謂的「誘捕偵查」，其是指警察對原已有犯意之人，誘導再次犯案之機會，然後再加以逮捕。

對於「誘捕偵查」是否具可罰性，亦即，陷害教唆者與被教唆者可罰性問題，是警察實務上比較關切的重點。司法實務上通常認為：「實施誘捕行為之警員，欠缺教唆犯所應具備之『雙重故意』，以及教唆者對於犯

---

[25] 本條文立法說明中，有關第1項規定係參考德國警察法標準草案第8條第1項規定，而第2項參考標準草案第1條A而來，兩條文都是規定在該標準草案的一般規定中，亦即，類似我國總則之規定。

罪行為之發生及發展，均有全盤且充分之掌握，通常不致發生法益受侵害之結果，所以應不具可罰性[26]。」

　　至於受教唆者即為犯罪行為之人，是否處罰，學說上向有所謂「主觀理論」及「客觀理論」之爭。主觀說乃在判斷被告被誘犯罪時，其本身是否已具有被誘犯罪之意圖，反之，所謂客觀理論，認為是否為誘捕之行為，應該著重於警察的偵查作為誘騙被告掉進陷阱的程度是否嚴重為準。目前警察實務處理上傾向採「主觀理論」，認為以犯意之有無為決定，只要當事人有犯意即屬不違背第3項規定。

　　司法實務上傾向兼採「客觀理論」說，認為如偵查機關所為之誘發行為，會使得一個客觀理性之人亦產生犯罪之慾望並進而實現犯行，則偵查機關所為之誘發行為，已然超出合理適當之界限，而為「異常之誘發行為」，此種誘捕行為「過度且強烈」，被告可以主張誘捕抗辯[27]。

(二)身分查證及資料蒐集

1.條文內容

　　本章為警察職權行使之重點，其分為兩個主要部分，其一為身分查證，共有第6條身分查證之發動要件與時機、第7條對人身分查證採取之措施以及第8條對交通工具採取之措施三個條文。另一為資料蒐集，第9條為警察在集會遊行中資料蒐集（補充集會遊行法規定之不足），第10條為公共場所或公眾得出入場所裝設監視器規定，第11條對特定人之監視，第12條為線民之利用，第13條為線民利用之核准程序，第14條為對特定人通知到場與執行鑑識措施之規定，第15條為治安顧慮人口之定期查訪（第10條至第15條屬於刑事偵查手段），第16條、第17條以及第18條為警察資料蒐集、傳遞與銷毀等程序之規定（警察資料處理之特別規定，為個人資料保護法的補充規定）。

　　身分查證屬傳統的類型化措施（Standardmaßnahme）之一種，採取

---

[26]　參閱桃園地方法院92年度訴字第38號刑事判決事實部分。
[27]　同前揭註；並參見：黃朝義，誘捕偵查與誘陷抗辯理論，中央警察大學法學論集，創刊號，1996年3月，頁377以下。

該措施時，警察是直接與民眾接觸，因此執行此項措施，在程序上警察必須依本法第4條規定，應著制服或出示證明文件表明身分，並應告知事由。

資料蒐集部分則屬所謂的「犯行預先抗制」，亦即，是在危害發生以及犯罪發生的前階段，警察即採取「一定之手段」蒐集資料。資料蒐集與前述的「身分查證」措施不同之處，在於其並不直接接觸民眾，而是透過監視工具或透過他人取得資料，並無本法第4條規定之適用。本法擴充行政院版所無的警察職權主要集中在此。

2.內容評析

首先就身分查證條文部分，第6條以及第7條內容出自立法院之版本，是對人之查證身分，而第8條對交通工具實施攔檢，是行政院版所提出，亦即，該條文是配合警察實際執行攔檢勤務之需要而設，目的是爲了查察贓車或酒醉駕車之情事，爲後來行政院版所增列的。其次，資料蒐集部分以下就有爭議的條文作分析。

(1)第6條條文分析

第6條條文規定，在邏輯上有矛盾之處，其稱：

「警察於公共場所或合法進入之場所，得對於下列各款之人查證其身分：

一、合理懷疑其有犯罪之嫌疑或有犯罪之虞者。

二、有事實足認其對已發生之犯罪或即將發生之犯罪知情者。

三、有事實足認爲防止其本人或他人生命、身體之具體危害，有查證其身分之必要者。

四、滯留於有事實足認有陰謀、預備、著手實施重大犯罪或有人犯藏匿之處所者。

五、滯留於應有停（居）留許可之處所，而無停（居）留許可者。

六、行經指定公共場所、路段及管制站者。

前項第六款之指定，以防止犯罪，或處理重大公共安全或社會秩序事件而有必要者爲限。其指定應由警察機關主管長官爲之。

　　警察進入公眾得出入之場所，應於營業時間為之，並不得任意妨礙其營業。」

　　條文中開端的「於公共場所或合法進入之場所」為2003年審議時之立法院版所提出[28]，以此作為下列六款情形的規範範圍，尤其第4、5、6等款也是場所之規定，顯然產生了對「場所」重複規定（大括弧涵蓋小括弧）之情形，此其一也。且是否第1、2、3款也必須處在「公共場所或合法進入之場所」（大括弧的帽子下），才得對其查證身分則有問。因此，新增「於公共場所或合法進入之場所」似有畫蛇添足之嫌。未來修法應將其刪除。

　　有關對人查證身分的程序，規定在第7條中，由其條文觀之，查證身分之程序包括攔停、詢問姓名、出生年月日、出生地、國籍、住居所及身分證統一編號等以及出示身分證明文件。其實，警察於查證身分時，有告知義務，應對在場者告以實施之事由，若未著制服時，應出示證件表明執行人員之身分（依第4條規定為之）。

(2)第14條條文分析

第14條規定：

「警察對於下列各款之人，得以口頭或書面敘明事由，通知其到場：

一、有事實足認其能提供警察完成防止具體危害任務之必要資料者。

二、有事實足認為防止具體危害，而有對其執行非侵入性鑑識措施之必要者。

依前項通知到場者，應即時調查或執行鑑識措施。」

　　該條文是將兩個（第1項第1款以及第2款）事實上並無關聯的情形，合併為同一條文，吾人若觀察第2項「依前項通知到場者，應即時調查或執行鑑識措施」之規定，理論上並無區分第1項或第2項之情形，因此，似乎亦可得對第1款情形之人執行鑑識措施，當然若如此解釋，則顯然不符立法原意[29]。

---

[28] 參考立法院審查「警察職務執行條例」、「警察職權行使法」草案條文對照表，2003年4月8日。然而，陳其邁委員版以及李震山研究案版皆無上述「公共場所或合法進入之場所」之規定。

[29] 本條文是參考德國法而來，其名稱為「傳喚」，但在德國的兩個草案中，亦即，德國聯邦與各邦統一警

　　本條文是立法院所提版本第18條規定，參考李震山教授版本而來[30]。若對照李震山教授以及陳其邁委員之提案，可以發現兩法案在本條規定之前一條文，有警察於身分查證不能確認身分時得有執行「鑑識措施」之規定[31]。而通過的警察職權行使法卻刪除該條「執行鑑識措施」規定，而保留了第14條規定，使人覺得有不連貫之感，此種立法值得深思[32]。

　　本條應屬「身分查證」之條文，順序上應置於第8條之後，應在本條規定前，另有一條文規定警察在何種條件下可「執行鑑識措施」，條文或許可規定在第7條身分查證之後，可作如此規定：「警察依前條規定無法查證身分時，得採取非侵入性之鑑識措施。[33]」

　　A.通知到場之定義與意義

　　通知到場是要求特定人於所規定的時間到一定場所出現，並停留至所通知辦理事件完成後才得離開的法律所規定的命令。在此所稱之場所通常是指警察局。通知得以口頭或書面為之。

　　通知到場是否為行政處分則有進一步探討之餘地。通知到場若屬法律上有提供資料之義務時，亦即，當事人有義務時，若其無理由，而不到場，則可用強制力為之，則此種通知到場為具有拘束力的通知到場，應屬具負擔的行政處分。但若該通知到場僅屬不具拘束力的性質，則應屬於觀念通知的事實行為。

　　B.通知到場的實質要件

　　a.有事實足認其能提供警察完成防止具體危害任務之必要資料者。

　　b.有事實足認為防止具體危害，而有對其執行非侵入性鑑識措施之必要者。

察法標準草案（Musterentwurf eines einheitlichen Polizeigesetzes des Bundes und der Länder）以及德國聯邦與各邦統一警察法選擇草案（Alternativentwurf einheitlicher Polizeigesetze des Bundes und der Länder），對不服從傳喚兩草案意見不同，前者主張使用強制力，後者則否，而我國通過之條文，是主張不得使用強制力，但為避免警察拖延，而有第2項之規定，立法本意屬可採，但立法技術上卻值得爭議，會使人產生誤解。

[30]　參閱立法院2003年4月8日所提出幾個版本對照表；李震山主持，同前揭註16，所提草案之第21條，頁234。

[31]　參考李震山版本之第10條以及陳其邁委員所提版本第10條規定。

[32]　「執行鑑識措施」，應是屬「身分查證」的重要手段，本條文卻列在「資料蒐集」部分上，使人覺得有不搭調之感。

[33]　陳其邁委員所提之版本也作如此規定。

　　上述「有事實足認」所稱之情形，是所謂的「有危害之虞」，警察有權可下令為之。

　　C.通知到場的形式要件

　　以書面或口頭皆可，但必須敘明理由。在此，若僅以為了調查犯罪事實是不足夠的。通知到場應包括兩種命令，一為通知到場，另一為報告義務。有到場之義務，並非就有報告義務[34]。但若其自願提供資料，則不在此限。

　　經通知到場者，應即時調查或執行鑑識措施。在此，為加強警察之責任不過度侵害人民權利而有即時為之之必要。

　　在第6條以及第14條都出現「有事實足認」之字眼，在此，所稱之事實應是已知，而非臆測，亦即，有事實足以認為，符合法律所規定之情形，此種「足認」只要若干程度之可能性即屬之，而非要求所稱之構成要件必須完全地實現[35]。警察個人對該事實之認知，例如經由有一段時間觀察而確認之，他機關之通報，警察之統計數字或民眾具體舉發等皆屬之。「有事實足認」無須等同於刑事訴訟程序罪責判決之理由設定或起訴之理由等[36]。

　　(3)第15條有關治安顧慮人口之實施查訪

　　本條文為立法院審查時所增列之條文，其稱：

　　「警察為維護社會治安，並防制下列治安顧慮人口再犯，得定期實施查訪：

　　一、曾犯殺人、強盜、搶奪、常業竊盜、放火、性侵害、恐嚇取財、擄人勒贖、組織犯罪之罪，經執行完畢或假釋出獄者。

　　二、受毒品戒治人或曾犯製造、運輸、販賣、持有毒品或槍砲彈藥之罪，經執行完畢或假釋出獄者。

　　三、經列入輔導或感訓處分執行完畢之流氓。

　　前項查訪期間，以刑執行完畢、感訓處分執行完畢、流氓輔導期滿或

---

[34] Wolf-Rüdiger Schenke, Polizei-und Ordnungsrecht, 2.Aufl., 2003, §3, Rdnr. 130.
[35] Samper/Honnacker, Polizeiaufgabengesetz, 15.Aufl., 1992, §13, Rdnr. 4.
[36] Hessen/Hönle/Peilert, Bundesgrenzschutzgesetz, 4.Aufl., 2002, §23, Rdnr. 25.

假釋出獄後三年內為限。但假釋經撤銷者，其假釋期間不列入計算。治安顧慮人口查訪項目、方式及其他應遵行事項之辦法，由內政部定之。[37]」

　　本條文所列之「治安顧慮人口」範圍實過於廣，況且，這些人口既已遭受刑罰之執行，出獄後仍必須接受查訪，對其行動自由以及隱私似有干擾而侵害人權之嫌[38]。對於本條所規定的「定期實施查訪」是否對於拒絕查訪，警察可否採取若干強制力，實務上意見紛歧，強調得採「肯定說」之人，認為若無強制力，則該項措施將形同虛設。有採「折衷說」者，認為當事人應接受查訪，警察應在查訪注意其查訪所採之方式，尊重當事人之隱私以及其他自由。採「否定說」，認為本條規定，只是警察任意性手段，當事人若不遵從，警察即不得強制為之。

　　從我國實務運作之需要以及尊重當事人之權利，似宜採折衷說為宜。

(4)刑事偵查手段

　　本法有關為預防危害或犯罪目的而採取之「刑事調查」手段，主要集中在本章，第10條到第15條等，亦即有關「資料蒐集」屬之。行政院版是採取警察只能採取行政手段之精神，因此，並無這些條文規定。顯然在此部分我國是採德國模式，但有一點必須說明的是，德國法上是採取所謂的「雙重規定」，亦即，除警察法外，在刑事訴訟法上也有相同之規定，反之，我國情形卻非如此，目前刑事訴訟法上並無相關規定[39]，就此，是否會令人有「假行政之名而行司法之實」的印象，而對警察權過度擴充產生質疑。

　　有關「資料蒐集」部分，警察職權之發動，都是以危害或犯罪尚未發

---

[37] 本條文業已於2011年4月8日修正，現行條文為：「警察為維護社會治安，並防制下列治安顧慮人口再犯，得定期實施查訪：一、曾犯殺人、強盜、搶奪、放火、妨害性自主、恐嚇取財、擄人勒贖、竊盜、詐欺、妨害自由、組織犯罪之罪，經執行完畢或假釋出獄者。二、受毒品戒治人或曾犯製造、運輸、販賣、持有毒品或槍砲彈藥之罪，經執行完畢或假釋出獄者（第1項）。前項查訪期間，以刑執行完畢或假釋出獄後三年內為限。但假釋經撤銷者，其假釋期間不列入計算（第2項）。治安顧慮人口查訪項目、方式及其他應遵行事項之辦法，由內政部定之（第3項）。」

[38] 本條之內容係參考「警察機關防制治安人口再犯要點」而來，參考：90年版警察實用法令，內政部警政署，2001年4月，頁1287。

[39] 我國刑事訴訟法於2003年增訂了第205條之2的規定「檢察事務官、司法警察官或司法警察因調查犯罪情形及蒐集證據之必要，對於經拘提或逮捕到案之犯罪嫌疑人或被告，得違反犯罪嫌疑人或被告之意思，採取其指紋、掌紋、腳印，予以照相、測量身高或類似之行為；有相當理由認為採取毛髮、唾液、尿液、聲調或吐氣得作為犯罪之證據時，並得採取之。」此為我國刑事訴訟法首次對鑑識措施之規定，可能因而刪除警察職權行使法與此有關之提案規定。

生前即已開始，警察所採取手段如下：

A.集會遊行或其他公共活動的蒐證（第9條）

此為補充集會遊行法不足之處。

B.公共場所或公眾得出入場所裝設監視器（第10條）

本條並無程序之規定，是其缺憾之處。

C.特定對象長期監視（第11條）

本條程序上雖有經警察局長書面同意，但不得妨礙其個人隱私，因此，監視活動仍以屋外作為監視範圍為宜。

D.遴選第三人秘密蒐集資料（第12條、第13條）

上述所稱之手段，程序之規定仍未足夠，有待未來修法加強之。

至於，有關資料之利用、傳遞與銷毀部分，規定在本法第16條、第17條以及第18條，其規定要件也甚為模糊，有待進一步解釋與釐清。

(三)即時強制

1.條文內容

本法有關即時強制之強制規定，內容與行政執行法所規定類似，但除包括行政執行法所稱人的管束、物的扣留、住宅之侵入外，尚有警察行使職權時維持現場秩序之權限（將妨礙之人、車暫時驅離或禁止進入之權限）以及第28條採取必要措施之權限，第28條在前述「總則」敘述中，認為應規定於總則篇，因此不重複敘述。

2.內容分析

(1)第20條條文分析

有關人的管束部分與行政執行法比較，本法增列了第20條有使用警銬或其他經核定戒具之規定，此為行政執行法所無，其稱：

「警察依法留置、管束人民，有下列情形之一者，於必要時，得對其使用警銬或其他經核定之戒具：

一、抗拒留置、管束措施時。

二、攻擊警察或他人，毀損執行人員或他人物品，或有攻擊、毀損行為之虞時。

三、自殺、自傷或有自殺、自傷之虞時。

警察對人民實施查證身分或其他詢問，不得依管束之規定，令其供述。」

本條規定，是因應警察實務之需要而設，且實務上實施管束主要為警察機關，因此，對不服從管束之人，亦應授與警察機關得以順利完成任務的權限。但本條規範對象除受管束之人外，尚包括「依法留置」者，此種規範對象之擴充，而使得第20條與第19條產生無法連貫的情形，且對「依法留置」者，強制使用「其他戒具」已屬「直接強制」，而非「即時強制」；第1項各款規定是參考德國聯邦與各邦統一警察法標準草案第40條「直接強制」而來；本條戒具之使用，是補充我國警械使用條例規定不足之處[40]。此外，避免警察濫用職權，將「對人民實施查證身分或其他詢問」的情形，不得以管束手段為之，而有第2項規定[41]。

(2)現場維持秩序之權限

警察行使職權時，常發生民眾圍觀情事，如警察緝捕要犯等情事。為使警察行使職權時，順利達成任務，乃有第27條之規定，其稱：「警察行使職權時，為排除危害，得將妨礙之人、車暫時驅離或禁止進入。」

此係參考日本警察官職務執行法以及德國聯邦與各邦統一警察法標準草案第12條規定而來[42]。

(四)救濟

救濟這一章共有三條文，第29條是依據釋字第535號解釋中所稱的「當場異議」之救濟，第30條有關國家賠償以及第31條的損失補償[43]。本章規定是確保人民權益而設，應較無問題。

---

[40] 我國警械使用條例並未對使用其他戒具作規定，因此，警察若使用腳鐐時，則可依本條「其他經核定之戒具」規定為之。

[41] 條文所稱「依法留置」是指依警察相關法規，如檢肅流氓條例、社會秩序維護法等規定，對相關行為人所為之留置，並不包括依本法所為之身分查證或詢問等行為，因為警察為這些行為時，法律並無授與警察留置權。

[42] 在德國法上稱此項措施為「驅離」。我國每遇緝捕重大人犯，媒體記者爭先恐後採訪以及民眾圍觀，經常造成警察執法之困難，如當年緝捕陳進興案即可得知，因此，本條規定在我國實屬必要。

[43] 當場異議雖有人提出質疑，而認為會使警察因而放棄繼續偵查的念頭，但從人權保障之觀點，吾人認為仍有必要，亦即，如此可讓警察重新思考其執行職權之合法性。

第29條規定：

「義務人或利害關係人對警察依本法行使職權之方法、應遵守之程序或其他侵害利益之情事，得於警察行使職權時，當場陳述理由，表示異議。

前項異議，警察認為有理由者，應立即停止或更正執行行為；認為無理由者，得繼續執行，經義務人或利害關係人請求時，應將異議之理由製作紀錄交付之。

義務人或利害關係人因警察行使職權有違法或不當情事，致損害其權益者，得依法提起訴願及行政訴訟。」

本條係參考大法官釋字第535號而來，唯一不同的是，在釋字第535號解釋理由書中所提到為「臨檢」，本條將其改為「警察依本法行使職權」，而認為，義務人或利害關係人對警察依本法行使職權之方法、應遵守之程序或其他侵害利益之情事，得於警察行使職權時，當場陳述理由，表示異議。大法官當時之解釋主要是參考行政執行法第9條而來。

第2項規定亦屬參考釋字第535號而來，在此警察機關應製作制式的紀錄文書，以利將來執行之便。

第3項為敘明人民「異議」後之權利，此項規定係參考釋字第535號解釋，釋字第535號僅就「臨檢」加以規範，因此，在該解釋理由書中稱「臨檢過程之書面具有行政處分之性質，異議人得依法提起行政爭訟」。由於本項規定及於所有警察依本法職權行使的行為，這些行為是否為行政處分仍有爭議，因此本項並未明定之，僅稱「警察行使職權有違法或不當情事」。

第31條規定：

「警察依法行使職權，因人民特別犧牲，致其生命、身體或財產遭受損失時，人民得請求補償。但人民有可歸責之事由時，法院得減免其金額。

前項損失補償，應以金錢為之，並以補償實際所受之特別損失為限。

對於警察機關所為損失補償之決定不服者，得依法提起訴願及行政訴訟。

損失補償，應於知有損失後，二年內向警察機關請求之。但自損失發生後，經過五年者，不得為之。」

行政上之損失補償，乃行政機關基於公益目的合法實施行政權所為之補償，與國家賠償係對於違法之侵害者不同。人民對於國家社會原負有相當之社會義務，警察基於公益，合法行使職權致其生命、身體或財產遭受損失時，如係在社會義務範圍內，負有忍受之義務者，不予補償；必須超過其應盡之社會義務範圍，始應就其個別所遭受之特別損失或特別犧牲，酌予公平合理之補償。至人民有可歸責之事由，且其請求之補償金額與警察機關無法達成協議時，得依訴訟程序聲請法院裁決。

在此提到「特別犧牲」之概念，主要係針對所謂「無責任人」而言，是指對該事件並無任何義務與責任，但因警察行使職權而致生命、身體或財產遭受損失時稱之。例如房屋出租給槍擊要犯，警察緝捕時所為之破壞行為，或警察開車追捕要犯而致使該要犯車輛碰撞不相干他人之汽車而受損害等。

此種「特別犧牲」的損失補償要件如下：

1.警察權的直接干預

因警察職權行使所引起，並不以有目標之干預，而以直接性的干預，亦即，不以高權的行政處分為前提，警察之事實行為如開車或消防緊急救護等，如對當事人造成直接法益之侵害為已足[44]。

2.須非屬警察干擾者

損失補償僅及於非干擾者，亦即與事件無關的第三人，故警察任務之干擾者，雖有特別損失，仍不得要求補償。

3.特別犧牲

以平等原則來衡量，特別犧牲是指對一個個別不平等負擔的干預，超乎一般犧牲的特別負擔，亦即，國家之行為所涉及之當事人與族群，與其

---

[44] 此種因警察執行公權力，而導致他人生命、身體或財產之損害，是屬於所謂的公權力執行所產生的「附帶效果」，有稱其為「具徵收效力的侵害」（Enteigendes Eingriff），此種干預是偶然發生而無法事先預知的，因此應有補償之規定。

他人或族群比較處於特別不平等之處置，強迫地對公共福祉作不可期待之犧牲。對此種特別犧牲，因爲有違平等原則，有必要對其特別犧牲補償以求其平衡。如何界定一般犧牲與特別犧牲，通常是以立法者之意圖、事務之本質（Natur der Sache）以及公正與理性之判斷等。一般人忍受之界限，亦即，期待可能性，由立法者規定之。具體而言，仍得依一般信念，依理性公正思考來判斷犧牲界限。例如，上體育課因爲有風險之存在，故不得要求補償。

行政上之損失補償，恆以金錢爲之。爲避免將來產生諸多糾紛，事實上亦以金錢補償較符合實際需要。補償之最高額度以實際所受之特別損失爲限，惟非必均以其實際所受之損失爲完全之補償，只需本於公平正義，謀求公益與私益之調和，衡量國家財力負擔，酌予公平合理之補償爲已足，爰於第2項予以明定。

損失補償係就警察行使職權後所生之特別損失酌予補償，對於該管警察機關所爲損失補償之決定不服時，其救濟程序宜依普通行政救濟之方式，依法提起訴願及行政訴訟，爰於第3項予以明定。

損失補償，性質上爲公法上之補償請求權，其請求期間爲顧及人民權益，損失補償，應於知有損失後，二年內爲之，但自損失發生後，經過五年者，不得爲之，爰於第4項予以明定。

本條參考行政執行法第41條及德國聯邦與各邦統一警察法標準草案第45條規定而來。

肆、結論

警察職權行使法之通過，是立法院版與行政院版的角力，是德國版與日本版之競爭，亦即，以公益爲重與保障人權爲先的評比，最後我國採用了「德國版」，並添加了一些我國因應實務需要之規定。

本法賦予警察相當的權限，包括採取「刑事偵查手段」如跟監、線民的利用等，雖增加警察執法的便利，但也增加其負擔，因警察管轄範圍不斷擴充，警力是否負荷得宜值得考慮。同時，因職權之擴充，勢必會影響

人民權利之保障，因此，警察在執法之際，應注意執法之程序、實質要件以及執法技巧，始不招致民怨。

　　若干條文有重新思考之必要，第28條之規定應宜置於總則篇，至於有關本法第15條有關「治安顧慮人口」的實施查訪，似有侵害人權之嫌，應於程序及規範對象作周延規定，且能從公權力行使與人權保障觀點審慎訂定實質規定[45]。此外，第15條之實施，其實警察仍可配合依第11條所謂的「跟監」蒐集有關資料的規定，而對警察維持治安有所幫助。

---

[45]　因此，才會有第15條於2011年4月27日之修正公布。

第二章　論科技定位追蹤監視偵查犯罪——以全球衛星定位法制為例*

摘　要

　　警察機關偵查犯罪，為詳盡掌握個人行動位置資訊，利用全球衛星定位系統（Global Positioning System, GPS）追蹤監視特定人去向，大幅提升效率並節省許多偵查人力。這些偵查措施潛藏著對人民基本權利的危害，如何在達成有效偵查犯罪與人權保障上取得平衡，值得深思。美國法上以該措施如果構成扣押搜索，則有憲法第4增修條文的適用，程序上必須取得法官核發的令狀；德國聯邦憲法法院判決認為得依刑事訴訟法「攝錄影音以外之其他特別監視目的之科技方法措施」作為採取衛星定位系統措施依據，並於刑事訴訟法新增第163條f有關長期跟監規定，規範關於長期跟監的許可要件及有權決定機關。臺灣相關法規範中，尚無明文利用全球衛星定位系統偵查犯罪規定，主管機關應該參考美國與德國相關規定，盡速立法。

關鍵字：

　GPS、跟蹤監視、隱私權、通訊監察、令狀原則、法官保留

壹、前言

　　資訊科技發展日新月異，為偵查犯罪需要，警察機關經常透過各式各樣科技定位技術或設備，取代以往人力目視方式，詳盡掌握個人行動位置資訊，例如利用全球衛星定位系統（Global Positioning System, GPS）

---

* 本文作者黃清德，原刊載於：月旦刑事法評論，第11期，2018年11月，頁85-104。

追蹤監視特定人去向，大幅提升偵查犯罪效率，也節省許多偵查人力，但同時這些偵查措施也潛藏著對人民基本權利的危害，引發侵害被追蹤監視對象人權的疑慮，此時我們就必須要深思，如何在達成有效偵查犯罪與人權保障上取得平衡。關於運用全球衛星定位系統偵查犯罪，美國有些州已經制定法律規範跟監儀器的使用，有的則只要求執法機關裝設及使用前，須聲請法院許可令狀；德國聯邦憲法法院第二庭2005年4月12日的憲法判決認為，依據刑事訴訟法第100條c的第1項第1款b¹規定，裝置衛星定位系統進行跟蹤監視，符合憲法的要求，但應顧及其對當事人附加基本權利干預所含有的內在危害可能性；我國法院判決見解並不一致，有認為警察在偵查犯罪時利用全球衛星定位系統跟監追蹤特定對象時，並沒有違法取證問題，也有認為透過全球衛星定位系統追蹤特定人會侵犯隱私權，甚至最高法院106年度台上字第3788號判決認為，倘若法無明文，偵查機關非法安裝GPS追蹤器於他人車上，構成妨害秘密罪，為解決此問題，法務部擬修「通訊保障及監察法」，將准駁安裝GPS的權限交給檢察官²。

　　本文爰以科技定位追蹤監視偵查犯罪為題，從法學角度探討相關問題，全文計分為五部分，除第壹部分前言外，第貳部分科技定位追蹤監視與基本權利的關係，說明科技定位追蹤監視涉及的憲法列舉與未列舉基本權利，以及我國法院關於利用全球衛星定位系統（GPS）追蹤監視所涉及基本權利的見解；第參部分利用全球衛星定位系統偵查犯罪國際新動向，說明美國與德國運用全球衛星定位系統偵查犯罪的法制及實務新動向；第肆部分我國利用全球衛星定位系統偵查犯罪情形，說明我國利用全球衛星定位系統追蹤監視偵查犯罪實務以及相關法制的情形；第伍部分結論，就美國、德國與我國相關法制與實務見解，簡單加以分析比較，並提出對我國GPS立法的省思。利用科技定位追蹤監視偵查犯罪方式多端，唯限於篇幅因素，本文僅就全球衛星定位法制為例，加以比較分析說明，合先敘明。

1　該條後來修正為同法第100條h第1項第2款，內容不變。
2　司法話題》GPS准裝權交檢方 法界看法兩極，自由時報電子報，2018年12月6日，http://news.ltn.com.tw/news/focus/paper/1252101

貳、科技定位追蹤監視與基本權利

一、科技定位追蹤監視涉及的基本權利

透過定位科技追蹤監視偵查犯罪的方法多端，例如透過全球衛星定位系統、行動電話定位、網際網路取得位置以及監視錄影影像的調閱比對等方式蒐集位置資料追蹤監視，涉及的基本人權甚多，有些是憲法所明文列舉的基本人權，例如秘密通訊自由、集會自由、營業自由；有些則屬憲法未列舉的基本人權，例如人性尊嚴、隱私權、一般行為自由等。在適用上如果基本權與其他基本權產生競合之狀態時，個案上則以憲法列舉的基本權優先於憲法未列舉的基本權[3]。

全球衛星定位系統因為在全球覆蓋率極高，且具有可移動、高精準、高效率特性，所以警察機關經常運用來監視特定對象，是監控掌握特定對象有效的犯罪偵查方法，例如，當年追捕槍擊要犯張錫銘時，檢警專案小組特別在張錫銘友人車輛裝上全球衛星定位系統，才有辦法追出張錫銘躲到土城的落腳地點。運用全球衛星定位系統追蹤監視特定對象是否會侵犯基本權利，例如隱私權，我國實務上法院看法並不一致，有承認個人在公共場域中仍得合理期待不受侵擾的自由及個人資料的自主控制，隱私權乃不可或缺的基本權利，應受憲法第22條保障，偵查人員沒有法律依據，甚至會構成妨害秘密罪；然也有法院認為「跟監」係調查及蒐集犯罪證據方法的任意性偵查活動，不具強制性，如果運用全球衛星定位系統「跟監」後所為利用行為與其初始的目的相符，警察機關可依刑事訴訟法第230條第2項以及第231條發動跟監，自無違法可言。法治先進的美國與德國法院均曾經就上述問題有精采論述，值得我國借鏡與參考。

二、我國法院關於全球衛星定位系統追蹤監視的見解

我國法院關於透過全球衛星定位系統追蹤監視特定對象是否構成隱私

---

[3] 參閱：黃清德，科技定位追蹤監視與基本人權保障，元照出版，2011年11月，頁135-166。

權侵犯，見解並非一致，採肯定見解者，認爲基於人性尊嚴之理念，維護個人主體性及人格自由發展，透過全球衛星定位系統追蹤特定人會侵犯隱私權；另有採取不同見解者，則認爲警察在偵查犯罪時利用全球衛星定位系統跟監追蹤特定對象時，並沒有違法取證問題；也有法院認爲偵查人員透過全球衛星定位系統追蹤監視特定對象會構成刑法妨害秘密罪，引起警界震撼[4]。以下就我國法院關於運用全球衛星定位系統追蹤監視特定對象與基本權利的關係，簡要加以說明如下：

(一)侵犯隱私權見解

臺灣高等法院在100年度上易字第2407號判決[5]認爲，基於人性尊嚴的理念，維護個人主體性及人格自由發展，並保障個人生活私密領域免於他人侵擾、個人在公共場域中得合理期待不受侵擾的自由及個人資料的自主控制，隱私權乃不可或缺的基本權利，應受憲法第22條保障。隨著時代的演進及資訊科技發展迅速，不同型態的隱私列入隱私權保障的範圍，將GPS衛星追蹤器裝置在告訴人平日使用的自用小客車底盤下，撥打該GPS衛星追蹤器內行動電話，設定定時回傳定位功能，藉由電腦網站地圖功能，知悉告訴人所駕車輛的所在位置、移動方向及之前行蹤。GPS衛星追蹤器的追蹤方法，係透過通訊系統傳至接受端電腦，顯示被追蹤對象的目前位置、移動方向與之前行蹤等定位資訊，透過通訊網路傳輸，結合地理資訊系統對於個人所在位置進行比對分析，而得知被追蹤對象的確實位置，將使被追蹤對象的位置透明化。個人的私人生活、動靜行止及社會活動，若隨時受他人持續追蹤注意，其言行舉止及人際互動即難自由從事，將影響人格的自由發展。且即時知悉他人行蹤，足以對他人行動、私密領域或個人資料自主構成侵擾的行爲。特別是，資訊科技日新月異且利用普

---

[4] 科技辦案法制化/緝私GPS蒐證士官長被判刑 促成修法，聯合新聞網，2018年4月月8日，https://tw.news.yahoo.com/%E7%A7%91%E6%8A%80%E8%BE%A6%E6%A1%88%E6%B3%95%E5%88%B6%E5%8C%96-%E7%B7%9D%E7%A7%81gps%E8%92%90%E8%AD%89%E5%A3%AB%E5%AE%98%E9%95%B7%E8%A2%AB%E5%88%A4%E5%88%91-%E4%BF%83%E6%88%90%E4%BF%AE%E6%B3%95-232946823.html

[5] 臺灣高等法院100年度上易字第2407號判決。本案事實係被告爲了調查配偶通姦利用全球衛星定位系統蒐集配偶的汽車位置資訊，法院認爲成立刑法第315條之1的無故竊錄罪，但不成立通訊保障及監察法第24條的違法通訊監察罪。

及，被告上開行為可監控告訴人平日所使用車輛的目前位置、行進方向及之前行蹤，輕易取得告訴人所在的相關資訊，在告訴人與被告之間形成一種被追蹤與追蹤的不對等狀態，從被告裝置GPS衛星追蹤器起，迄告訴人察覺有異之時止，時間長達半年之久。此種追蹤的存在，會使人自覺或不自覺地對自己行動進行自我設限，而影響個人自主形塑私人生活內涵的自由，被告行為自屬對告訴人權利的侵擾行為。

　　汽車使用人駕駛汽車於道路或其他公共場域，係處於利用同一空間之他人可共見共聞的狀態，然他人私密領域及個人資料自主，在公共場域亦有可能受到干擾，而超出容忍範圍，為了保護個人主體性與人格的自由發展，於公共場域中，亦應賦予個人一定程度的保護，使其有不受他人持續追蹤及侵擾的私人活動領域。隱私權所保障的是「人」而不是「地方」，為維護個人主體性與人格自由發展，個人於公共場域中仍應有一定程度不受侵擾的自由。駕駛汽車於道路上行駛，並無以特別之方式引起他人注視，其亦非公眾人物或基於公益的事由其行蹤有為眾人週知的必要，應可認其期待隱沒於道路上各種交通工具間，不欲公開其個人行蹤。再者，一般汽車使用人亦均藉由車廂與外界隔離，使與其一同分享利用公共場域之他人不易察知車廂內的駕駛人、乘客為何人及其活動，以保有其私密性，而能自在、不受拘束地移動，其駕駛車輛行駛於道路上的所在位置、移動方向及之前行蹤等資訊所組合而成的動態行止及狀態，在客觀上得有合理的隱私期待，在所駕車輛的汽車底盤下裝設GPS衛星追蹤器，追蹤所在位置、行進方向及之前行蹤的行為，已侵犯對於行為舉止不被追蹤窺視的需求及隱私的合理期待，構成侵擾。

(二)不構成違法取證

　　最高法院102年度台上字第3522號判決認為，所謂「跟監」係指國家機關為防止犯罪或犯罪發生後，以秘密而不伴隨國家公權力的方式，對無隱私或秘密合理期待的行為或生活情形，利用目視或科技工具進行觀察及動態掌握等資料蒐集活動（警察職權行使法第11條規定參照）。所謂「跟監」包括對人民行動為追跡、監視及蒐證等活動，無論係基於調查犯

罪的必要或爲預防犯罪而跟監，對於被跟監者的隱私權等憲法所保障的基本權固有不當的干預，然偵查犯罪及預防犯罪發生，均係維持社會秩序及增進公共利益所必要，自得以法律限制之。

　　刑事訴訟法第230條第2項、第231條既規定司法警察官、司法警察知有犯罪嫌疑者，應開始調查。而「跟監」係調查及蒐集犯罪證據方法的任意性偵查活動，不具強制性，苟「跟監」後所爲利用行爲與其初始之目的相符，自無違法可言，警察機關可依刑事訴訟法第230條第2項以及第231條發動跟監，不會有違法取得證據[6]。臺灣士林地方法院98年度訴字第368號判決認爲警方於被告車上裝設GPS，警方主張因爲是去跟監，不敢太靠近被告，慢慢跟，然後一棟一棟大樓去找，陸陸續續發現新的地點，再進行新的跟監或埋伏，警方跟監被告進而查獲的過程中並無何違法，且查無被告前揭詢（訊）問筆錄所爲自白非出於其自由意思，或係出於強暴、脅迫、利誘、詐欺、疲勞訊問、違法羈押或其他不正之方法等情事，應認被告詢（訊）問筆錄均具有證據能力。

(三)偵查人員構成妨害秘密罪

　　高雄地方法院105年度易字第110號判決認爲[7]，偵查人員裝設GPS衛星定位器蒐證等手段，並未單獨個別立法規範，侵害人民基本權程度不亞於傳統強制處分，難認符合憲法上法律明確原則以及增加偵查（輔助）機關濫權偵查的危險且欠缺合法性控制、監督的機制，亦會架空法律保留原則。偵查機關於貨車車底裝設GPS衛星定位器，以電磁紀錄竊錄他人非公開的活動並無法律上正當理由，應負刑法第315條之1的罪責。高雄高分院肯定高雄地院上述見解認爲[8]，裝設GPS衛星定位器於犯罪嫌疑人使用車輛的行爲，係以秘密方式針對特定嫌疑人進行調查、蒐集犯罪事證或相關資訊的國家公權力行爲，蒐集車輛使用資訊過程中搭配使用輔助科技設備，干預人民基本權的程度將更爲嚴重，基於法治國原則，此等行爲首應

6　最高法院102年度台上字第3522號。
7　高雄地方法院105年度易字第110號判決。
8　臺灣高等法院高雄分院105年度上易字第604號判決。

有法律明文，並應遵守其他相關法律原則，蓋蒐集犯罪證據固然重要，惟更重要者實爲發動此等行爲的程序及要件，或不合目的性、或以不正手段非法取得，人民基本權的保障將蕩然無存。最高法院同樣地也認爲[9]，倘若法無明文偵查機關非法安裝GPS追蹤器於他人車上，已違反他人意思，而屬於藉由公權力侵害私領域的偵查，且因必然持續而全面地掌握車輛使用人的行蹤，明顯已侵害憲法所保障的隱私權，自該當於「強制偵查」，故而倘無法律依據，自屬違法而不被允許。刑事訴訟法第228條第1項前段、第230條第2項、第231條第2項及海岸巡防法第10條第1項、第2項、第3項的規定，不得作爲裝設GPS追蹤器偵查手段的法源依據[10]。

三、小結

　　透過全球衛星定位系統追蹤監視偵查犯罪，涉及的基本人權甚多，例如人性尊嚴、隱私權、一般行爲自由等。偵查機關運用全球衛星定位系統追蹤監視特定對象是否會侵犯基本權利，我國法院實務上，有認爲會侵害隱私權取得的證據沒有證據能力，甚至偵查機關會構成妨害秘密罪；也有法院認爲警察機關可依刑事訴訟法第230條第2項以及第231條發動跟監無違法可言。

參、利用全球衛星定位系統偵查犯罪法制與實務的國際新動向

　　美國、德國向來被認爲是法治先進國家，警察在偵查犯罪實務上運用全球衛星定位系統追蹤特定對象的情形也時有所聞，但也一直有法制與合憲性上的爭議，該些國家的法院判決有許多精采的論述以及相關法規規定，值得我國參考，以下簡要加以介紹：

---

[9]　最高法院106年度台上字第3788號判決。
[10]　有關裝設GPS跟監構成竊錄非公開活動見解的批評，參閱：蔡聖偉，再論私裝GPS跟監與「竊錄非公開活動」——評最高法院106年度台上字第3788號刑事判決，月旦裁判時報，第76期，2018年10月，頁27-40。

一、美國法院關於利用衛星定位系統偵查犯罪判決與法制

　　美國有些州已經制定法律規範跟監儀器的使用，有的只規定執法機關裝設及使用前，須聲請法院許可令狀，但就使用並無詳細限制規定，例如奧勒岡州、賓州及猶他州；有的州則嚴格限制跟監儀器的規定，尤其是執法以外的用途。加州刑法典第637.7條規定[11]，在加州任何人不得利用電子追蹤器來調查他人的位置或行動，僅有二項例外情形，一為執法機關合法使用電子跟監裝置[12]，另一為徵得跟監儀器所欲裝設車輛的登記所有人、出租人或承租人的同意[13]；電子追蹤儀器包括傳統的電波發射器[14]（beeper）、全球衛星定位系統及任何追蹤個人或車輛移動位置之儀器[15]，即使以行動電話所在傳輸訊息基地台的位置追蹤他人的所在位置，亦在該法定義之列[16]。至於法院對於在車輛上裝設追蹤監視主要的爭議則在於是否會構成美國聯邦憲法第4增修條文的搜索[17]，而須得到法院令狀許可，法院以該些措施是否構成扣押搜索而區分是否有憲法第4增修條文的適用，如果構成憲法第4增修條文搜索扣押適用的範圍，程序上必須取得法官核發的令狀。聯邦最高法院以裝設追蹤器的行為所導致的結果有無違反人民「合理的隱私期待」加以區分，若未侵害人民的隱私權，無須搜索票；反之，如侵害人民的隱私權，則認為必須聲請搜索票始得為之，以下說明之：

---

[11] California Penal Code Section 637.7 (a) No person or entity in this state shall use an electronic tracking device to determine the location or movement of a person. available at http://law.justia.com/codes/california/2005/pen/630-637.9.html (last visit 2018/12/07)

[12] California Penal Code Section 637.7 (c) This section shall not apply to the lawful use of an electronic tracking device by a law enforcement agency. available at http://law.justia.com/codes/california/2005/pen/630-637.9.html (last visit 2018/12/07)

[13] California Penal Code Section 637.7 (b) This section shall not apply when the registered owner, lessor, or lessee of a vehicle has consented to the use of the electronic tracking device with respect to that vehicle. available at http://law.justia.com/codes/california/2005/pen/630-637.9.html (last visit 2018/12/07)

[14] 電波發射器藉由電波發送器發送電波，供接收端收取電波訊息，訊息強弱隨著發送端與接收端之距離而改變，接收端距離電波發射器越遠，其所收取之訊號越薄弱，若超出一定距離之範圍，則無法收訊。

[15] California Penal Code Section 637.7 (d) As used in this section, "electronic tracking device" means any device attached to a vehicle or other movable thing that reveals its location or movement by the transmission of electronic signals. available at http://law.justia.com/codes/california/2005/pen/630-637.9.html (last visit 2018/12/07)

[16] 吳爾文，警察跟監制度之研究，國立臺灣大學法律學研究所碩士論文，2007年6月，頁108。

[17] 美國聯邦憲法第4增修條文長久以來就是被用來限制警察的權力，並提供一個完整的程序規範，See Christopher Slobogin, PUBLIC PRIVACY: CAMERA SURVEILLANCE OF PUBLIC PLACES AND THE RIGHT TO ANONYMITY, 72 MISS. L.J. 213, 285 (2002).

(一)不構成聯邦憲法第4增修條文搜索保障範圍

1.United States v. McIver案

　　美國法上有允許執法人員跟監犯罪嫌疑人時使用追蹤器，認爲若一般的目視跟監能夠追蹤在住宅以外的交通工具，則藉由電子追蹤儀器的協助，跟監該車輛尚不構成美國聯邦憲法第4增修條文規定之搜索；如果被跟監的車輛進入住宅內，以電子儀器監視住宅內部的行爲即會構成搜索，需要符合美國聯邦憲法第4增修條文規定的合理懷疑與法院令狀等要件，只要受跟監的對象是位在住宅以外的領域，即屬於公開觀察法則所允許之列[18]。凡是在住宅以外的人、事、物均得以科技設備進行跟監的法則，持續被聯邦法所採納，例如，在United States v. McIver案[19]，該案是1997年庫特耐（Kootenai）國家森林警察發現有人在森林內種植大麻。警察因人手不足，於是在種植大麻的地點附近架設錄影機，拍攝接近該區域的人。之後拍到一部四輪傳動的卡車，並拍到本案被告麥克艾福（McIver）靠近那些大麻。幾天後，警察發現一台類似在森林內拍到的四輪傳動卡車，並看到走出車外的被告很像在森林裡拍到靠近大麻的那個人，警察查詢車輛的紀錄後，得知車主屬於被告McIver。在大麻快要成熟之際，警察在無法院令狀許可下，對於被告所有停在自家庭園外、車庫前私人車道的四輪傳動車底下，安裝衛星定位系統追蹤器及電波追蹤器。過了幾天後，警察發現被告等人前往採收大麻，於是尾隨跟蹤被告該車至國家森林內被告栽種大麻的地點，並使用自動攝影機拍攝被告採收大麻的情形。並在無搜索票的情況下進入被告家中逮捕被告，在取得搜索票之後扣押大麻。該案因爲被告的汽車是停在私人車道上，所以被告主張警察在汽車底下安裝追蹤器，構成侵入住宅而爲違法搜索，因此所有因追蹤器及其衍生取得之證據都應予排除。

　　美國聯邦第九巡迴上訴法院判決認爲，執法人員無令狀的裝設行爲係

---

[18] United States v. Forest,335 F.3d 942 (6th Cir.2004). 本案緝毒人員反覆撥打某販毒者的行動電話，藉由訊號基地台之位置，尋找該人位於都會某區域。

[19] United States v. McIver,186 F.3d 1119-24 (9th Cir.1999). 本案1997年9月23日上午3時30分執法官員將兩個追蹤器安裝在McIver的豐田四輪傳動車底盤，其中一個是衛星定位系統GPS蒐集McIver的位置行蹤。

屬適當，因爲汽車外部是所有路過的人都可以看得到的地方，汽車底盤屬於汽車外部，屬於眾人共見共聞的地方，被告McIver不能主張合理期待的隱私權，不會侵害被告隱私權，而且McIver並未證明其有意將汽車底盤保留作爲免於政府以無令狀方式入侵的私領域，執法人員也不是將GPS裝在隱密或看不到的地方；McIver也未提出執法人員裝設追蹤器的行爲，有剝奪其占有、控制該車輛或使車輛的電子零件受損的情形發生，因此，尚難認爲該裝設行爲構成搜索，故未違反美國聯邦憲法第4增修條文規定，所以裝設追蹤器並不是搜索，且追蹤器不會妨礙汽車所有與使用權，所以也不是扣押的行爲[20]。

2. United States v. Garcia案

United States v. Garcia案[21]，事實乃Bernardo Garcia因違反毒品案件，他出獄後不久，有一位毒品安非他命使用者向警方供稱Bernardo Garcia提供給她和她先生毒品安非他命消費，並告訴她Bernardo Garcia即將再製造毒品。另外一個人也告訴警方說Bernardo Garcia誇口說他在警察局前製造毒品但不會被抓到。有一家商店的保全錄影系統錄到被告Bernardo Garcia在買製造毒品的原料。

警察知道被告Bernardo Garcia正開一輛借來的福特汽車，警察在找這輛車子並發現這輛車停放在被告停留處所附近的街道上，警察便在這輛車的後保險桿附近安置一個衛星定位系統可以記錄行蹤，可以接收到衛星顯示該車位置的訊號並且加以儲存。事後警察可透過該車子上的設施所儲存的資料回溯車子行進的歷程，他們知道這車子的行蹤，警察取得車子所有人的同意，搜尋找到這製造安非他命毒品的設備和原料，當警察持有這些設備和原料時，被告到達這一輛警察正在搜尋而且發現其他證據的車子。被告Garcia又因爲涉及製造毒品Meth案被判決有罪，然本案主要爭點在警方在被告Bernardo Garcia車上安裝追蹤設施取得的證據是否被認爲是不合憲搜索所得的證據而應加以禁止？警察並未取得授權在被

---

[20]　186 F.3d 1122-27 (1999).
[21]　C.A.7 (Wis.), U.S. v. Garcia, 474 F.3d 994 (2007). available at https://caselaw.findlaw.com/us-7th-circuit/1046181.html (last visit 2018/11/01)

告這輛車安裝GPS設施的令狀，然而，區法官發現他們有合理的懷疑被告正在從事犯罪行為，法官裁決這些合理的懷疑（reasonable suspicious）是他們做合法搜索所需要的，雖然她認為還需要有相當的理由（Probable cause）。

第4增修條文禁止不合理的搜索與扣押，關於核發令狀以為搜索扣押，要說明特定的客體，而且要宣誓或確認有可以令人理解的關於犯罪調查搜索的相當的理由。相當理由是指搜索可以找到毒品或是犯罪證據。被告的爭點認為警察裝置可記憶的追蹤設施行為構成逮捕（扣押）他的車是難獲支持的，因為這設施並不會影響車子駕駛的品質，也沒有使用車子的引擎或電瓶的動力，也沒有佔據供給乘客或所攜帶包裹使用的空間，也沒有改變車子的外型，換言之，並沒有任何可以理解為扣押這車子的意涵；但是這是搜索嗎？最高法院主張只是利用類似較不複雜的設施在公共街道追蹤車子並不是搜索，但法院對於在車子安裝設施後續的追蹤行為會不會變成搜索保持開放態度，上訴法院參照United States v. McIver案以及United States v. Pretzinger案，判決宣布本案並不構成搜索。然而，如果是可以聽的設施裝置在人家的電話，或是裝置在電話所在的房地產外面的電話線，通話內容會被錄音，那就是搜索而必須要有搜索票，但是如果警察跟監車子，或是觀察路線藉由街燈柱上的錄影照相機或是谷哥的衛星影像，並不是搜索。

美國聯邦第七巡迴上訴法院認為，警方用GPS系統或透過監視攝影實際去追蹤一輛汽車，並不因此導致非法逮捕或搜索，只要警方有合理懷疑認為被告涉及到犯罪行為便可，無須事前取得搜索令。

(二)構成聯邦憲法第4增修條文搜索保障範圍

1.State v. Jackson案

華盛頓州最高法院State v. Jackson案[22]，執法人員即便取得法院搜索

---

[22] State v. Jackson, 76 P.3d 217-224 (Wash.2003). 本案華盛頓州居民Jackson在1999年被警察懷疑親手毆死自己女兒後謊報失蹤，警察於是聲請搜索票搜索被告Jackson的住宅及兩輛汽車，並在未告知被告的情形下，在被告車底的電子引擎下裝設GPS。

票，但在未告知被告的情形下，在被告車底的電子引擎下裝設GPS，詳實記錄被告往來地點、行進方向以及停留期間，安裝GPS之後才向法院聲請取得為期十天的搜索票，華盛頓州最高法院認為，執法機關若未利用先進設備情形下，如果一般人民已經明知並有意自願向一般大眾公開未保護的領域，執法機關對於取得個人私密事物與資料不會構成侵權行為；若利用輔助或提升感官的工具如望遠鏡、探測燈進行一般目視的合法觀察，亦即若是符合目視原則，不會構成違法違憲的搜索。

但當利用輔助觀察或提升視覺感官能力的工具時，若已經構成不合理的侵入行為，則可能會構成搜索，執法人員在被告車底裝設衛星定位系統GPS跟蹤行為人，且本案時間進行超過十天，又執法人員也沒有實際進行跟監，而是由衛星定位系統GPS追蹤記錄行為人的行蹤，而且鉅細靡遺的記錄下來，形成全面性無限制的監控，不是望遠鏡或探照燈能提供的功能，也不是輔助或提升執法人員自然感官能力的工具，而是利用新的技術取代傳統的目視跟監方法。執法人員在私人汽車外部裝設衛星定位系統GPS，是在私人不知的情況下被政府大量記錄個人私密生活的行為，宛如使人居於監禁的地位，極有可能形成全面性的監控，已經構成侵入行為，如未經個人同意，就有必要事先向法院聲請搜索票，不論是裝設在汽車外部、他人衣物、手機或其他私有財產外部。

2.United States v. Berry案

United States v. Berry案[23]，緝毒人員依巴爾迪摩郡法院的命令，得在Berry的共犯Hill所有的車輛裝設電子追蹤器，期限為六天，因而在Hill的賓士轎車保險桿下方裝設衛星定位系統GPS追蹤器，蒐集追蹤器所發出行蹤訊息，得知該車六天內先後進出紐約四次，在電子追蹤儀器使用的期限過後，衛星定位系統GPS追蹤繼續記錄該車的行蹤，緝毒探員因而懷疑Hill涉嫌運輸毒品，依據衛星定位系統GPS蒐得之上述該車行車紀錄資料，向聯邦法院聲請搜索住處獲准，執行搜索查扣海洛因及毒品工具，審

---

[23] United States v. Berry, 300 F. Supp.2d 366 (D.Md.2004). 本案美國聯邦地區法院在馬里蘭州指出，利用GPS技術引起的問題可能涉及聯邦憲法增修條文第4條規定，但執法人員是在取得法院令狀下，安裝了GPS設備在嫌疑人的車上。

理本案的馬里蘭地區法院認爲衛星定位系統GPS追蹤器在調查過程中，有效地替代傳統警察的跟監，不同於電波追蹤器僅僅擴大警察的目視監視能力，衛星定位系統GPS追蹤器能將相對人的行動資料儲存在衛星定位系統GPS儀器，並在日後下載使用，更精密的衛星定位系統GPS追蹤器則能即時跟監目標，並在地圖上顯示目標的位置，故被法院歸類爲更精密的電子追蹤儀器，由於其存取功能所造成的侵害程度深，故法院於判決中表示，使用有存取功能的衛星定位系統GPS追蹤應先取得法院的命令，法院基於衛星定位系統GPS追蹤器的存錄功能，質疑其得否歸類爲免於令狀原則拘束的單純觀察功能提升儀器。

3.United States v. Jones案

2010年8月6日，位於華盛頓的美國聯邦上訴法院駁回一件關於一名男子涉嫌毒品犯罪的United States v. Maynard案[24]，本案引起相當多媒體的重視。本案Jones是華盛頓一家夜總會的負責人，被控涉嫌散佈和意圖散佈而持有毒品古柯鹼（cocaine）以及古柯鹼鹽基。因爲執法機關利用GPS衛星定位系統設施追蹤這名男子時間長達一個月卻沒有事先取得法院搜索令狀。然後再聲請搜索票，並於被告Antoine Jones所曾到過的處所找到毒品。被告Antoine Jones的律師成功地主張執法人員將衛星定位系統設施秘密地安裝在被告的車上違反憲法第4增修條文禁止不合理搜索的規定。檢察官在對陪審團的最後主張，提出使用衛星定位系統資料，主張這些資料足以顯示被告有到一些除了進行毒品活動以外不會去的地方。法官駁回政府認爲法院不需要考量Jones的隱私期待是否合理的主張，政府基於1983年最高法院判決，認爲利用追蹤器設備來輔助追蹤嫌犯到毒品實驗室並不是搜索的不成功的主張。

Jones案，上訴法院認爲這情形和1983年的案子大不相同，因爲涉及

---

[24] United States v. Maynard, (D.C.Cir. August 6, 2010) available at https://www.courtlistener.com/opinion/152441/united-states-v-maynard/ (last visit 2018/12/06) Ginsburg判決理由書的主筆是雷根總統所任命的法官，本案其他法官David Tatel是柯林頓總統任命的法官、Thomas Griffith是布希任命的法官。Dan Prywes律師和Civil Liberties Union of the National Capital Area and the Electronic Frontier基金會針對本案提出簡單的評論，認爲本案引領將第4增修條文進入第21世紀，Prywes認爲本判決可以防免警察恣意追蹤任何他們想要追蹤的人數週或數個月。

執法人員長期的監視問題。Ginsburg法官在判決書中寫到，警察利用衛星定位系統並不是追蹤Jones的行動（活動）從一個地方到另一個地方，而是追蹤他一天二十四小時且連續長達二十八天在他所到的任何地方，因此，可以知道他的整體活動，以及他從何處到何處的移動形態。法院判決認為，社會承認Jones長達一個月活動的隱私期待是合理的，而且利用衛星定位系統設施來監控這些活動會讓合理的隱私期待變成無效。法官們一致認為警察的行動構成搜索，必須要先取得法院令狀，才能保障被告Jones的合理隱私期待。

　　直到2012年美國聯邦最高法院判決，聯邦最高法院同意，警方偵查實務上在被追縱對象汽車上裝設GPS追蹤器時間長達四週，以獲知其在公共道路上的行蹤，構成聯邦憲法第4增修條文的搜索[25]，這是聯邦最高法院第一次直接針對在被追蹤對象汽車上裝設GPS衛星定位系統的偵查行為合憲性的判決，深具指標性意義。

(三)聯邦刑事訴訟規則

　　在2012年美國聯邦最高法院作成Jones案判決之前，美國聯邦刑事訴訟規則就已經有運用GPS追蹤器的程序規定，2006年4月12日美國國會通過並於同年12月1日生效的聯邦刑事訴訟規則第41則（Federal Rules of Criminal Procedure, Rule 41）增修條文，第41則(a)(2)(E)新增追蹤器定義準用18 U.S.C. §3117(b)為「能追蹤一個人或物品之移動的一種電子或機械裝置」。修法前第41則並未規範追蹤器令狀，本次增訂若干程序性指導原則，供受聲請及有權簽發追蹤器令狀法官參考。比起傳統對人或財產搜索令狀，追蹤器令狀可能涉及跨越不同法院管轄及其他性質上差異的問題，修法亦納入考慮。例如第41則(b)(4)：治安法官有權在管轄區內核發令狀授權在該管轄區內安裝追蹤器；該令狀得授權使用追蹤器追蹤在該管轄區內，或管轄區外的人或物的行動，或者同時在管轄區內、外進行追蹤。就核發令狀的門檻而言，第41則(d)(1)規定，執法機關如達到「相當

---

[25] United States v. Jones (2012), available at https://en.wikipedia.org/wiki/United_States_v._Jones_(2012) (last visit 2010/09/26)

理由」標準得安裝及使用追蹤器時，治安法官「必須」簽發令狀[26]。

二、德國聯邦憲法法院關於利用衛星定位偵查犯罪的判決與法制

(一)利用衛星定位系統追蹤監視的法規

德國關於警察得利用科技工具爲秘密勤務，於聯邦警察法標準草案第8條c訂有明文。有些邦的警察法有關於警察得利用科技工具爲秘密任務的長期監視規定，何種科技工具爲勤務上所需要，原則上由內政部定之[27]；但因爲科技一直持續發展，要予以明確界定是不容易且不可能，所以也沒有明文規定是否可以使用衛星定位系統監視[28]。德國刑事訴訟法第100條c第1項第1款b規定在住宅外：「對犯行偵查客體有重大意義時，得在關係人不知情下，採取攝錄影音以外之其他特別監視目的之科技方法措施，以調查事實或偵查犯罪者之居停留處所。」該條後來修正爲同法第100條h第1項第2款內容不變，德國刑事訴訟法也新增第163條f有關長期跟監規定[29]，規定長期跟監的許可要件及有權決定機關，依該條第1項規定，須有充足、眞實之根據，足以認已構成重大犯罪，始得發動長期跟監；所謂長期跟監，爲連續不間斷超過二十四小時或有效時間超過二日的跟監。長期跟監由法官決定始得發動；如果遲延及會有危險時，得由檢察官下命實施，並於三日內取得法院確認，若未於三天內取得法院確認，該命令失效。長期跟監仍有三個月的上限，但可延長。偵查中，命令短期使用衛星定位系統的決定機關爲檢察官[30]。第163條f規定的跟監方式，並未區分是否使用科技措施。

---

26 Federal Rules of Criminal Procedure, Rule 41(b)(4) (2009).
27 德國法律規定的跟監，有以預防性犯行抗制與危害防止等兩個目的，例如Bayern邦之警察任務法；也有僅允許以跟監作爲危害防止而不得作爲犯罪預防之目的，例如Schleswig－Holstein邦之行政法；也有僅允許於犯罪預防時使用，例如Sachen邦之警察法。而在使用科技工具爲秘密任務，由於科技不斷發展，何種科技爲勤務所需，原則上由內政部定之。參閱：李震山譯，德國警察與秩序法原理，登文書局，1995年11月，頁192-196。
28 H. Mandelartz/H. Sauer/B. Strube, Polizeigesetz Saarland, 1Aufl., 1990, S. 121.
29 Gerd Pfeiffer, Strafprozessordnung Kommentar, 5Aufl., 2005,Verlag C.H.Beck, S514.
30 吳俊毅，談德國刑事訴訟上的衛星定位措施，運用GPS探知個人位置資訊之適法性，刑事法研究中心104學年度研討會，東吳大學刑事法研究中心、台灣刑事法學會主辦，105年5月17日，頁7。

(二)聯邦憲法法院判決

　　關於使用衛星定位系統蒐集位置資料的判決，德國聯邦憲法法院第二庭2005年4月12日的憲法判決（BVerfG, 2 BvR 581/01 vom 12.04.2005, Absatz-Nr. 1 – 67），是針對德國杜塞道夫邦高等法院1999年9月1日判決（案號：Vl 1/97）、聯邦法院（BGH）2001年1月24日判決（案號：3 StR 324/00）以及憲法保護局與刑事警察局1995年10月到1996年2月對訴願人的跟監案作成[31]。本案最後對歐洲人權法院提起訴訟，歐洲人權法院在2010年作出判決，確認在刑事訴訟法使用衛星定位措施並不牴觸歐洲人權公約[32]。以下即以此判決加以說明。

1.事實

　　本案訴願人為反帝國支部的成員，執行赤軍連（Rote Armee Fraktion, RAF）的任務，已經持有四次彈藥的攻擊策略，基於此行為，高等法院以四案謀殺未遂，以及故意持有爆裂物，判刑十三年。1995年訴願人與共同被告謀劃實行四起炸彈攻擊，當準備下一次攻擊時即被逮捕。被告懷疑遭到監視，在行動時也格外小心，因為擔心被監聽，被告也不使用電話通話，所以在開車時可以擺脫聯邦憲法保護局以及刑事警察局的跟監。被告使用掃瞄器和高頻率的設備，在被告以及共同被告的車上發現追蹤器，並讓追蹤器失去效能。1995年12月聯邦檢察長聲請法院許可在共同被告的車上裝置一個衛星定位系統接收器，藉由對位置資料的蒐集，刑事追訴機關可以毫無遺漏的回溯汽車的活動路徑、停留位置以及時間。聯邦高等法院以謀殺未遂及因為謀殺與引爆爆裂物判處被告十三年的有期徒刑並沒收個別的物品。訴願人認為在車上裝設衛星定位系統的行為侵犯其憲法上的權利違憲，主張所取得的證據應該排除，上訴聯邦法院，不服判決而提起憲法訴願。

---

[31]　關於德國杜塞道夫邦高等法院判決以及聯邦法院（BGH）2001年1月24日判決，參閱：吳俊毅，由一則德國聯邦法院判決談全球衛星定位系統（GPS）的使用在刑事訴訟程序上之正當性，法令月刊，第53卷6期，2002年6月，頁23-31。

[32]　EGMR Nr. 35623/05. Urteil vom 02.09.2010(5. Kammer)，參閱：吳俊毅，談德國刑事訴訟上的衛星定位措施，運用GPS探知個人位置資訊之適法性，刑事法研究中心104學年度研討會，東吳大學刑事法研究中心、台灣刑事法學會主辦，105年5月17日，頁1。

2.聯邦法院判決

　　聯邦法院判決主要認爲，刑事追訴機關裝置、使用衛星定位系統接收器偵查犯罪，及運用此項技術所取得的證據具有證據能力，認爲德國法上作爲刑事追訴機關使用衛星定位系統的法律依據爲德國刑事訴訟法第100條c第1項第1款b[33]有關在住宅外「採取攝錄影音以外的其他特別監視目的之科技方法措施，以調查事實或偵查犯罪者的居停留處所」的規定，將衛星定位系統包括在該條項所稱的「攝錄影音以外的其他特別監視目的之科技方法措施」的概念範疇。除上述爲調查重大犯罪行爲的事實或查明行爲人停居留處所的前提外，警察單純爲預防犯罪的目的而跟蹤，不符合該條所列使用衛星定位系統的前提，不爲該條所許。

　　使用衛星定位系統所取得的資訊在證據法上的評價，在證據法上具有證據能力。在刑事訴訟程序中，衛星定位系統的使用須由法官審查，故衛星定位系統的使用令狀有法官保留原則的適用。衛星定位系統技術的設置與使用，並未侵害德國基本法第13條保障的住宅不可侵犯之基本權，也沒有涉及德國基本法第1條第1項所保障的個人私領域及第2條第1項所保障的資訊自決權。但衡量國家刑事訴追的公益與個人基本權，涉及重大犯罪的偵查，尤其是恐怖犯罪與組織犯罪經常使用新式科技輔助設備準備謀劃及實行犯罪，若欠缺現代化科學監察設備，經由刑事追訴公益優先的利益衡量，導出使用衛星定位系統對基本權干預的正當性基礎。在裝置衛星定位系統GPS接收器以及取得由衛星定位系統GPS接收器所記錄的資訊時，可能秘密的打開汽車引擎蓋，將衛星定位系統GPS接收器接用汽車上的電池，再將衛星定位系統GPS位置資訊儲存、轉錄等行爲，惟此等目的之行爲，涉及對個人基本權的干預問題，德國聯邦法院將裝置衛星定位系統GPS的行爲，視爲使衛星定位系統GPS系統有效運作的必要的附帶措施，於判決中強調，基於比例原則，以附帶權限的方式允許刑事訴追機關爲實行裝置衛星定位系統GPS以及轉錄資訊的行爲，並列入衛星定位系統

---

[33] 德國刑事訴訟法第100條c第1項第1款b規定：「對犯行偵查客體有重大意義時，得在關係人不知情下，採取攝錄影音以外之其他特別監視目的之科技方法措施，以調查事實或偵查犯罪者之居停留處所。」

GPS技術的使用範圍，依據刑事訴訟法第100條c第1項第1款b係屬合法，縱使在具體個案，將汽車短暫地送到修理廠，安裝衛星定位系統GPS，涉及德國基本法第14條所保障之所有權的侵害，亦為使用衛星定位系統GPS之附帶權限下的行為，蓋在追訴犯罪之第一優先性考量下，犯罪嫌疑人的基本權必須退讓。使用衛星定位系統的過程中，不可避免地觀察、記錄第三人的行蹤、位置時，只要符合第100條c第1項第1款b所列為「調查事實或偵查犯罪者之居停留處所」得對犯罪嫌疑人使用衛星定位系統的前提，即使不可避免地顯示、記錄嫌疑人以外第三人的行蹤，仍無礙於繼續使用進行跟監。

3.聯邦憲法法院判決要旨

德國聯邦憲法法院第二庭判決[34]要旨認為：(1)刑事訴訟法第100條c的第1項第1款b[35]，裝置衛星定位系統授權依據為資料利用符合憲法的要求。(2)使用現代化，尤其是對當事人隱藏的調查方式，刑事訴追機關應在程序上，顧及其對當事人附加基本權利干預所含有的內在危害可能性。(3)基於對基本權利快速發展資料變遷，立法者應觀察注意科技發展，以及必要時透過補充性立法補足不足之處。這也涉及到，基於將來發展現存程序法上的預防措施是否為適當的、有效確保基本權利，以及可靠的阻礙不同機關干預協調的調查措施。

聯邦憲法法院第二庭認為，訴願人與共同被告在行為時應該有想到會被監控，而在各方面會去謀劃應對，基於會被監聽的考量，應該不會打電話給彼此，在他們所使用的車子上開車時，要擺脫憲法保護局和刑事警察局的肉眼觀察通常是會成功的，訴願人利用掃瞄和高頻率的偵測器材，發現車上裝置的發射器是有效的。聯邦檢察長聲請法院許可，下令在共同被告的車上安裝，可以在50公尺範圍內，精確地知道車子空間位置的衛星定位系統GPS接收器。接收器內建有可以記錄詳細儲存資料的程式，包括每分鐘（準時的）行動的資訊、時間、地理位置之長寬座標，以及行車速

---

[34] 參見德國聯邦憲法法院第二庭於2005年4月12日（BVerfG, 2 BvR 581/01 vom 12.04.2005, Absatz-Nr. 1 - 67）判決。

[35] 因應聯邦憲法法院判決要求，德國刑事訴訟法增訂第163條f區分長期監視的情況採取法官保留。

度。利用所儲存的資料只有短短幾天的短時間動向，紀錄會因為轉錄而被覆蓋過去。立法者認知到刑事訴訟法第100條c的第1項第1款b，利用其他科技工具概念的選擇科技創造進步的空間，以及可能的在規定頒布時間點上，還沒有使用來追訴犯罪的使用系統，在具體案件利用衛星定位系統科技工具的法律要件，通常是訴願人與共同被告擺脫其他觀察措施而成為追訴嚴重犯罪的客體。刑事追訴機關透過衛星定位系統所取得的證據，具有證據能力。基於以上原因，聯邦憲法法院駁回訴願人的憲法訴願。

三、小結

美國法上關於利用全球衛星系統偵查犯罪問題，法院以該些措施是否構成扣押搜索而區分是否有憲法第4增修條文的適用，如果構成憲法第4增修條文搜索扣押適用的範圍，程序上必須取得法官核發的令狀；尤其聯邦最高法院2012年United States v. Jones案第一次直接針對在被追蹤對象汽車上裝設衛星定位系統偵查行為合憲性的判決的見解，深具指標性意義。德國聯邦憲法法院2005年判決認為得依「攝錄影音以外之其他特別監視目的之科技方法措施」作為採取衛星定位系統依據，並於刑事訴訟法新增第163條f有關長期跟監規定，關於長期跟監的許可要件及有權決定機關；偵查中，命令短期使用衛星定位系統的決定機關為檢察官。

肆、我國利用全球衛星定位系統追蹤偵查犯罪實例與相關法制

一、利用衛星定位追蹤實例

犯罪偵查實務上利用全球衛星定位系統追蹤監視特定對象，確實可以有效精確掌握行蹤，提升犯罪偵查效率，尤其近年，隨著網際網路快速發展，智慧型手機之LINE、WeChat等通訊軟體大量使用，嫌犯已很少用手機通聯，讓執法人員辦案更加困難，倚賴GPS情況越發普遍。例如，臺北市政府警察局偵辦2004年12月林姓醫師擄人勒贖案，警察將衛星定位追

蹤器裝置於肉票家屬之車輛內，以追蹤交付贖款時與歹徒之會面路線。2006年10月26日悅氏礦泉水的名牌食品董事長被綁架勒贖4,000萬元，臺北市警方利用衛星定位系統定位儀在25小時內迅速偵破，將嫌犯依擄人勒贖罪嫌移送法辦[36]。又如2007年檢警機關就運載有害事業廢棄物或病死豬車輛裝置即時追蹤系統[37]，查獲私宰病死豬之場所及犯罪嫌疑人。前法務部王清峰部長於2010年1月4日巡視屏東地方法院檢察署時，警察也表示，當年追捕槍擊要犯張錫銘時，檢警專案小組特別在張錫銘友人車輛裝上衛星定位系統，才有辦法追出張躲到土城的落腳地點，進一步掌握張上網帳號，最後透過網路IP位址，在臺中攻堅逮捕張錫銘，運用衛星定位系統主要是掌握對象行動軌跡，以利員警跟監對象，裝設位置未侵入車體，如果裝設錄音設備，才需要報請通信監察[38]。臺灣士林地方法院刑事判決

---

[36] 案情內容如下：生產悅氏礦泉水的名牌食品陳姓董事長，26日下午6時許從汀州路公司下班離開，步行前往寧波西街停車場，詎料，在暗巷內突然竄出2名蒙面持槍綁匪，將他強押上一輛廂型車，並綑綁手腳、蒙眼，隨即往桃園方向疾駛，在車內，綁匪要脅陳某配合交付贖款，否則性命難保，半小時後，綁匪陸續打了3通電話給家屬，第一通在晚間7時50分，但無人接聽，5分鐘後又打了第二通，陳某家人接起電話，聽見陳OO說：「我被朋友帶走了，不要報警。」8時50分第三通電話，綁匪要求交付新台幣2,000萬元、美金50萬元、人民幣50萬元，約合台幣4,000萬元，要家屬在隔天下午3時以前將錢準備好，等候指示付贖。綁匪將陳OO載往桃園縣龜山鄉萬壽路某鐵皮廢棄冷氣工廠拘禁，並將他綑綁在椅子上，除限制他的飲食，還不時用槍柄毆打凌虐。家屬接獲勒贖電話後，立刻向臺北市刑警大隊報案，刑大偵一隊、偵八隊及中正二分局隨即啟動反綁架機制，成立專案小組全力偵辦。專案小組指示被害人家屬耐心與綁匪周旋，爭取時間追查綁匪行蹤及肉票藏匿地點，經專案小組過濾清查出綁匪的車號及利用GPS定位儀，鎖定龜山鄉萬壽路一段的一處廢棄工廠極可能是拘禁肉票地點，遂趁綁匪尚未取得贖款前，調集大批警力執行攻堅，救出肉票，立刻護送回臺北住處休養。警方當場逮捕黃清結、吳三源2嫌，另名綁匪鄭興材因外出取贖款未果，晚間11時許返回工廠時被捕，3名犯嫌全數落網。參見2006年10月29日自由時報電子報。

[37] 廢棄物清理法第31條第1項第3款規定：「中央主管機關指定公告之事業廢棄物清運機具，應依中央主管機關所定之規格，裝置即時追蹤系統並維持正常運作。」

[38] 中國時報2010年1月5日刊載：「警方利器？人權爭議？GPS跟監檢盼納通信法規範」檢警調辦案靠人力跟監，經常跟到人跑了還不知道。屏東地檢署主任檢察官吳文政希望把GPS衛星定位追蹤器納入通信監察法規範，只要利用追蹤器，載運斃死豬的車輛就無所遁形，指標性案件人犯也不會那麼容易就潛逃。法務部長王清峰指示檢察司盡快提案修法，符合科學辦案精神。王清峰四日巡視屏東地檢署，吳文政提出上述建。主任檢察官王郡安也表示，大部分GPS定位系統的小盒子也有即時收音功能，現在通信監察法大多是監聽電話，如果能把GPS納入通信監察法規範，將申請裝設GPS辦案納入，檢警調經過合法申請核准使用，辦案比較沒有爭議。王清峰表示，在嫌疑人的車子安裝GPS定位追蹤器，沒有明文禁止使用，但有侵犯人權爭議，如能把追蹤器納入通信監察法規範，經核准取得合法偵查程序，對往後偵辦工作有助益，希望檢察司能盡快提案來修刑事訴訟法。但多數司警的反應是，運用衛星定位系統主要是掌握跟監對象行動的軌跡，如果未來都必須經過法院核准，勢必影響辦案效率，希望能夠多留點辦案空間給他們！刑事局官警指出，當年追捕槍擊要犯張錫銘時，檢警專案小組特別在張錫銘友人車輛裝上衛星定位系統，才有辦法追出張躲到土城的落腳地點，進一步掌握張上網帳號，最後透過網路IP位址，在臺中攻堅逮捕張錫銘。他們表示，運用衛星定位系統主要是掌握對象行動軌跡，以利員警跟監對象，裝設位置未侵入車體，如果裝設錄音設備，當然要報請通信監察。現在微信社之所以違反通信監察法規定，主要還是他們都會裝設錄音設備。GPS衛星定位監控行蹤，可以成為辦案利器，但也可能成為私下掌握他人行蹤的工具。參閱中國時報2010年1月5日A11版。

98年度訴字第368號判決，警方不敢太靠近被告，遂於被告車上裝設GPS跟監，慢慢跟，然後一棟一棟大樓去找，陸陸續續發現新的地點，再進行新的跟監或埋伏[39]。2014年6月28日高雄某海巡隊士官為查緝車輛走私私菸的情形，將其所有台灣大哥大股份有限公司預付卡SIM卡1張，裝置於向他人借得的GPS衛星定位追蹤器內，並擅自將該GPS衛星定位器裝設於小貨車下方底盤，再撥打上開行動電話號碼設定定時回傳定位功能，傳送上開貨車所在位置的經緯度、地址及停留時間等數據至GPS衛星定位器查詢平台，再於行動電話裝設並登入APP軟體的方式，以電磁記錄竊錄上開貨車的所在位置經、緯度及地址、停留時間與行蹤等資訊，而知悉上開貨車使用人非公開的動靜行止及狀態等活動[40]。

二、相關法制

1.刑事訴訟法

　　刑事訴訟法第228條第1項規定：「檢察官因告訴、告發、自首或其他情事知有犯罪嫌疑者，應即開始偵查。」第230條第2項規定：「前項司法警察官知有犯罪嫌疑者，應即開始調查，並將調查之情形報告該管檢察官及前條之司法警察官。」與第231條第2項規定：「司法警察知有犯罪嫌疑者，應即開始調查，並將調查之情形報告該管檢察官及司法警察官。」等係規定公權力開始偵查或調查的發動依據。刑事訴訟法關於拘提、搜索、扣押、羈押、鑑定等干預措施的要件與程序都有具體規定，但並沒有針對運用科技定位措施追蹤監視為特別的授權，是否意味著不需要法律明確列舉規定，而基於偵查程序自由形成原則的運用[41]，即可以上述刑事訴訟法第228條等的規定，作為以科技工具調查或偵查追蹤監視的依

---

[39] 臺灣士林地方法院98年度訴字第368號刑事判決。
[40] 臺灣高雄地方法院105年度易字第110號刑事判決。
[41] 偵查事務具有彈性、靈活、流動性的本質，想要對於偵查程序鉅細靡遺、公式化立法客觀上有所不能，所以產生偵查程序自由形成原則，內涵包括偵查方式順序的自由決定、自由證明原則的運用與終結程序的便宜考量，目的在促使偵查的功能與成效。參閱：楊雲驊，偵查程序中證據保全制度之檢討，東吳大學法律學報，第16卷第2期，2004年12月，頁300。

據？或是以上述條文作為所謂一般授權（Generalermächtigung）的條款[42]來作為科技定位追蹤監視的基礎即可？恐怕有疑義。尤其高雄地方法院105年度易字第110號判決認為：「容許以……概括條款，而無視於受干預基本權之種類、程度，授權偵查（輔助）機關以上開刑事訴訟法第228條第1項、第230條第2項、第231條第2項規定全面性幾近空白授權之方式允許在偵查（輔助）機關認有犯罪嫌疑之際即可干得預人民受憲法保障之基本權，難認符合憲法上法律明確原則以及增加偵查（輔助）機關濫權偵查之危險且欠缺合法性控制、監督之機制……亦會架空法律保留原則。」高雄高分院[43]以及最高法院[44]肯定高雄地院上述見解。

2.通訊保障及監察法

通訊保障及監察法第13條第1項規定通訊監察的方式，係指：「通訊監察以截收、監聽、錄音、錄影、攝影、開拆、檢查、影印或其他類似之必要方法為之。但不得於私人住宅裝置竊聽器、錄影設備或其他監察器材。」申言之，倘司法警察於執行蒐證工作時，對於人民具有隱私秘密合理期待的通訊，實施截收、監聽、錄音、攝影等相類行為，必須符合第5條、第6條[45]所規定的要件，取得法官所核發的通訊監察書後始得執行，否則應負損害賠償等責任[46]，違反第5條、第6條規定進行監聽行為情節重大者，所取得的內容或所衍生的證據，於司法偵查、審判或其他程序中，均不得採為證據[47]。通訊保障及監察法所規範的通訊，屬憲法第12條秘密

---

[42] 林鈺雄教授認為一般授權的條款，主要是指刑事訴訟法上關於司法警察調（偵）查權限的一般性規定，亦即，司法警察（官）有刑事訴訟法第229條第1項「協助檢察官偵查犯罪之職權」或刑事訴訟法第230條第1項、第231條第1項「受檢察官之指揮、命令而偵查犯罪」的職權。此外，刑事訴訟法第230條第2項、第231條第2項，司法警察（官）知有犯罪嫌疑者，「應即開始調查」，並將調查之情形報告該管檢察官及上級司法警察官，還包括刑事訴訟法第228條第1項檢察官知有犯罪嫌疑應即開始偵查的情形。參閱：林鈺雄，干預保留與門檻條款—司法警察（官）一般調查權限之理論檢討，政大法學評論，第96期，2007年4月，頁212。

[43] 臺灣高等法院高雄分院105年度上易字第604號判決。

[44] 最高法院106年度台上字第3788號判決。

[45] 通訊保障及監察法第5條係得發通訊監察書的規定，例如重罪原則、最後手段原則、令狀原則、證據排除原則等；第6條則為緊急通訊監察的規定。

[46] 通訊保障及監察法第19條第1項規定：「違反本法或其他法律之規定監察他人通訊或洩漏、提供，使用監察訊所得之資料者，負損害賠償責任」、第2項規定：「被害人雖非財產上之損害，亦得請求賠償相當之金額；其名譽被侵害者，並得請求為回復名譽之適當處分」。

[47] 為落實人權保障，2007年7月11日修正通訊保障及監察法第5條第5項規定，明定違反本條之相關規定執行監聽所取得之證據應予排除。至於違法之情節是否重大，則應由法官據個案予以審核。

通訊自由保障的範圍[48]。實務上最高法院歷年來審理涉及通訊保障及監察法的案件，也都是以偵查機關取得「正在進行中」的通訊內容爲主[49]，認爲通訊保障及監察法所規範的通訊監察，重在過程，應限於「現時或未來發生」的通訊內容，不包含「過去已結束」的通訊內容[50]。至於調取「通信紀錄」與「通訊使用者資料」，依通訊保障及監察法第11條之1第1項及第2項規定：「檢察官偵查最重本刑三年以上有期徒刑之罪，有事實足認通信紀錄及通信使用者資料於本案之偵查有必要性及關連性時，除有急迫情形不及事先聲請者外，應以書面聲請該管法院核發調取票。聲請書之應記載事項，準用前條第一項之規定。」「司法警察官因調查犯罪嫌疑人犯罪情形及蒐集證據，認有調取通信紀錄之必要時，得依前項規定，報請檢察官許可後，向該管法院聲請核發調取票。」要調取通信紀錄及通信使用資料，程序上必須向該管法院聲請核發調取票。通訊保障及監察法所指的通訊以取得「正在進行中」的「通訊內容」[51]，以及調取「通信紀錄」與「通訊使用者資料」，則與裝設GPS取得「位置」資料有差別[52]，通訊保障及監察法無法作爲裝設GPS的依據。

3.警察職權行使法

警察職權行使法第11條第1項規定：「警察對於下列情形之一者，爲防止犯罪，認有必要，得經由警察局長書面同意後，於一定期間內，對其無隱私或秘密合理期待之行爲或生活情形，以目視或科技工具，進行觀察及動態掌握等資料蒐集活動：一、有事實足認其有觸犯最輕本刑五年以上有期徒刑之罪之虞者。二、有事實足認其有參與職業性、習慣性、集團性或組織性犯罪之虞者。前項之期間每次不得逾一年，如有必要得延長之，

48　參閱大法官釋字第631號解釋。
49　例如最高法院97年度台上字第2979號判決及最高法院97年度台上字第2743號判決。
50　最高法院106年度台非字第259號判決。
51　黃清德，科技定位追蹤監視與基本人權保障，元照出版，2011年11月，頁120-123。
52　臺灣高等法院100年度上易字第2407號判決指出，通訊保障及監察法主管機關法務部認爲：「本部對於通訊保障及監察法所保障之『通訊』定義，向採『所謂符號、文字、影像等信息均應含有意思表示，即在於進行通訊雙方之間，得以進行溝通，而達到意思表示之目的，如無法藉此信息之傳達，使通訊雙方得以互相溝通及理解彼此意，應即非通訊保障及監察法所應予保障對象』之見解。GPS接收器所接收者爲『位置』之資訊，並不包括意思表示之信息傳達，故應不包含在通訊保障及監察法之規範範圍。」

並以一次為限。已無蒐集必要者，應即停止之。依第一項蒐集之資料，於
達成目的後，除為調查犯罪行為，而有保存之必要者外，應即銷毀之。」
授權警察得以科技工具進行觀察及掌握動態蒐集資料，但僅限於對其無隱
私或秘密合理期待的行為或生活情形。對於警察機關可否以警察職權行使
法第11條作為衛星定位系統蒐集位置資訊跟監追蹤的做法？位置資料是
否為無隱私或秘密合理期待的行為或生活情形？警察職權行使法第11條
第1項規定「科技工具」是否包括衛星定位系統？都有爭議，持肯定見解
者認為，科技的發展，在法律運用上，本即協助執法者解決問題。汽車追
蹤器只要無法監聽車內人員談話內容，僅可查詢車子方位和所在位置，並
對有特定犯罪之虞者方得採取本項措施，侵害人民權益輕微，應屬允許範
圍；持否定見解者，則認為警察職權行使法第11條的立法係以警察犯罪
預防為目的，並非為刑事偵查而設。若允許警察得於犯罪發生的先前領
域，使用衛星定位系統，公益與私益間，難免有失均衡[53]。警察職權行使
法第11條規定是在為了防止犯罪以目視或科技工具，進行觀察及動態掌
握無隱私或秘密合理期待的行為或生活情形等資料，而非偵查犯罪與蒐集
證據。實務上最高法院也認為，警察職權行使法第11條第1項規定必須出
於「防止犯罪」所必要而進行觀察動態、掌握資料等蒐集活動，與為進行
犯罪行為蒐證裝設GPS衛星定位器行為，不盡相符[54]。

三、小結

為有效抗制犯罪，偵查實務上利用全球衛星定位系統追蹤監視特定對
象，確實可以有效精確掌握行蹤，提升犯罪偵查效率，但在目前法制上，
不管是刑事訴訟法、通訊保障及監察法、警察職權行使法，都無法作為法
律依據，導致形成違法偵查，主管機關應盡速立法避免偵查機關為了打擊
不法，繼續鋌而走險。

---

[53] 警察可不可依警察職權行使法第11條規定利用衛星定位系統跟監，追蹤、掌握特定人的行蹤？一直是爭議的問題，有採肯定見解者，參閱：李翔甫，警察法規，新學林出版，2009年9月，頁211。採否定的看法，參閱：蔡庭榕等，警察職權行使法逐條釋論，五南圖書，2005年2月，頁284-285。
[54] 最高法院106年度台上字第3788號判決。

伍、我國衛星定位系統偵查犯罪立法的省思

　　美國法上關於全球衛星系統偵查犯罪問題，法院以該些措施是否違反人民「合理的隱私期待」構成扣押搜索，而區分是否有憲法第4增修條文的適用，如果構成憲法第4增修條文搜索扣押適用的範圍，程序上必須取得法官核發的令狀，若未侵害人民的隱私權，無須搜索票；尤其2012年United States v. Jones案，聯邦最高法院法官認爲警察的行動構成搜索，必須要先取得法院令狀，才能保障被告Jones的合理隱私期待，這樣的發展值得重視與觀察；爲因應新興科技發展，美國在成文法也增修聯邦刑事訴訟規則作爲執行科技定位措施相關的規範。

　　德國關於運用衛星定位系統追蹤監視，聯邦憲法法院關認爲依據刑事訴訟法第100條c的第1項第1款b規定，針對所犯爲重罪，程序上需要經過法官的許可，並且有期間上的限制，裝設衛星定位系統跟蹤監視合憲。在法制上，刑事訴訟法新增第163條f長期跟監規定，規定長期跟監的許可要件及有權決定機關，依該條第1項規定，須有充足、眞實之根據，足以認已構成重大犯罪，始得發動長期跟監；所謂長期跟監，爲連續超過二十四小時或有效時間超過二日的跟監。長期跟監由法官決定始得發動；如果遲延即會有危險時，得由檢察官下命實施，並於三日內取得法院確認，若未於三天內取得法院確認，該命令失效，該條規定的跟監方式，並未區分是否使用科技措施，衛星定位跟監措施包含「攝錄影音以外的其他特別監視目的之科技方法措施」概念中，若以衛星定位系統實施的長期跟監，則會形成刑事訴訟法第163條f有關跟監規定與第100條h第1項第2款有關使用衛星定位系統規定的競合。

　　相較於德國與美國的情形，我國法上不論是要以刑事訴訟法、通訊保障及監察法、警察職權行使法規定，作爲全球衛星定位系統追蹤監視偵查犯罪的法律依據，不論在要件或程序上都還需要更精確的規範，應該盡速修法，把上述德國與美國法院實務的見解以及相關法律的規定，例如在程序上是否採取法官保留原則、要件上是否只能用在所犯爲重罪、可否及於第三人、跟蹤監視的期間、地點等等，納入我國相關法規範中，尤其最

高法院已經認爲，倘若法無明文規定，偵查機關安裝GPS追蹤器於他人車上，已違反他人意思，而屬於藉由公權力侵害私領域的偵查，且因持續而全面地掌握車輛使用人的行蹤，明顯已侵害憲法所保障的隱私權，自屬違法而不被允許，偵查機關構成刑法妨害秘密罪，主管機關應該盡速修法，避免再有執法人員觸法。

摘 要

　　交通執法屬警察職權之一種，以往道路交通相關法規對交通警察的執法，相當缺乏程序之規定。警察職權行使法通過後，其中不乏與交通執法關聯之法條，此如第6條第1項第6款的「設置管制站」、第8條的「交通稽查」以及第10條的「裝設監視器」等規定。有了這些規定，將使交通執法更為完備。

　　但這些規範內容如何，執法時交通警察應如何注意程序以及其他實質規定，以及其與道路交通管理處罰條例之間的關係如何，有探討之必要。

　　交通執行之際，對於拒絕警察之職權行使，可否引用相關法規，如道路交通管理處罰條例或社會秩序維護法等加以處罰，也有探討之必要。

關鍵字：

　　交通執法、交通稽查、交通監控、警察職權、資料蒐集、管制站。

壹、前言

　　警察職權行使法於2003年6月5日三讀通過，其中與交通執法直接關聯有該法第6條第1項第6款「管制站」之設立、第8條「交通臨檢」，後者條文內容是涉及警察在查證身分時應遵守之程序，發動原因以及應執行

---

[*] 本文原刊載於：九十二年道路交通安全與執法研討會論文集，中央警察大學交通學系，2003年10月17日；後刊載於：警政論叢，第3期，2003年12月，頁1-13。

事項，有關於此道路交通管理處罰條例並無相關之規定，故本條有補充道路交通管理處罰條例不足之處。除此之外，警察職權行使法對於經常發生犯罪案件之公共場所或公眾得出入之處所於第10條規定，得裝設監視器之問題，都與交通執法有關。

警察職權行使法對交通執法有程序規定，對值勤員警而言，執法有了依據，符合依法行政之要求，在此有必要瞭解其內容，基於此，本文分兩部分探討，其一爲警察臨檢「身分查證」之發動要件與程序，並論及警察可採取之手段以及執勤時如何做好自身防衛的程序與因應對策。

另一爲就警察以科技工具「資料蒐集」部分加以探討，在警察職權行使法中，警察對經常發生或經合理判斷可能發生犯罪案件之公共場所或公眾得出入之場所裝設監視器，因此，警察依法可運用科技工具去防範犯罪之發生，在此由於該條文程序之規定稍不足，就此部分本文擬以外國之法律規定與實務提出以爲比較，並提出一些修法上之建議。

警察職權行使程序之規定，對交通執法而言相當重要，在警察職權行使法通過後，實有進一步探討之必要。

貳、警察執行交通勤務之職權

駕駛人交通行爲因其快速而具有危險性，稍一不注意，即有可能釀成人車之損害，且造成公共安全與公共秩序之危害。對此種可能發生之危害，交通警察有必要採取必要的預防措施，而警察之交通監控（Verkehrskontrolle）即屬之。警察的交通監控主要目的是以改善交通安全以及防止交通事故之發生。

交通監控方式有透過以「科技工具」之監控，如高速公路裝設雷達超速照相、公共道路裝設監視器等，有於路口、路段設置管制站實施警察路檢，或對違規者的交通稽查。交通監控行爲並不以具體危害爲前提，其目的在於，除上述預防之目的外，且得以進而確定違反交通，或中止以及追訴違法之行爲。

一、交通檢查

交通檢查是指執勤之警察直接面對人民的職權行使方式，與上述透過科技工具不是面對面之執勤方式有所區別。警察實施交通檢查之行為，是屬於警察「防止危害」資料蒐集的活動，不以有具體危害發生為前提。其發動要件所採取之手段為攔阻、查證身分與證件。

交通檢查雖以防止危害為發動原因，亦即，警察行政調查之行為，但在警察執勤中，若有發現「犯罪嫌疑」之情形，警察有可能因而轉成刑事之活動。因此，警察的交通檢查實施過程中，有可能涉及警察的兩大任務：「防止危害」以及「犯罪偵查」。

若以發動原因為區別，交通檢查應可區分為下列兩種，一種為警察職權行使法的交通檢查，又有稱為「交通臨檢」，其通常以「特定原因」，如酒測等為發動要件，但不以「具體危害」產生為前提，另外一種為道路交通管理處罰條例的「交通稽查」，則是以民眾或駕駛人發生違反道路交通管理處罰條例之規定，所為之稽查。上述兩種皆屬交通警察執法的重要手段，警察直接對人民監督檢查民眾之行為是否合法。

(一)交通臨檢

1.管制站之設立

警察職權行使法第6條第1項第6款之規定「行經指定公共場所、路段及管制站」屬於此種情形[1]。本條規定是參考德國聯邦與各邦統一警察法標準草案第9條規定而來。此種管制站之臨檢，吾人稱其為「集體審查」（Sammelkontrolle），其特色是不以特定對象，而是通過該檢查站之人一律檢查。

警察職權行使法第6條第2項規定，第1項第6款發動之要件限於「防止犯罪或處理重大公共安全或社會秩序事件有必要者」之情形，且在程序上應經由警察機關主管長官為之。其要件如下：

---

[1]　而海岸巡防法第7條所規定之「巡防機關人員執行第四條所定查緝走私、非法入出國事項，必要時得於最靠近進出海岸之交通道路，實施檢查」。「交通路檢」屬於機動臨檢，亦即是符合特定原因之檢查。

(1)防止犯罪或處理重大公共安全或社會秩序事件

前述所稱的「防止犯罪」或「處理重大公共安全或社會秩序事件」的範圍不特定而且相當寬廣，只要防止犯罪有必要之情形或重大案件，就可以為之，例如警察為了查賄防止賄選之目的，就可設立。設若如此，警察臨檢極有可能違反釋字第535號解釋所謂的「不分時間、地點及對象任意臨檢」之禁止規定[2]。因此，有必要對其範圍之適用作限制，例如，設立管制站，似應以在管制站地點或其附近有「相當可能性」，即將發生「特定犯罪事件」為限，亦即，在空間與時間的急迫性下即將發生特定犯罪之虞者，才可為之[3]；不能僅以為阻止某犯罪行為之發生，而對不特定對象之查緝，如花蓮選舉之「查賄」並無具體事證，只依經驗判斷，且查賄地點又不確定，幾近乎「全面性查賄」之程度，乃有違釋字第535號解釋之意旨。

(2)必要性之考量

此為比例原則之考量，此種必要性之考量，包括是否狀況已達到設置管制站之情形以及設置後所採取之必要手段等。例如，於週末為防止飆車而設置管制站即屬有必要。

(3)警察機關主管長官的指定

由於此項管制站，並非基於特定對象的嫌疑犯，因此仍屬警察防止危害範圍內的「預防犯罪」，屬警察法之規範，但為慎重其事，仍須經由警察機關主管長官的指定為之[4]。未來，我國執行酒測或防止飆車所採取設置「管制站」即以此為準。

2.集體臨檢應遵守之程序

依警察職權行使法而設置管制站，該法第7條設有程序之規定敘述如

---

[2]　釋字第535號解釋，即對任意臨檢提出批評，而認為對人之臨檢，應有「相當理由」，對處所、交通工具或公共場所應限於已發生危害或依客觀、合理判斷易生危害之情形。

[3]　吾人觀察警察職權行使法第6條第1款至第4款都有所謂「合理懷疑」、「有事實足認」等發動要件程度之考量，而第6款卻僅以此種概括規定之要件為之，實過於寬鬆。吾人建議未來執行之際，應仿效德國法之規定，但可在要件上更嚴格而應侷限於「相當可能性」，代替德國所稱的「若干可能」；而所謂相當可能是指在時間與空間上相當可能發生該犯罪屬之。

[4]　本條是參考德國警察法而來，在德國警察法上指定之層級比我國更高，是由各邦內政部長為之，如同我國此次「查賄案」一般。

下：

(1)攔停人、車、船及其他交通工具

此即屬所稱的「攔阻」。攔阻目的是為了「查證身分」。攔阻是對個人行動自由短暫之限制，尚未達到「自由之剝奪」。攔阻行為應有法律之規定才得為之。警察攔阻後，應依警察職權行使法第4條規定對當事人「告知臨檢之事由」[5]。

(2)查證身分

查證身分是指警察詢問當事人之身分，並檢查其證件，其與前述的攔阻等行為合併觀之，吾人稱之為「攔阻權」，由攔阻至身分查證等行為，性質為行政處分[6]。於查證身分時，若被查證者不實陳述或拒絕陳述時，可否適用社會秩序維護法第67條第1項第2款之規定？該款「於警察人員依法調查或查察時」之規定，是否包括警察職權行使法之「查證身分」在內，則有進一步探討之必要。有人認為，兩法條所稱之構成要件中都有「姓名」、「住居所」之規定，雖然警察職權行使法並無處罰之規定，但社會秩序維護法第67條所稱的「依法」調查或查察，應包括「依警察職權行使法」在內，因此，依該款對當事人加以處罰應無問題。

持反對見解者認為，被查證身分者，通常是在並無違法之情形，若只因其拒絕陳述姓名或住居所，而加以處罰，則顯有未公之處。此外，實務上，當事人除拒絕陳述外，並對警察之查證身分當場異議，此時，若仍對之加以處罰則有問題。

以上兩說，較傾向贊成處罰之說。

(3)檢查其身體及所攜帶之物

警察執行該項措施，若有「明顯事實足認」，其有攜帶足以自殺、自傷或傷害他人生命或身體之物者。所謂「明顯事實足認」在程度上要比「有事實足認」更為明顯，警察除有其他事實佐證外，另應於現場觀察，

---

[5]　交通臨檢實務上，交通警察首先都是要求當事人「出示證件」，吾人若觀察警察職權行使法第7條以及第8條「交通工具之檢查」等規定，也是首先要求當事人「出示證件」，但若該法整體觀之，第4條既有「告知事由」規定，在程序順序上，攔阻後下一動作應是警察的「告知事由」而後才是「出示證件」。

[6]　Kraft/Kay/Böcking, Eingriffsmaßnahmen der Polizei, 2.Aufl., 1992, S. 175.

有相當明顯當事人有攜帶上述之物者。警察在執行程序上，應以輕拍其身體以及其攜帶之物，查看有無攜帶自殺或傷人之物。若有進一步發現，則可採取下一步措施，要求其交出該可疑之物。在此，若警察有情報足認其有攜帶毒品，仍不可適用該款規定，因為該款之發動是以有無攜帶自殺或傷人之物為前提，是以保護執勤人員或他人之生命、身體安全為前提，不包括毒品的檢查在內[7]。

(4)攜往警所

攜往警所是在無法查證身分時，警察所為的進一步措施。攜往警所之措施，由於時間並非短暫，且對於抗拒不同行者，警察得使用強制力。因此，此種情形屬於自由之剝奪[8]，涉及人身自由之保障。

實務上比較困難的是，此種「自由之剝奪」，在警察處理情形，案件有可能由行政調查轉成刑事案件而需採用刑事調查程序時，時間上究竟如何計算，則有爭議。例如，若一案件在攜往警所確認身分後，警察可能發現當事人有犯罪嫌疑時，則先前依據警察職權行使法的處理時間，是否應包括在刑事訴訟法上警察與檢察官共用的二十四小時內。有謂，依不同管轄權之原理，警察依警察職權行使法所為之查證身分措施不應計算在二十四小時內，因此，刑事訴訟法的二十四小時計算，應是從警察在發現犯罪嫌疑開始時起算，才屬恰當。

但從保障當事人之人權，且從手段之不同觀之，同行已構成自由的剝奪，則從帶往至警所開始起，就應起算刑事訴訟法之時間，較為合理。

3.酒精測試與車輛檢查的交通臨檢

依據警察職權行使法第8條規定，警察得採取酒醉測試與車輛檢查之措施。

本條規定也是屬於警察交通臨檢之一種。其發動對交通工具檢查之因

---

[7] 在美國之司法實務上，認為於現場拍搜懷疑衣服口袋內藏有毒品，因其並不具現場緊急危險性，故須具備令狀，才可搜索。

[8] 對於此種措施，在美國通常是須要令狀的，在德國有部分邦主張所謂的「法官保留」，亦即，如同美國法須法官「令狀」；但實務上卻很少如此使用，因為同行至警所的時間不會太長，為此而等待法官之決定，恐延誤時機。Vgl. Racher, Das Polizeihandeln, in: Lisken/Denninger (Hrsg.), Handbuch des Polizeirechts, 2.Aufl., 1996, F. 277.

素，爲該交通工具「已發生危害」或「依客觀合理判斷易生危害」之情
形。因此，與上述「集體臨檢」比較，本條是屬於所謂的「個別臨檢」。

　　本條之立法目的，在於補充道路交通管理處罰條例不足之處。道路交
通管理處罰條例雖有拒絕酒測處罰之規定，但卻缺乏酒測程序之規定，本
條之規定是有補充其不足之處[9]。

　　此種個別交通臨檢是一種預防性的措施，來審查駕駛人是否合法駕
駛，審查所攜帶之證件，審查車子狀況設備與裝載情形，以維護道路交通
安全與秩序。個別交通臨檢是一般預防之概念，不以具體危害爲前提，並
非以追訴違序或違反刑法的具體措施爲前提，但若臨檢時有進一步發現，
而採之措施則屬其次而來之措施[10]。

(1)交通工具攔檢之發動要件

　　本條臨檢發動要件爲「已發生危害」或「依客觀合理判斷易生危害」
兩種情形，前者爲已發生所謂的「具體危害」如車禍等，此種情形，若符
合「道路交通管理處罰條例」之規定，則可依該法處罰。後者發動要件爲
「危害尚未發生」，但有發生危害之虞，所謂「依客觀合理判斷易生危
害」是指，依現場狀況以及依警察經驗對該事件所作之綜合評估，亦即，
「根據客觀明顯事實」，經警察合理之推論，而認爲將可能有危害之發生
屬之[11]。此種「合理推斷」是就「個案審查」，警察之判斷只要達到所謂
「合理的懷疑」即已足夠。例如，若車輛從外觀駕駛狀況觀之，有危險駕
駛之情形，如蛇行、忽快忽慢等情形即屬之。

(2)交通工具攔檢之程序

　　攔檢之程序與上述設置「管制站」之臨檢程序相同，包括告知事由、
令出示證件、查證身分等。

　　交通工具之檢查對於負責檢查的警察如何作好人身安全，相當重要。

9　警察職權行使法第8條「個別臨檢」有接受「酒測」之規定，是否第6條第1項第6款「管制站」的「集體
　臨檢」亦可適用第8條接受「酒測」之規定；吾人認爲從法理觀之，應有其適用。
10　Hilse, Verkehrsüberwachung, in: Lisken/Denninger (Hrsg.), a.a.O. (Fn. 8), G. 28ff.
11　本條所稱「易生危害」的概念，是源自於德國警察法，德國法將此概念適用在所謂的「易滋生犯罪場
　所」中，如舞廳、酒吧、聲色場所等。我國大法官於釋字第535號解釋，則將此種「易生危害」的概念
　擴充適用至於「交通工具」中，而本條之規定乃是參考該號解釋而來。

警察職權行使法第8條第2項規定，駕駛人或乘客有異常舉動而合理懷疑其將有危害行為時，警察得強制其離車。例如車內之人不搖下車窗、引擎不關閉等，警察依其個人之經驗，合理懷疑其將有不配合或攻擊之虞或甚至逃亡之虞時，為保護自己或他人之生命身體之自由，警察得要求其離車。

在「有事實足認」其有犯罪之虞者，警察並得檢查交通工具，此為該條第2項後段之規定。在此所稱「有事實足認」的可能程度，要比上述所稱「合理的懷疑」的程度來得嚴格。「有事實足認」除警察判斷外，通常仍必須有一定之事實，例如接獲民眾的報案、其他機關的通報或經由警察機關長期之觀察而得知等，因此，在程度上是比較類似所謂的「相當理由」，相當可能有犯罪之虞者[12]。

實務上，發生雖有「相當理由」之情形，但駕駛人拒絕打開行李箱，警察是否可強制其打開，則有探討之必要。吾人認為，在此情形仍以不強制打開執行為宜。

(3)交通工具檢測之對象

警察職權行使法第8條之規定交通工具的檢查，共分為兩種情形，其一為車輛之檢查，另一為實施對人的酒測，兩種情形發動原因以及檢查程序各有不同。

A.車輛之檢查

警察職權行使法第8條第1項第2款「檢查引擎、車身號碼或其他足資識別之特徵[13]」之規定，是指對車子本身構造之檢查，主要目的在於查緝該車輛是否為贓車，以利於警察進行下一步措施。車輛之檢查，應可適度擴充，包括交通工具設備之缺失，而有導致交通事故之檢查，例如輪胎、照明設備、有無超載以及是否懸掛車牌、車牌是否過時等。但有關此一部分，因涉及違反交通規定，應可以道路交通管理處罰條例作為依據。

---

[12] 在美國法上所稱「相當理由」發生可能性大約50%以上，而「合理懷疑」發生可能性則僅在20、30%之間。

[13] 所謂「足資識別之特徵」係指該交通工具之稀有零件廠牌、規格、批號及其所有人所為之特殊識別記號（如車身紋身）等。

B.對人的酒測

酒精濃度測試之檢定，首先是涉及駕駛人拒絕測試時警察應如何處理之問題。在此，應先區分駕駛人當時之情形，若駕駛人已發生交通事故，遭致人車傷亡而有刑法上之構成要件時，則可以依刑事訴訟法第205條之2規定，強制令其吐氣而採取之，以作為犯罪之證據[14]；或者，駕駛人已發生交通事故，遭致人車傷亡時，則依道路交通管理處罰條例第35條第5項規定：「強制移由委託醫療或檢驗機構對其實施血液或其他檢體之採樣及測試檢定」，亦即，可強制抽血。但若無上述情形，則只能依道路交通管理處罰條例為之。

對駕駛人實施酒測，若當事人拒絕接受「酒測」，是否可依道路交通管理處罰條例第35條第4項規定處罰，有探討之必要[15]。該項規定之處罰除處新臺幣十八萬元罰鍰外，並當場移置保管其車輛及吊銷其駕駛執照及施以道路交通安全講習；如肇事致人重傷或死亡者，吊銷其駕駛執照，並不得再考領等，因此，處罰相當重。有謂，應就具體狀況先確定駕駛人有喝酒駕車情事，才以該條作為處罰時，若當事人僅是拒絕，且觀察其並無喝酒之跡象，則不符該條處罰之規定。如經觀察其有喝酒情事而拒絕酒測，則可依道路交通管理處罰條例第35條第4項規定，處新臺幣十八萬元罰鍰，並當場移置保管其車輛及吊銷其駕駛執照[16]。

但道路交通管理處罰條例第35條第4項的構成要件為「拒絕第一項（酒精）之測試[17]」，只要當事人拒絕測試，即符合該項構成要件，至於如何處罰警察機關有裁量權，僅處罰鍰亦屬裁量之範圍。

其次，要探討的是，現場執行酒測儀器是否準確也是問題，因此，目

---

[14] 吾人認為本條規定，若當事人不省人事，應可包括對當事人抽取血液在內，以確定其證據。

[15] 道路交通管理處罰條例第35條第4項現行條文，於108年4月17日修正公布，施行日期，由行政院以命令定之；108年5月31日行政院院臺交字第1080091072號令發布，自109年3月1日施行，規定為：「汽機車駕駛人有下列各款情形之一者，處新臺幣十八萬元罰鍰，並當場移置保管該汽機車、吊銷其駕駛執照及施以道路交通安全講習；如肇事致人重傷或死亡者，吊銷其駕駛執照，並不得再考領：一、駕駛汽機車行經警察機關設有告示執行第一項測試檢定之處所，不依指示停車接受稽查。二、拒絕接受第一項測試之檢定。」其將罰鍰之額度由九萬元調至十八萬元。

[16] 實務上發生，警察設置路障進行酒測，而當事人不搖下車窗，而無從檢測時，警察可否採取進一步強制措施，則有探討之必要。警察在車窗上以書寫文字方式，告知進行酒測，若當事人無所動而無法進行時，若警察貿然採取打破車窗進行酒測，則恐有破壞個人財務而有違法之虞。

[17] 該項測試包括：酒精、毒品、迷幻藥、麻醉藥品以及其他類似管制藥品等之測試。

前應使用檢測通過之儀器,較無爭議。

(4)執行交通攔檢應注意之情形

交通臨檢步驟,首先警察之攔阻動作,必須及時以及清楚,亦即無混淆,駕駛人可清楚辨識警察之指令。

交通臨檢地點之選擇相當重要,以儘量不妨礙一般交通順暢為原則,轉彎處、上下坡都不是適當稽查之地點[18]。稽查時應注意駕駛人之安全。黑暗中警察應著制服以及以警車作為辨識。

(二)我國道路交通管理處罰條例交通稽查之性質

我國道路交通管理處罰條例所規定之交通稽查,應屬於有違規情形的稽查,例如車燈損壞仍駕車或超速等違規情形之稽查,與上述交通臨檢有所區別。

1.以違規為稽查之發動

道路交通管理處罰條例第7條第1項規定:「道路交通管理之稽查,違規紀錄,由交通勤務警察,或依法令執行交通稽查任務人員執行之。」本條為管轄權之規定。

2.不服稽查取締之處罰

道路交通管理處罰條例第60條第1項規定:「汽車駕駛人,駕駛汽車有違本條例之行為,經交通勤務警察或依法令執行交通稽查任務人員制止時,不聽制止或拒絕停車接受稽查而逃逸者,除按各該條規定處罰外,處新臺幣一萬元以上三萬元以下罰鍰,並吊扣其駕駛執照六個月;汽車駕駛人於五年內違反本項規定二次以上者,處新臺幣三萬元罰鍰,並吊扣其駕駛執照一年。」本項僅適用在已違反本條例之交通違規行為者,若尚未構成違法情形,而拒絕稽查時,仍不得以該條加以處罰。例如,於警察職權行使法第6條第1項第6款所設置之管制站拒絕接受檢查,則不能以道路交通管理處罰條例第60條第1項加以處罰。

---

[18]　Richard Taschenmacher, Polizeidienstkunde, Dienst-und Einsatzlehre, 1998, S. 430.

二、交通檢查與基本人權

其所涉及人民之權益敘述如下：

(一)個人行動自由權

警察之交通檢查首先爲「攔阻」之手段，將個人短暫時間的攔阻，僅是爲了檢查駕駛人是否安全駕駛，是對個人自由的限制。同樣地，進行酒測，也屬於行動自由之限制；但若無法查證身分攜往警所則可能構成自由之剝奪。此外，攔阻也有可能對個人遷徙自由，亦即，旅行自由的限制，例如：曾經爲查賄而實施路檢，造成對居住及遷徙自由權的妨礙，但這只是個案。

(二)資訊自決權

交通檢查，也是在強迫地對個人蒐集資料，而與所謂的「資訊自決權」有所違背。該基本權利是擔保個人有權自己決定，何時、在何種界限以及如何公開私人的生活事實，或甚至如何決定「放棄」自己之資料，而不受他人恣意之支配[19]，亦即，資訊自決權保護個人之資料不受機關或他人無限制的蒐集、儲存、利用以及傳遞[20]。

(三)人格權

對人身之檢查與攜帶之物以及車輛之檢查，涉及個人之隱私，是對個人一般人格權之干涉[21]。對攜帶之物以及車輛之檢查，因涉及個人之隱私，通常以「相當理由」爲發動要件較一般臨檢要件爲嚴格。此種檢查若涉及物的沒入或扣留，則與個人所有權、財產權有關。

前述所稱的「資訊自決權」以及「人格權」屬於憲法第22條所稱「其他權利」。

---

[19] Lambiris, Klassische Standardbefugnisse im Polizeirecht, 2002, S. 68.
[20] Bäumler, Polizeiliche Informationsverarbeitung, in: Lisken/Denninger (Hrsg.), a.a.O. (Fn. 8), J. Rdnr. 4.
[21] Kraft/Kay/Böcking, a.a.O. (Fn. 6), S. 99ff.

三、利用科技工具的交通監控

(一)以預防危害之公共道路或場所的監控

警察職權行使法第10條規定：

「警察對於經常發生或經合理判斷可能發生犯罪案件之公共場所或公眾得出入之場所，為維護治安之必要時，得協調相關機關（構）裝設監視器，或以現有之攝影或其他科技工具蒐集資料。

依前項規定蒐集之資料，除因調查犯罪嫌疑或其他違法行為，有保存之必要者外，至遲應於資料製作完成時起一年內銷毀之。」

1.裝設監視器之目的

(1)蒐集資料以利於進一步調查，以監視器替代警察之行為。

(2)對所蒐集資料儲存進一步加工，製造以利於比對干擾者或犯罪者之資料，在此已發生基本權利之干涉。

(3)阻止將來危害或犯罪之發生，達到預防之效果[22]。

2.裝設之地點

公共場所或公眾得出入之場所。其中公眾得出入之場所，是指不特定之人，得以出入之場所，但屬於私人的百貨公司、餐廳、旅社等，是否包括，則有探討之必要，在此應以「公有」為準，例如車站、航空站、也包括公共道路、路段在內，「私有」涉及「私人住宅」不可侵入之問題，應不包括本條的規範範圍內。

3.裝設之前提要件

裝設監視器之地點為「經常發生或經合理判斷可能發生犯罪案件」之場所，例如某道路的路燈經常遭到破壞，或該路段崎嶇不平，且常有肇事逃逸之情形等，即屬之。

4.協調相關機關（構）裝設之

如銀行，則與財政部有關；道路則與交通部有關，而社區則有必要與

---

[22] Christoph Gusy, Polizeirecht, 5.Aufl., 2003, §4, Rdnr. 209.

村里幹事協調之。

5.裝設監視器立法之考量

本條之規定，給予警察相當的權限，警察只要「經合理判斷可能發生犯罪事件」即可要求裝設監視器，在立法考量給予警察相當寬鬆的干預條件[23]，著重於公共安全與公共秩序之考量，且該條並不以「具體危害」作為前提，因此，勢必對人民資訊自主權形成相當妨害。尤其與事件不相干的人民，可能因進入或停留在公眾得出入之場所，而遭到攝影，形成所有通過或駐留該地之人，都被視為潛在之干擾者，此種措施是過度干擾人民之權利。

此外，裝設監視器，是否應裝在明顯可見之處或隱密為之，警察職權行使法並無進一步規定，如此程序規定似有不足之處[24]。值得注意的是，裝設地點應是「點」，而非「面」的裝設，不能因為以該地區有販毒之情事，而對該地區採取全面的「監督」，此舉有違比例原則[25]。

另外，本條有關警察之裝設監視器，無需經由其他機關之審核，如此雖有利於職務之執行，但是，對其是否有違資料蒐集之目的，則不易監督[26]；唯一對蒐集資料之限制，是以一年為限，亦即，除因調查犯罪嫌疑或其他違法行為，有保有之必要者外，至遲應於資料製作完成時起一年內銷毀之。

(二)超速的科技監控

1.雷達測速之依據

透過科技之交通監控並不與民眾直接接觸，是一種資料蒐集交通行為的監控，是確保交通安全的重要手段。有關透過科技之交通監控，我國道路交通管理處罰條例第7條之2第1項第7款有「經以科學儀器取得證據資

---

[23] 在德國Baden-Württemberg邦的警察法第21條則以「有事實足認重大違序或犯罪行為」為裝設「監視器」之要件，顯然比我國規定要來得嚴格。

[24] 在德國警察法上對於此種於公共場所或公眾得出入之場所裝設「監視器」，因為涉及對多數不相干人之攝影，而要求應裝在公眾可明顯看到之處，因此，採「公開」之方式。

[25] Wolf-Rüdiger Schenke, Polizei-und Ordnungsrecht, 2.Aufl, 2003, Rdnr. 186.

[26] Christoph Gusy, a.a.O. (Fn.22), Rdnr. 209.

料證明其行爲違規」規定，其包括「雷達測速」在內。本款之科學儀器應採固定式，並定期於網站公布其設置地點，但汽車駕駛人之行爲屬第2項各款情形之一者，不以採固定式爲限（本條第2項規定）。

通常對違規超速警察即應攔阻取締，但若個案情形攔阻不可能或有相當困難時，可利用科技照相[27]。

2.是否有警告之必要

我國最近因交通測速事件，媒體以及立法委員群起攻擊警察之秘密利用照相測速，而對於雷達測速裝設器前，有無必要先設置警告牌示，引發熱切之討論。有謂，行政行爲應具明確性，對人民而言，該行爲應具有可預測性，且超速照相處罰並非目的，警察之任務僅是在監督人民不要違規超速，因此，只要人民遵守不超速，達到交通安全駕駛之目的即可，而超速設備前之警告，即扮演此項功能。且秘密的測速照相，人民無從得知警察機關如何處理所蒐集之資料，此種秘密蒐集資料，有違人民「資訊自決」之權利。第7條之2第3項規定，對於第2項第9款「行車速度超過規定之最高速限或低於規定之最低速限」之違規行爲，採用固定或非固定式科學儀器取得證據資料證明者，於一般道路應於一百公尺至三百公尺間，於高速公路、快速公路應於三百公尺至一千公尺間，明顯標示之；其定點當場攔截製單舉發者，亦同。

但，有人認爲不必事先警告理由如下：

(1)標誌標線之設置即有警告之意思

我國道路交通標誌標線號誌設置規則第85條，即有速限之規定，用以告示車輛駕駛人前方道路最高行車時速之限制，不得超速。該規則是依據道路交通管理處罰條例第94條第3項規定訂定的，屬法規命令適用應無問題。

(2)無侵犯隱私與資訊自決權

車輛行駛於公共道路，從外在即可觀察內部，對其之照相攝影，並無所謂的「合理隱私期待」之問題，不觸犯其隱私，且所爲之「攝影」，僅

---

[27] Hilse, Verhkehrsüberwachung, in: Lisken/Denninger (Hrsg.), a.a.O. (Fn. 8), G. Rdnr. 33.

提供作為是否超速之依據，並無進一步加以利用或儲存，並無侵害個人「資訊自決權」。

(3)路段速限經由公告之程序

通常某路段速限、或速限變更會經由主管機關之公告。縱若無經由公告，而主管機關將速限標誌設置於公共道路上，即產生所謂「一般行政處分」之效力[28]。在此，其也扮演著所謂「警告」之作用。

參考德國法之經驗，一般而言，其對於速限通常會經由公告程序，而在公告路段速限之同時，同時也一併公告於該路段裝設測速照相設備[29]。至於，實際在道路上主管機關是否有另設「前有超速照相」之標示，則各依該主管機關定之，並無統一之情形。

(三)小結

從上述論點觀之，在公共場所或公眾得出入場所裝設監視器，最好能以公開方式為之。同樣地，雷達測速，於裝設地點前，設置警告標誌，程序上較為周全，也不致有違反「資訊自決權」之嫌[30]。

至於，裝設測速照相，另有使民眾不服之處，並非在於有無「警告」之問題，而是在於所為之測速照相本身行為是否合規定（ordnungs-gemäss）執行之[31]，首先要討論的是，設置地點與速限標誌之關係是否合理，亦即，標示的速限標誌是否清楚合理，速限之變更是否告示清楚，民眾對其是否能即時反應等。最受質疑的是，所謂的「陷阱」，如速限之變化，由一百公里變為九十公里，民眾通常疏於注意，而被照相，會有不公之感。

其次，要探討測速照相設備是否精確的問題，因此，該設備裝設使用

---

[28] 在此，稱其為一般處分是因為，其已屬於所謂的「具體事件」，因為其設置在特定路段中，作為速限規定，而與上述的法規命令之抽象規定有所區別。但因其所規範對象為不特定之多數人，因此與「個別」的行政處分不同。

[29] Detlef Meyer-Stender/Klaus Hackelberg/Hartmut Gnass, Grundlage für die Arbeit in der Strassenverkehrsbehörde, GDV, 1998, S. 50.

[30] 在德國法實務上，通常會設警告標示，但若沒設警告標示而秘密照相所取得之證據，仍屬有效。且若從實際裝設情形，有些固定式的設備其實有些是沒裝，有些是新設，因此，測速設備前之警告，在此，就無實質意義。

[31] Conrads, Verkehrsrecht, Verlage Deutsche Polizeiliteratur GMBH, 8.Aufl., A IV, Rdnr. 126.

前應經過檢驗才屬有效之設備。最後，要評估的是，測試距離準確度以及測速誤差與容忍值之問題，因為，開車速度有所謂「瞬間超速」之問題，測速之標準應以駕駛人的平均速度為準才較合理。

參、結論

一、警察職權行使法與道路交通管理處罰條例間之關係

警察職權行使法頒布後，交通執法更為完備。以往對於車輛檢查以及酒測程序，道路交通管理處罰條例並無完善之規定，警察職權行使法第8條規定有補充道路交通管理處罰條例不足之處，是其優點。

二、不服警察職權行使規定之處罰

我國警察職權行使法較缺乏之處，在於其並無強制執行以及無處罰規定[32]。在此，所要考慮的是若拒絕警察職權之行使，可否引用道路交通管理處罰條例或社會秩序維護法之規定加以處罰？本文認為只要兩者構成要件相符合，即可適用之。

---

[32] 在此，所稱之「強制執行」並非僅是條文中有使用「強制」之規定，而係對於不遵守警察職權行使時，警察得依法採取直接或間接的強制手段稱之。

摘　要

　　警察職權行使法對於警察職權有所謂的公權力具體措施，由於其概念不夠明確，容易產生混淆，因此，本文對此概念進一步加以分析。

　　警察職權行使法第29條對於警察行使職權之方法、應遵守之程序或其他侵害利益之情事，除當場聲明異議外，另有「依法提起訴願及行政訴訟」之規定；由於警察職權措施，通常屬於一經執行即行完畢的特質，是否仍有提起訴願的必要性，容有爭議；臺北市訴願會卻對於警察臨檢行為，作成訴願之決定，本文也針對此項訴願決定作分析探討。

　　我國警察職權行使法第29條有關訴願之規定有些瑕疵，將來似應修正為宜。

關鍵字：

公權力具體措施、行政處分、事實行為、通知到場、查證身分、帶往、驅離。

壹、前言

　　警察職權行使法中多種強制措施，如第7條第1項第4款「檢查其身體及所攜帶之物」，第7條第2項的「帶往」，第14條的「通知到場」，以及第三章「即時強制」有關人的管束、使用警銬或其他經核定之戒具、物的扣留以及暫時驅離或禁止進入等。

---

* 本文原刊載於：中央警察大學學報，第41期，2004年8月，頁295-310。

上述這些措施屬於本法第2條第2項所稱的「公權力的具體措施」，是否這些措施屬於行政處分或具有干預性的事實行為，或者僅屬於所謂的「觀念通知」有探討之必要；探討之目的在於，針對各種不同性質措施，也應有適當救濟途徑以為因應，本法第29條雖有對上述措施提起訴願或行政訴訟等權利，但是否皆可適用警察公權力的具體措施，有進一步分析之必要。

貳、公權力的具體措施

一、行政程序法上之公權力措施

公權力措施並非即等於行政處分，此為多數人誤解之處。我國行政程序法第92條規定：「本法所稱行政處分，係指行政機關就公法上具體事件所為之『決定』或其他『公權力措施』而對外直接發生法律效果之單方行政行為。」該條所稱行政機關的「決定」或其他「公權力措施」，仍非屬行政處分之決定要素，其主要決定要素在於，行政機關之「意思表示」（第一要素）是否對當事人產生「對外直接發生法律效果」，亦即，產生權利（義務）之設定、變更、終止或確認之效果（第二要素）。兩要素必須同時具備，缺一不可。有「意思表示」，卻無產生「對外直接發生法律效果」，則屬於「觀念通知」，如本法第14條的「通知到場」。反之，公權力措施若無「意思表示」在外，且不產生法效果，則屬於單純的事實行為，如警察之巡邏[1]，或雖有法效果，但卻無「意思表示」在外，則屬於干預性的事實行為，例如以「行動」為之的公權力措施，如執行鑑識措施或對人、物或車輛之檢查；以及屬於事實行為之所謂的「行動」與「意思表示」同時合而為一的「即時強制」[2]。

---

[1] 一般而言，公權力措施的範圍相當寬廣，舉凡國家或受委託行使公權力的團體或個人執行公共任務所為的一切行為，都屬之，因此，其包括：(1)以行動為之不具法效果，如修馬路以及具法效果的事實行為如即時強制；(2)意思表示而不發生法效果的觀念通知，如限期繳納息金以及行政處分等，總之行政程序法所稱各類型的行政行為，都屬之。

[2] 早期認為「即時強制」為行政處分，是為了便於當事人之行政救濟，因為1998年修正前的訴願法以及行政訴訟法採所謂的「訴願前置主義」，先提起訴願，才得提起行政訴訟，且訴願必須以「行政處分」為前提，才可提起；因此，才將具有干涉性的「即時強制」視為行政處分。

　　因此，行政程序法所稱的「公權力措施」，若是屬行政處分，則必須行政機關先有意思表示在外，且該意思表示對當事人產生法律上之拘束力，具有外在法效果之單方行為屬之。

二、警察公權力具體措施

　　警察職權行使法第2條第2項之規定即屬所謂的公權力具體措施，其稱：「本法所稱警察職權，係指警察為達成其法定任務，於執行職務時，依法採取查證身分、鑑識身分、蒐集資料、通知、管束、驅離、直接強制、物之扣留、保管、變賣、拍賣、銷毀、使用、處置、限制使用、進入住宅、建築物、公共場所、公眾得出入場所或其他必要之公權力之具體措施。」

　　對於上述這些措施，大致可分為兩大類：

(一)下命處分

　　本法警察依職權所採取措施的法律性質，各有不同，雖名稱為「公權力之具體措施」，但不表示這些措施即等於行政處分。但有些具體措施，相當明顯的係對當事人有命令或禁止之處分性質存在，亦即，不是警察自己去防止危害之發生，而是義務人依據警察之下令為之。警察下令當事人作為或不作為義務，當事人即應有義務配合，而此種下令應屬行政處分，例如攔停、查證身分等[3]。

　　此種警察下命處分，吾人稱其為「程序效力上之行政處分」，因為此種警察職權所展現的只是一種強制性命令或禁止的處分，而要求相對人一定之行為或不行為，若其不從，則警察可採取下一步之強制措施。其與一般產生「實質效力之行政處分」，產生實質權利的得、喪、變更（如執照之取得或撤銷等）不同，此種「程序效力上之行政處分」，只是「程序上效力」，只在於要求當事人對此下命或禁止處分，有為一定之行為或不行為的義務，且其效力僅屬於即時（暫時）之效力，該行政處分（臨檢、驅

3　Lambiris, Klassische Standardbefugnis im Polizeirecht, 2002, S. 121.

離等）一經執行即行完畢，並無實質持續之效力[4]。除非執行該臨檢、驅離時，警察所為的執行行為，產生了對人或物的傷害、損害或扣留等。但此種實質損害屬臨檢、驅離的執行行為，因此，縱可對其提起撤銷訴願，但撤銷「臨檢、驅離」處分，是否有可回復的實質利益，我國訴願法對此並無規定。反之，我國行政訴訟法第196條對於已執行完畢之行政處分，有可回復之利益，則可由原告聲請法院判決回復原狀，其稱：「行政處分已執行完畢，行政法院為撤銷行政處分判決時，經原告聲請，並認為適當者，得於判決中命行政機關為回復原狀之必要處置」。

此種警察下命處分，與直接強制的告戒性質相同，當事人若不遵從則警察可採直接強制措施，如集會遊行中警察所為之舉牌告戒解散，若三次舉牌仍未解散，則警察得採取強制驅離措施。

警察下命處分，一般而言幾乎大部分屬於所謂的「一經執行即完畢之行政處分」，對於此已執行完畢之行政處分，若肯認當事人對其違法，依訴願法可提起撤銷訴願，而訴願機關也作出命警察機關重為該警察下令「臨檢、驅離」處分的決定（訴願法第82條）[5]，但重為程序上有瑕疵之處分，並無意義，因此，對於此種已執行完畢之警察處分，似可直接提起行政訴訟，適用行政訴訟法第6條第1項後段「確認違法之訴」或第196條「命回復原狀之訴」的規定為當。

以下就可能之警察下命處分類型敘述如下：

1.攔阻權

查證身分是指警察詢問當事人之身分，並檢查其證件，查證身分前，警察依警察職權行使法第7條第1項第1款對「人、車、船及其他交通工具」實施「攔阻」之行為，依第1項第2款「詢問」以及第3款「令出示證件」等查證身分行為，若將其一起觀之，吾人稱之為「攔阻權」，由攔阻至身分查證等行為，性質為「行政處分」[6]。

---

[4]　警察執行命令解散或臨檢時，有可能在執行中，產生對人或對物之處置，如臨檢時對物的扣留或執行命令解散時，因執法不當造成人的受傷等。只有在此種情形下，具有實質之效力。此種實質之效力，是臨檢或命令解散時的附帶措施，而非臨檢本身即具有的實質效力。

[5]　臺北市訴願會即作出撤銷警察臨檢處分，而命警察機關重為處分之決定，參閱本文以下「肆」之三。

[6]　Kraft/Kay/Böcking, Eingriffsmassnahmen der Polizei, 2.Aufl., 1992, S. 175.

2.帶往

　　警察於現場執行「查證身分」，若有無法確認身分時，例如有具體事實顯示，當事人拒絕陳述、或爲不實陳述，或提供證件爲「假證件」，而無法確認身分時，爲達確認身分之目的，得帶當事人至警察處所[7]。警察職權行使法第7條第2項規定：「……警察得將人民帶往勤務處所查證；帶往時非遇抗拒不得使用強制力，且其時間自攔停起，不得逾三小時……。」帶往屬行政處分，帶往之前提要件是「無法確定身分」時爲之。

3.暫時驅離或禁止進入

　　驅離爲警察之下令處分，具有下令或禁止當事人一定行爲之措施。驅離處分以口頭或手勢爲之皆可。其涉及「身體移動之自由」，屬所謂人身自由之限制。但若執行驅離而實施管束，例如集會遊行對禁止進入者之「管束」，等集會遊行後予以放行，則此種管束爲人身自由的剝奪[8]。

　　至於，驅離措施是否涉及「遷徙自由」，多數學者持否定態度，因爲遷徙自由之限制必須持續相當時間，而驅離從定義觀之，只是暫時短暫性之限制而已[9]，與憲法上所稱「遷徙自由」並無關聯。

(二)有干預性的事實行爲

　　而有些警察公權力措施則缺乏下令規制義務人之意思，警察基於本身法定職權自己直接以行動著手防止危害之工作，亦即，不必經由義務人行爲或不行爲義務之配合，如執行鑑識措施、即時強制的管束，住宅之侵入以及對人及其所攜帶之物的檢查等，此種警察自行強制的作爲，僅屬干預性的事實行爲[10]。

---

[7] 在行政院提送立法院版第8條稱「同行」，而非帶往，且列出三種「同行」要件，除「無從確定身分」外，尚包括「對受盤檢人將有不利影響」以及「妨礙交通、安寧」兩種狀況。草案之本條規定係參考釋字第535號解釋以及日本警察官職務執行法第2條第2項規定而來。若依日本警察官職務執行法的「同行」是沒有強制力的「任意同行」。因此，警察職權行使法第7條第2項以「帶往」取代「同行」，並賦予警察在遭受抗拒時，得使用強制力之權限。

[8] Racher, Das Polizeihandeln, in: Lisken/Denninger (Hrsg.), Handbuch des Polizeirechts, 2.Aufl., 1996, F. Rn. 269.

[9] Racher, a.a.O. (Fn.8), F. Rn.269; Lambiris, a.a.O. (Fn.3), S. 73.

[10] Moller/Wilhelm, Allgemeines Polizei und Ordnungsrecht, 4.Aufl., 1995, S. 149。

若干警察具體措施，是屬於所謂以行動為之的「執行」行為，可區分為：

1.事實的執行行為

警察不必經由當事人一定行為或不行為之配合，可獨力完成之行為。鑑識之實施、人、物或房子的檢查、搜索、物的保全。其中，對查證身分時的附帶措施敘述如下：

(1)檢查其身體及所攜帶之物

此項檢查是基於保障執勤人員之安全，而對當事人之人身自由與財產權的干涉。警察執行該項措施是要有「明顯事實足認」，其有攜帶足以自殺、自傷或傷害他人生命或身體之物者。所謂「明顯事實足認」在程度上要比「有事實足認」更為明顯，警察除有其他事實佐證外，另應於現場觀察，有相當明顯當事人有攜帶上述之物者。警察在執行程序上，應以輕拍其身體以及其攜帶之物，察看有無攜帶自殺或傷人之物。若有進一步發現，則可採取下一步措施，要求其交出該可疑之物。在此，若警察有情報足認其有攜帶毒品，仍不可適用該款規定，因為該款之發動是以有無攜帶自殺或傷人之物為前提，是以保護執勤人員或他人之生命、身體安全為前提，不包括毒品的檢查在內[11]。

(2)強制離車檢查交通工具

警察若有「合理懷疑駕駛人或乘客有異常舉動將有危害行為」，得強制離車。若有事實足認其有犯罪行為者，並得檢查交通工具（警察職權行使法第8條第2項）。上述行為屬於「執行」之行為，以警察行動為之，雖具有強制力並無一定法效果作為規範，而屬於事實行為。

2.資料蒐集之行為

警察的監控、資料之比對、傳遞、變更、儲存。

這些措施是屬於沒有與當事人接觸，但對當事人權利，如隱私權、資訊自決權仍有影響，因此，也屬有干預性之公權力措施。

---

[11] 在美國司法實務上，認為於現場拍搜懷疑衣服口袋內藏有毒品，因其並不具現場緊急危險性，故須具備令狀，才可搜索。

3.警察的即時強制措施

此部分屬於警察使用強制手段的即時強制，屬於意思表示與強制行動同時為之的措施，如人的管束、使用塑膠警棍驅離群眾。

在此行為中，比較有爭議的是，本法第20條「使用警銬或其他經核定之戒具」的規定，究竟屬行政處分或干預性之事實行為，有分析之必要。

使用「警銬或其他經核定之戒具」措施，其不僅屬於人身自由剝奪之措施，且涉及人性尊嚴。將其視為「干預性事實行為」，是此種強制手段之採取，只要符合第20條第1項各款情形[12]，警察即可以依本身職權採取「行動」執行之，不必經由當事人配合，符合即時強制之概念[13]。

(三)不具干預性的事實行為

警察職權行使法第14條之通知到場的規範是以「能提供警察完成防止具體危害之必要資料者」或「對其執行非侵入性鑑識措施者」為對象，而與社會秩序維護法適用對象為「調查違反該法行為事實的傳喚嫌疑人、證人、關係人」有所不同，因此，對於不到場者不得援引該條作為處罰。

對「通知到場」，有人主張，其既然屬警察職權行使法所稱的「公權力具體措施」，則屬行政處分的「下令處分」，警察若欲進一步採取「強制執行措施」，則須依行政執行法之程序進行[14]。但卻仍有人主張，通知到場得以強制為之，應有特殊理由，例如「為防止他人生命、身體或自由的急迫危害」時，通知到場才得強制為之[15]。此種強制為之，不再是「通知」，而強制傳喚。社會秩序維護法第42條規定：「對於現行違反本法之行為人，警察人員得即時制止其行為，並得逕行通知到場；其不服通知者，得強制到場。」屬於此種情形。

此外，我國刑事訴訟法對通知到場而不到場亦無直接使用強制力之規

---

[12] 該條第2款「攻擊或毀損行為」與第3款「自殺、自傷行為」之規定與第19條管束之原因有雷同之處，而第1款「抗拒留置、管束措施」之規定，也屬於執行中的強制措施，因此，應歸屬即時強制措施無疑。

[13] 德國也有學者認為此項使用戒具的措施為行政處分，但不為本文所採；Vgl. Kraft/Kay/Böcking, a.a.O. (Fn.6), S. 68.

[14] 例如在通知書上載明「不到場得強制執行之意旨」，則警察對於不到場者即有強制執行之依據。

[15] 目前德國各邦警察法對強制到案，除緊急情況下，皆須取得法官之令狀。

定，刑事訴訟法第71條之1第1項規定：「司法警察官或司法警察，因調查犯罪嫌疑人犯罪情形及蒐集證據之必要，得使用通知書，通知犯罪嫌疑人到場詢問，經合法通知，無正當理由不到場者，得報請檢察官核發拘票。」該條規定，對強制拘提仍須經由檢察官之核准。我國警察職權行使法對此並無詳細規定，因此，似不宜強制為之為宜。

因此，第14條的通知到場，雖有意思表示但卻無命令強制效力，因為本法並無賦予警察機關任何強制權限，及第15條的「治安顧慮人口查訪」皆無強制之法效力，皆屬單純的事實行為。

三、區別警察公權力具體措施的意義

區別干預處分或事實行為，在於行政訴訟法上對抗已完成的警察干預行為有其意義。若該措施屬行政處分時，則因行政處分，必須先提起訴願，但由於該行政處分已執行完畢，撤銷已無實益，因此，雖訴願之提出無實質意義，但仍可提起行政訴訟法上第6條之確認訴訟[16]，或依行政訴訟法第196條提起「命回復原狀」訴訟。我國行政訴訟法第6條第1項後段規定：「其確認已執行完畢或其他事由而消滅之行政處分為違法之訴訟，亦同[17]。」但提起前提要件必須是「原告有即受確認判決之法律上利益者」始得為之（第1項前段規定）。但若屬事實行為，則應屬行政訴訟法第6條第1項前段「確認法律關係成立或不成立訴訟」或一般給付訴訟之範圍[18]。

我國行政訴訟法共有兩法條規定有關「已執行完畢」之事宜，除第6條第1項之確認訴訟外，另於第196條規定：「行政處分已執行完畢，行

---

[16] 黃錦堂，行政訴訟法逐條釋義第六條，於：行政訴訟法逐條釋義，翁岳生主編，五南圖書，2002年8月，頁104以下。

[17] 本條規定係參考德國行政法院法第113條第1項第4句：「若行政處分事先已撤回或其他方式而完成，若對確認違法行政處分當事人有法律上之利益時，得向法院提起確認之訴。」當事人準用該條規定而提起所謂「續行的確認訴訟」（Fortsetzungsfeststellumg）。

[18] Hessen/Hönle/Peilert, Bundesgrenzschutz, Verwaltungsvollstreckungsgesetz, Gesetz über den unmittelbaren Zwang, 4.Aufl., 2002, §14, Rdnr. 4ff；我國學者吳庚認為，理論上對警察事實行為得提起一般給付訴訟，但在我國恐難採行，因此，釋字第535號解釋始有「視同行政處分之救濟」，在於方便救濟；參閱吳庚，行政法之理論與實用，2003年10月，頁640。

政法院為撤銷行政處分判決時，經原告聲請，並認為適當者，得於判決中命行政機關為回復原狀之必要處置。」兩者既然皆以「行政處分已執行完畢」為其要件，理論上所規範之內涵應屬一致。「已執行完畢」之行政處分，通常會有兩種結果，茲敘述如下：

(一)執行結果除去請求權

所謂「執行結果除去請求權」，係指違法且侵害人民權利之行政處分，因執行結果，直接造成對人民持續違法的不利之事實狀態者，人民於行政法院或行政機關撤銷該處分後，得進而向行政機關請求排除執行結果之權利[19]。此種請求權係屬公法上之結果除去請求權之特殊型態，例如，行政機關違法向人民徵收稅捐、規費、罰鍰等公法上金錢給付義務請求權或違法沒入或扣留物品等，於違法處分經撤銷時，原處分之相對人繼續請求行政機關返還已繳交之款項或物品，此種請求附隨違法撤銷請求權上。我國行政訴訟法第196條即依此而作規定，就撤銷訴訟與執行結果除去請求權兩者間，訂定特別之「階段訴訟」（Stufenstreitigkeit, Stufen-klage）規定[20]，亦即，先有提起撤銷訴訟，而附帶地由原告聲請「結果除去請求權」。

(二)違法確認訴訟

行政處分執行完畢後，行政處分之執行直接造成之不利事實狀態，已因執行完畢而結束，行政處分執行中所造成的法律上負擔效果亦隨之消失。結果既已消失，即無需要「執行結果除去請求權」予以排除。可行之訴訟救濟途徑至多僅請求行政法院對已執行完畢之行政處分作違法確認之判決。例如，警察職權處分如驅離、查證身分、集會中的命令解散等處分。

我國行政訴訟法第6條第1項後段之「已執行完畢」的情形，從法條競合觀之，既然行政訴訟法第196條已有規範「結果除去請求權」之範

---

[19] 劉淑範，論「續行確認訴訟」（「違法確認訴訟」）之適用範疇：以德國學說與實務為中心，台北大學法學論叢，第46期，2000年6月，頁128以下。

[20] 同上註。

圍，則第6條「續行確認之訴」規定，應侷限在此種「事實狀態因執行結果消失」的「違法確認之訴」之情形[21]。

參、法律救濟途徑之探討

一、釋字第535號解釋

釋字第535號解釋在解釋理由書中，為使人民有救濟機會，參考行政執行法第9條聲明異議之規定，而許「受臨檢人、利害關係人對執行臨檢之命令、方法、應遵守之程序或其他侵害利益情事，於臨檢程序終結前，向執行人員提出異議，認異議有理由者，在場執行人員職位最高者應即為停止臨檢之決定，認其無理由者，得續行臨檢，經受臨檢人請求時，並應給予載明臨檢過程之書面。上開書面具有行政處分之性質，異議人得依法提起行政爭訟[22]」。

將該處分書視為行政處分性質，依學者吳庚見解「以方便當事人得依行政訴訟法提起訴訟，因為若屬事實行為，則依目前我國行政訴訟法之規定，將無救濟之可能[23]」。

二、警察職權行使法聲明異議之規定

2003年6月25日公布之警察職權行使法，第29條乃規定：「義務人或利害關係人對警察依本法行使職權之方法、應遵守之程序或其他侵害利益之情事，得於警察行使職權時，當場陳述理由，表示異議。前項異議，警察認為有理由者，應立即停止或更正執行行為；認為無理由者，得繼續執行，經義務人或利害關係人請求時，應將異議之理由製作紀錄交付之。義務人或利害關係人因警察行使職權有違法或不當情事，致損害其權益者，得依法提起訴願及行政訴訟。」

---

[21] 同上註。
[22] 釋字第535號解釋理由書，參閱：司法院公報，第44卷第1期，2002年1月，頁22。
[23] 吳庚，同前揭註18，頁640。

該條規定與釋字第535號不同之處在於：

(一)書面製作之不同

釋字第535號稱：「應給予載明臨檢過程之書面」，此種臨檢過程之書面，係依照行政處分之格式製作，因此，視同其為行政處分。反之，警察職權行使法第29條稱：「應將異議之理由製作紀錄」，則該項書面僅是「異議之理由書」而已。異議理由僅是聲明異議者之陳述，本身並不包括警察臨檢過程之程序，其當然非屬行政處分，且連事實行為都不是。

(二)救濟規定之不同

釋字第535號解釋稱：「上開書面具有行政處分之性質，異議人得依法提起行政爭訟。」該號解釋並無提到訴願。而警察職權行使法第29條卻稱：「義務人或利害關係人因警察行使職權有違法或不當情事，致損害其權益者，得依法提起訴願及行政訴訟。」

針對於此，吳庚大法官提出批評而認為：「無論對警察手段定位為事實行為或行政處分，照理均不得提起訴願，而法條竟有訴願及行政訴訟（撤銷訴訟）之設，自欠妥當[24]。」

李震山教授在警察職權行使法公布前也提出相同見解而認為：「訴願僅撤銷與課予義務兩種；臨檢為一次性措施，既無法撤銷亦無法課予義務，無法保障受臨檢人權益；是本號解釋理由書所稱『異議人得依法提起行政爭訟』，應係指提起行政訴訟之確認之訴[25]。」

三、警察職權行使法救濟途徑之探討

(一)第29條訴願及行政訴訟規定之不當

誠如吳庚大法官所言，「無論對警察手段定位為事實行為或行政處分，照理均不得提起訴願（行政處分執行完畢不能訴願請求撤銷），而法

---

[24] 吳庚，同前揭註18，頁640。
[25] 李震山、蔡庭榕、王兆鵬、侯欽宗、陳瑞仁、林鈺雄、林明鏘（李震山發言部分），警察臨檢行為法制化——釋字第五三五號解釋座談會，月旦法學雜誌，第81期，2002年2月，頁45。

條竟有訴願及行政訴訟（撤銷訴訟）之設，自欠妥當[26]。」就吳氏上述之論部分，吾人贊同之。但對於是否第29條所規定的「行政訴訟」即表示是「撤銷訴訟」，則持保留態度。若從第29條的立法說明觀之，顯然並非如吳氏所言般。

　　本條之所以未如釋字第535號解釋將臨檢處分書視爲「行政處分」，吾人可從立法說明看出端倪，其稱：「因爲本法警察行使之職權態樣不一，若分別規定，顯不符經濟原則，且現行法律對行政救濟已有明文規定。」進而對該條第3項說明：「明定警察行使職權有違法或不當情事，致損害義務人或利害關係人之權益者，得依各該法律規定，提起訴願及行政訴訟。」因此，從其立法意旨觀之，本條雖仍是參考釋字第535號解釋，但爲了包括所有警察職權之行爲（不侷限於「臨檢」行爲），而將該號解釋所稱的「行政爭訟」，進一步詳細規定救濟之方式有「訴願及行政訴訟」兩種，立法本意應只是在於強調對警察措施救濟之可能方式，但並不意味著，「行政訴訟」即是「撤銷訴訟」，而是，只要行政訴訟法之各類訴訟，只要符合即可適用。如此解釋，應符合當時立法者之本意，否則，將使該條訴訟救濟規定毫無意義。

　　綜上所述，警察職權行使法第29條「異議之理由書」與「訴願及行政訴訟」之規定，應屬立法上之瑕疵，若欲解決此項瑕疵宜在法解釋上作擴張解釋，而將本條所稱的「異議之理由書」，包括警察機關臨檢處分書在內，以及「得依法」提起「訴願及行政訴訟」，可解釋爲也包括不經過訴願，直接提起「行政訴訟」的情形[27]。如此解釋，才可解決法規不足或缺陷之情形，將來應設法修改該條文，以解決上述之爭議。

(二)撤銷訴訟或續行撤銷訴訟

　　如前所述，不管警察查證身分是行政處分或事實行爲，皆屬執行完畢

---

[26] 吳庚，同前揭註18，頁640。

[27] 本條之規定顯然與大法官釋字第535號解釋有所出入，因此，有人質疑是否立法機關制定法律時，應遵循大法官會議解釋之內涵，若有違背即屬違憲；吾人認爲，本於「權力分立」的角度，大法官所爲的解釋應只是將來立法方向的指引，而並非立法機關必須根據大法官解釋所有內容而完全受其拘束，因爲三權本於分工各有所司，否則若過度強調一方之權力，會使「權力分立」的功能失其效用。

就完成之狀態。就其行為態樣，理論上可適用我國行政訴訟法之規定如下：

1.行政處分

查證身分措施，若屬行政處分，因該措施已執行完畢，依行政訴訟法第6條第1項後段：「其確認已執行完畢或因其他事由而消滅之行政處分為違法之訴訟，亦同。」亦即，可提起所謂的「續行確認訴訟」之謂。

「續行確認訴訟」是一種法院審查警察措施相當重要的手段，也是要求警察行為合於法治國要求必要之手段[28]。此種「續行確認訴訟」，是否須先提起撤銷訴訟，我國學者有正反兩說，而本文贊同「反對說」，認為無須經由「撤銷訴訟」的先行程序[29]。

事實上，警察之臨檢或查證身分之處分一經執行即屬完畢，撤銷客體已不存在，但若當事人有可回復原狀之利益時，則仍可依行政訴訟法第196條由原告聲請提起「命回復原狀」訴訟，但此種訴訟與前述「確認違法訴訟」不同，而應事先提起撤銷訴訟。

2.干預性事實行為

對於已執行完畢之事實行為可否救濟，吳氏認為依目前我國行政訴訟法之設計，並無任何一種「訴訟類型」可資運用[30]。但可藉由德國法實務與理論之觀點來解釋，我國仍可依行政訴訟法第6條第1項前段「確認公法上法律關係成立或『不成立』之訴訟」來適用於事實行為。當事人得以「警察無權實施檢查措施」的干預性事實行為，而要求確認該法律關係「不成立」之訴訟[31]。

---

[28] Volkmar Götz, Allgemeines Polizei-und Ordnungsrecht, 13.Aufl., 2001, §22, Rdnr. 557.

[29] 李惠宗教授認為，如須先提撤銷之訴，始可提起此類型訴訟，增加法律所無之限制，有違法律保留原則，行政法要義，元照出版，2001年8月，頁639，轉引自：林石猛，行政訴訟類型之理論與實務，新學林出版，2002年9月，頁398。

[30] 吳庚，同前揭註18，頁640；其認為臨檢為事實行為，理論上屬提起一般給付之訴，但此種必須有公法上結果除去請求權之存在，而得以訴請回復原狀或給付賠償金額，我國對此並無明文規定，恐難採行。

[31] Drews/Wacke/Vogel/Martens, Gefahrabwehr, 9.Aufl., 1985, S.215f; Wolf-Rüdiger Schenke, Polizei-und Ordnungsrecht, 2.Aufl., 2003, §12, Rdnr. 667.

肆、臺北市政府訴願決定書之探討

2003年9月12日臺北市政府作成府訴字第09216971200號的訴願書。

一、本案事實

緣本件係因本府警察局中正第一分局接獲民眾檢舉，本市北平西路三號二樓臺灣鐵路局臺北車站大廈二樓金華百貨賣場內之黃金印尼料理店，未經許可將廚房後部裝潢改為封閉型舞池，供前往消費之外籍勞工飲酒跳舞，爰於2003年1月26日派員前往執行臨檢，因訴願人為金華百貨賣場負責人，期間並由訴願人在場配合檢視現場情況，嗣因訴願人不服原處分機關之臨檢，原處分機關爰依訴願人之要求，開立2003年1月26日北市警中正一分臨字第001103號臨檢紀錄單，訴願人認原處分機關執行臨檢程序、內容及執行臨檢之法律依據均有缺失，於2003年2月20日向本府提起訴願，4月14日補充訴願理由，並據原處分機關檢卷答辯到府。

二、訴願人訴願以及補充理由

要求原處分撤銷：被臨檢人填寫錯誤，應改為法人上嫻有限公司，負責人高慧敏；臨檢員警計三十餘人，但簽名者僅約七人；臨走時大部分員警均未出示證件並告知受臨檢人執行原因；臨檢員警強制現場人員製作筆錄，且作完筆錄後未准訴願人閱覽，簽名後即擅自取走該項文件；臨檢員警執行態度不良且行為違反風紀；臨檢員警於現場擅自派員錄影、拍照及錄音，該項採證違反臨檢規範及刑事法則；臨檢紀錄單就臨檢過程登載不實。

三、訴願會之決定

首先，訴願會認為：書面行政處分應記載事項，行政程序法第96條第1項定有明文，本件原處分機關所開具2003年1月26日北市警中正一分臨字第001103號臨檢紀錄單，揆之前揭說明，因具有行政處分之性質，

自應依行政程序法第96條第1項規定應記載之事項記載之，查系爭臨檢紀錄單僅記載受臨檢人之姓名、出生年月日、性別、身分證統一號碼、住居所、臨檢時間、法令依據、臨檢事由、臨檢場所、臨檢過程等項，惟關於處分機關及其首長署名、蓋章、表明其爲行政處分之意旨等則付之闕如。準此，原行政處分未依行政程序法規定應記載事項爲之，顯有重大瑕疵。從而，應將原處分撤銷，由原處分機關於收受決定書之次日起三十日內另爲處分。

　　其次，關於訴願人主張原處分機關2003年1月26日北市警中正一分臨字第001103號臨檢紀錄單所爲處分無效、不成立及原處分機關應給付訴願人新臺幣116,914元部分，行政法院47年度判字第60號判例：「行政訴訟法第二條所謂提起行政訴訟得附帶請求損害賠償之規定，於訴願及再訴願不能準用，故提起訴願或再訴願，不得附帶請求損害賠償（參照司法院院字第二○六一號解釋前段）。其不能以訴願及再訴願之方式，單獨請求損害賠償，尤不待言。」訴願會依據訴願法第77條第8款規定：「對於非行政處分或其他依法不屬訴願救濟範圍內之事項提起訴願者」而爲不受理之決定[32]。

　　行政訴訟法第6條第1項、第2項及第4項規定：「確認行政處分無效及確認公法上法律關係成立或不成立之訴訟，非原告有即受確認判決之法律上利益者，不得提起之。其確認已執行完畢或因其他事由而消滅之行政處分爲違法之訴訟，亦同。」、「確認行政處分無效之訴訟，須已向原處分機關請求確認其無效未被允許，或經請求後於三十日內不爲確答者，始得提起之。」、「確認訴訟以高等行政法院爲第一審管轄法院。」第8條規定：「人民與中央或地方機關間，因公法上原因發生財產上之給付或請求作成行政處分以外之其他非財產上之給付，得提起給付訴訟。……前項給付訴訟之裁判，以行政處分應否撤銷爲據者，應於依第四條第一項或第

---

[32] 訴願會援引行政訴訟法第6條、第8條規定及行政法院47年度判字第60號判例：「行政訴訟法第二條所謂提起行政訴訟得附帶請求損害賠償之規定，於訴願及再訴願不能準用，故提起訴願或再訴願，不得附帶請求損害賠償（參照司法院院字第二○六一號解釋前段）。其不能以訴願及再訴願之方式，單獨請求損害賠償，尤不待言。」意旨，認爲有關賠償部分並非訴願審理範圍，是訴願人對之遽即提起訴願，自非法之所許。

三項提起撤銷訴訟時，併爲請求。原告未爲請求者，審判長應告以得爲請求。除別有規定外，給付訴訟以高等行政法院爲第一審管轄法院。」

　　綜上論結，臺北市訴願會對本件訴願爲部分程序不合，不予受理；部分爲有理由，爰依訴願法第77條第8款及第81條之規定爲之。

四、評析臺北市訴願決定

(一)提起訴願之爭議

　　本案臺北市的訴願決定，係根據大法官釋字第535號解釋而來，因爲該號解釋將臨檢處分書視同爲「行政處分」，此次臺北市訴願會針對「警察」臨檢程序之不當，係針對事實上已執行完畢之行爲，而作成之決定。

　　所謂「已執行完畢之行政處分」，是指在提起行政爭訟前，該處分已執行完畢，行政處分已喪失其效力（Wirksamkeit）因此，撤銷或廢止已無任何意義[33]。一般通說認爲針對此種已執行完畢之處分，因爲撤銷該行政處分已屬不可能且無必要之事[34]。且訴願僅包括撤銷與不作爲訴願，而確認訴願並不在訴願之範圍內[35]。因此，提起訴願爲已無必要之事[36]。

　　針對於此，在此以德國爲例說明之；目前德國也有學者提出反對意見說而認爲，雖然德國的聲明異議制度（相當於我國之訴願），並未提及續行確認之聲明異議（Fortsetzungsfeststellungswiderspruch）[37]，但因爲續行確認之訴，也是針對違法或無效之行政處分，只是因該處分已執行完畢來不及撤銷，然其在體系上與撤銷之訴有緊密關聯，只是提起的先後順序有所差異而已（撤銷聲明異議於處分尚具有效力時提起，而續行確認之訴是在處分已喪失其效力後提起，僅此差異）。因此，對已執行完畢的行政處分提起聲明異議，仍具有以下意義：

---

[33]　Kopp/Schenke, Verwaltungsgerichtsordnung, Kommentar, 13.Aufl., 2003, §113, Rdnr. 102.

[34]　Volkmar Götz, a.a.O. (Fn.28), Rdnr.557；吳庚也持相同意見，同前揭註18，頁640。

[35]　李震山，同前揭註25，頁45。

[36]　德國目前行政法院採此說，對提起聲明異議者（Widerspruch），採駁回之態度；Kopp/Schenke, a.a.O. (Fn.33), Rdnr. 201.

[37]　續行確認之訴係針對在提起行政爭訟前已執行完畢的行政處分而來，其與撤銷之訴是有關聯的，只是時間上延後的爭訟手段。

1.行政機關的自我審查；

2.減輕法院之負擔；

3.有利於人民之權利救濟[38]。

由於我國警察職權行使法第29條也有「訴願」的規定，因此，爲免於產生法律適用上之困擾，我國似乎可採德國學者所提出的「確認訴願」說，而承認我國的「撤銷訴願」包含了「確認訴願」在內，以解決目前法律之缺陷；若此觀點可以成立的話，則臺北市所爲「撤銷」臨檢處分書之決定，可視爲仍屬合法，解釋上對此種「撤銷」處分，除「撤銷」之意義外，尚包括確認之意義在內。

(二)有即受確認判決（訴願）之法律上利益

爲了防止僅「程序違法」而提出救濟，我國行政程序法第174條前段即規定：「當事人或利害關係人不服行政機關於行政程序中所爲之決定或處置，僅得於對實體決定聲明不服時一併聲明之。」該規定在於防止藉由法救濟，延遲程序之進行之弊，此外，法院基本上也不擔保事後程序上瑕疵的法救濟[39]。

因此，除程序違法外，當事人應主張其「即受確認判決（訴願）之法律上利益」受到侵害；所謂「即受」，係指於提出救濟的時間點上，即有此種「確認利益」的存在。在此所稱的「確認判決（訴願）之法律上利益」，是指任何有保護價值的法律上、經濟上或理念上的利益皆屬之。其範圍比民法所稱「法律上利益」要來得寬。例如，警察於公開場合的「查證身分」、對房屋搜索、禁止集會遊行等，因爲該措施可能具有名譽受損、歧視等特質，而對當事人人格權造成侵害，是屬所謂的「回復原來受損的權利」（Rehabilutation），因此而屬有確認之利益之存在[40]。

綜上，若認爲提起訴願爲恰當時，則當事人應主張其有「確認判決（訴願）之法律上利益」的存在，而臨檢本身即屬之，當事人即可以此訴

---

[38] Kopp/Schenke, a.a.O. (Fn.33), Rdnr. 127.

[39] Kopp/Schenke, a.a.O. (Fn.33), Rdnr. 1.

[40] Kopp/Schenke, a.a.O. (Fn.33), Rdnr. 142.

願撤銷的決定，書面向賠償義務機關（警察局）請求「國家賠償」，協議不成時，則可依國家賠償法第12條提起損害賠償之訴。

伍、結論

釋字第535號解釋為保障人民之人身自由，對警察臨檢應遵守之程序以及救濟途徑等作了相當詳盡之規定。警察職權行使法之訂定，並未完全遵循釋字第535號之解釋，其中一大改變是不再使用「臨檢」這一概念，而以「查證身分」代之，不但概念明確，且符合警察法適用範圍，不致與刑事訴訟法所採取手段混淆。

就有關法律救濟，警察職權行使法第29條所規定「訴願及行政訴訟」途徑，稍有瑕疵，對於已執行完畢的警察措施，似不應有「訴願」制度之規定，因為本法所稱警察職權行為，如查證身分措施，大部分屬已執行完畢之措施，若以目前僅有撤銷訴願與課予義務訴願等二種，則提起撤銷訴願已無任何意義。但若可能將訴願擴充至確認訴願，則可解決目前法規的困境。若如此，則臺北市訴願會的訴願決定才有其意義。

至於，有關警察職權行使法第29條「行政訴訟」部分，應可將之解釋為並非僅指「撤銷訴訟」而已，應視其法型態「行政處分」或「事實行為」而提起所謂「續行確認訴訟」或「確認訴訟」，如此，或可補救法規不足之處。若如此解釋適當的話，則將來受警察職權處分的當事人可選擇「確認訴願」或「確認之訴」或甚至「命回復原狀訴訟」擇一為之。

但將來解決之道，則修改警察職權行使法第29條的規定，或可回歸釋字第535號解釋理由書所稱的「依法提起行政爭訟」，以作為修正之依據。

第二篇
警察職權行使法之基本概念

　　本次立法院審查本法案時，共有二個版本，亦即是，於2002年5月31日陳其邁委員等38人擬具之「警察職權行使法草案」以及行政院於2002年12月27日函請審議之「警察職務執行條例草案」。兩者除名稱不同外，內容也有相當程度的差異，前者授與警察較大的權限，除行政之任務外，尚包括刑事司法之任務如線民、鑑識措施等。後者（行政院版），侷限警察職權於行政作用上。

　　本法於2003年6月5日三讀通過，在法案內容中主要是以立法委員所提版本為主，其中也加入一些立法委員臨時提案如第3條第3項的「不得以引誘、教唆手段」以及第15條「治安顧慮人口查訪」等規定；並且，在名稱上亦採用立法委員版本，而稱「警察職權行使法」。本法於同年6月25日由總統公布，並依照本法第32條之規定，定於同年12月1日施行。

　　而在2011年4月8日，本法第15條之修正通過，並於同年4月27日公布修正條文。

壹、警察職權行使法是屬於警察行政法

　　警察職權行使法是規範警察職權行使的法律，是屬於警察的行政活動，雖然在資料蒐集的活動中，本法授予警察得採取如線民的利用、採取鑑識措施等的司法準備前置行為，但這些手段之採取並不以犯罪事實為前提，因此，並非屬於刑事訴訟法規範之範圍，非屬司法活動，而仍屬行政活動；但增加此一部分（刑事警察所採取之手段），使得警察行政活動，擴充到司法的前置行為，而得以因事件發展，聯結到刑事訴訟法的適用上，此為本法與其他警察法規比較特殊之處。但，警察職權行使法仍是屬於警察行政法。

貳、警察職權行使法是屬於警察行政作用法

　　警察職權行使法是屬於警察作用之法，是規範警察行使職權的活動，如查證身分或蒐集資料等，而與規範警察組織的組織法有所區別。所謂警察組織法是指規定警察機關內部的組織與權限，而權限是指本機關與他機關間管轄權之分配；如我國的「警察法」，其是規定警察組織與權限之法，而屬組織法[1]。

　　大法官釋字第535號解釋稱：「警察勤務條例第三條至第十條乃就警察執行勤務之編組、責任劃分、指揮系統加以規範，第十一條則對執行勤務得採取之方式予以列舉，除有組織法之性質外，實兼具行為法之功能。

---

[1]　警察法是規定警察任務、中央與地方權限之劃分、警察組織之設立以及警察之職權以及警察教育與預算之編列等，屬於組織法之規定。

查行政機關行使職權,固不應僅以組織法有無相關職掌規定爲準,更應以行爲法(作用法)之授權爲依據,始符合依法行政之原則,警察勤務條例既有行爲法之功能,尚非不得作爲警察執行勤務之行爲規範。依該條例第11條第3款:『臨檢:於公共場所或指定處所、路段,由服勤人員擔任臨場檢查或路檢,執行取締、盤查及有關法令賦予之勤務』,臨檢自屬警察執行勤務方式之一種。」在此號解釋中,大法官認爲警察勤務條例應屬警察內部組織的法規,但由於臨檢係直接面對人民所實施警察執行勤務方式之一種,對人民的權利產生若干的干涉,其也有行爲法之功能,亦即,作用法的功能。警察職權行使法所規定的警察查證身分、蒐集資料、人的管束、物的扣留、物的使用及限制使用、住宅之進入、驅離等,都是屬於涉及人民權利的措施,屬於行政行爲,亦即,警察作用的規定[2]。

參、警察職權行使法是屬於警察職權行使之程序法

警察職權行使法是規範警察職權行使應遵守程序之法律。警察職權之行使,經常涉及人民的自由或財產權。因此,警察權的發動應遵守法定之程序,以確保人民之權利。

警察職權行使法的範圍包括:一、警察的行政調查活動如查證身分、蒐集資料等,此部分與行政程序有關;二、警察即時強制,屬於行政強制的行爲,而與行政執行程序有關。警察職權行使的程序,包括了一般行政程序與行政執行程序。因此,警察職權行使法又可稱爲警察職權行使程序法。

肆、警察職權行使法是警察正當法律程序法

釋字第535號解釋內容涉及警察臨檢(查證身分)程序之問題,警察臨檢是屬於涉及限制人民身體自由的公權力措施,而與憲法第8條限制「人身自由」的「正當法律程序」以及憲法第23條有關,而在本號解釋

---

[2] 上述這些措施,在德國法上將其稱爲「類型化措施」(Standardmaßnahmen),屬於警察的具體措施,而與警察職權行使法第28條的「行使職權的概括授權」有所區別。

之前後，大法官對於「正當法律程序」也透過多號之解釋加以說明，「正當法律程序」源自於美國法之概念，在此，有必要對此先予以說明。

一、美國法上正當法律程序之內涵

正當法律程序美國憲法第五以及第十四修正案有明文。此概念源自於英國1215年大憲章（Magna Carta），對規範訴訟審判程序，經美國第五以及第十四修正案將之引入。1791年通過之美國憲法第五修正案規定：「非依正當法律程序，不得剝奪任何人之生命、自由及財產。」1868年通過的第十四修正案規定：「任何州非經正當法律程序，不得剝奪美國公民及各州公民之生命、身體或財產。」係南北戰爭後為保障黑人權利，對州政府對於個人自由權利之限制予以節制。美國法的正當法律程序是以憲法第十四修正案為主軸。

正當法律程序原係指審判程序之正當性，應係指行政及司法應遵守法律程序，原無實質正當的適用，亦即，對實質立法權的限制。實質正當是指立法者所制定的法律應合理、不濫權、不逾越權限以及使用手段與所欲達成目的間有真正及實質關聯。因此，美國法所稱的正當法律程序包括了最先的「程序上正當程序」與後來發展出來的「實質上正當程序」[3]。

二、我國大法官對「正當法律程序」之解釋

(一)釋字第384號「依法定程序」內涵

大法官於釋字第384號解釋稱：「其所稱『依法定程序』，係指凡限制人民身體自由之處置，不問是否屬於刑事被告之身分，國家機關所依據之程序，須以法律規定，其內容更須實質正當，並符合憲法第二十三條所定相關條件。」在此號解釋中大法官就憲法第8條所稱「依法定程序」，提出了「程序須以法律規定」以及「內容更須實質正當」，而有謂大法官在此號解釋區分了「程序上正當程序」與「實質上正當程序」，與美國法

---

[3] 湯德宗，具體違憲審查與正當程序保障——大法官釋字第五三五號解釋的續構與改造，憲政時代，第29卷第4期，2004年4月，頁457。

所稱「正當法律程序」相當[4]；「程序上正當程序」是指政府干涉人民自由與財產權，應依法規定必要之程序[5]、[6]；亦即，其是指涉及人民權利處分前應進行的法律必要程序；若以該號解釋所稱：「檢肅流氓條例授權警察機關得逕行強制人民到案，無須踐行必要之司法程序；第十二條關於秘密證人制度，剝奪被移送裁定人與證人對質詰問之權利，並妨礙法院發見眞實」即屬之。

「實質上正當程序」則是指限制人民自由、財產權，須符合法律明確性或比例原則之要求，亦即應符合我國憲法第23條規定[7]。「實質上正當程序」若以「程序上正當程序」比較，則是以人民實質權利受到干涉，如人身自由遭受剝奪時，該法律規定是否逾越比例原則或缺乏法律明確性等屬之，若以該號解釋內容分析其所稱：「第二十一條規定使受刑之宣告及執行者，無論有無特別預防之必要，有再受感訓處分而喪失身體自由之虞。」大法官認爲，該條文明顯逾越必要程度，有違憲法第23條規定的比例原則[8]。

大法官在此號解釋中，除提出憲法第8條「依法定程序」，應符合「正當法律程序外」，適用對象也不以是否屬於刑事被告身分爲限。

---

[4] 郭介恆，正當法律程序——美國法制之比較研究，收錄於：憲政體制與法治行政——城仲模教授六秩華誕祝壽論文集(二)，三民書局，1998年8月，頁154；翁岳生，大法官有關保障人身自由之解釋，警大法學論集，創刊號，1996年3月，頁8；湯德宗教授也持相同意見，參閱：湯德宗，同前揭註3，頁457。

[5] 湯德宗，同前揭註3，頁457；「程序上正當程序」如釋字第491號解釋所稱：「對於公務人員之免職處分，既係限制憲法保障人民服公職之權利，自應踐行正當法律程序，諸如作成處分應經機關內部組成立場公正之委員會決議，處分前並應給予受處分人陳述及申辯之機會，處分書應附記理由，並表明救濟方法、期間及受理機關等，設立相關制度予以保障。」釋字第559號解釋「家庭暴力防治法第二十條第一項規定保護令之執行機關及金錢給付保護令之強制執行程序，對警察機關執行非金錢給付保護令之程序及方法則未加規定，僅以同法第五二條爲概括授權：『警察機關執行保護令及處理家庭暴力案件辦法，由中央主管機關定之。』雖不生牴觸憲法問題，然對警察機關執行上開保護令得適用之程序及方法均未加規定」等都屬「程序上正當程序」的解釋。

[6] 湯德宗教授認爲憲法上所保障「程序上正當程序」應包括：公正法庭、告知擬採取行動與事由、給予辯駁機會、採取證據與攻防之方法與權利、選任辯護人、法庭上提出之證據作成筆錄等；湯德宗，論憲法上的正當程序保障，收錄於：行政程序法論——論正當行政程序，元照出版，2003年10月，增訂二版，頁200。

[7] 大法官對此提出「實質正當」之概念，除釋字第384號解釋外，也在釋字第436號、釋字第523號、釋字第567號解釋提到。

[8] 大法官在此號解釋中所稱「實質正當」，概念上並爲進一步區分「程序上正當程序」與「實質上正當程序」，但吾人仍可從其解釋中看出端倪，因此，湯德宗教授認爲該號解釋中所稱的「實質正當」應包括前述兩者在內。參閱：湯德宗，同前揭註3，頁473。

(二)釋字第436號解釋「正當法律程序」內涵

釋字第436號解釋，係大法官首度提出「正當法律程序」的概念，其稱：「……惟軍事審判機關所行使者，亦屬國家刑罰權之一種，其發動與運作，必須符合『正當法律程序』之最低要求，包括獨立、公正之審判機關與程序，並不得違背憲法第七十七條、第八十條等有關司法權建制之憲政原理；規定軍事審判程序之法律涉及軍人權利之限制者，亦應遵守憲法第二十三條之比例原則。」

此號解釋大法官所稱的「正當法律程序」內涵，也包括獨立、公正之審判機關與程序（程序上正當程序）以及軍事審判程序之法律涉及軍人權利之限制者，亦應遵守憲法第23條之比例原則（實質上正當程序）。此號解釋對於「實質正當程序」內涵更為明確，是指審判程序法律中涉及軍人權利之限制者，亦即，因程序而限制或干涉人權，而非泛指所有的權利限制，因而與法律保留有所區別。

(三)釋字第523號解釋「實質正當」內涵

這次提出釋憲聲請的標的，是受法院依檢肅流氓條例裁定延長留置之人。大法官釋字第523號解釋重複釋字第384號而稱：「凡限制人民身體自由之處置，不問其是否屬於刑事被告之身分，國家機關所依據之程序，須依法律規定，其內容更須實質正當，並符合憲法第二十三條所定相關之條件，方符憲法第八條保障人身自由之意旨，迭經本院解釋在案。」該號解釋進一步就實質正當加以解釋而稱：「檢肅流氓條例第十一條第一項規定：『法院對被移送裁定之人，得予留置，其期間不得逾一月。但有繼續留置之必要者，得延長一月，以一次為限。』此項留置處分，係為確保感訓處分程序順利進行，於被移送裁定之人受感訓處分確定前，拘束其身體自由於一定處所之強制處分，乃對人民人身自由所為之嚴重限制，惟同條例對於法院得裁定留置之要件並未明確規定，其中除第六條、第七條所定之事由……正當理由外，不論被移送裁定之人是否有繼續嚴重破壞社會秩序之虞，或有逃亡、湮滅事證或對檢舉人、被害人或證人造成威脅等足以妨礙後續審理之虞，均委由法院自行裁量，逕予裁定留置被移送裁定之

人，上開條例第十一條第一項之規定，就此而言已逾越必要程度，與憲法第八條、第二十三條及大法官第三八四號解釋意旨不符，應於解釋公布之日起一年內失其效力。」

大法官本號解釋中認為，此種留置處分程序，法院得裁定留置之要件並未明確規定，其內容未能符合「實質正當」，有違憲法第23條之比例原則。

(四)釋字第567號解釋

釋字第567號解釋文稱：「人民身體之自由應予保障，非由法院依法定程序，不得審問、處罰，憲法第八條設有明文。戒嚴時期在戒嚴地域內，最高司令官固得於必要範圍內以命令限制人民部分之自由，惟關於限制人身自由之處罰，仍應以法律規定，且其內容須實質正當，並經審判程序，始得為之。戡亂時期預防匪諜再犯管教辦法第二條規定：『匪諜罪犯判處徒刑或受感化教育，已執行期滿，而其思想行狀未改善，認有再犯之虞者，得令入勞動教育場所，強制工作嚴加管訓（第一項）。前項罪犯由執行機關報請該省最高治安機關核定之（第二項）。』未以法律規定必要之審判程序，而係依行政命令限制人民身體之自由，不論其名義係強制工作或管訓處分，均為嚴重侵害人身自由之處罰。」

大法官在此號解釋中所稱「內容須實質正當」，仍是以程序進行中涉及人權應符合憲法第23條比例原則之規定作為「實質正當」的判斷依據。

(五)釋字第535號解釋

釋字第535號解釋雖未明文揭示「正當法律程序」，但若從解釋文觀之，其應包括上述所稱「程序上之程序正當」與「實質上正當程序」[9]。但釋字第535號所解釋客體為「臨檢」，屬於「人身自由」的限制，與前述大法官各號解釋，都是屬於「人身自由」的剝奪，在程度上有相當不同。或許大法官認為，援引「正當法律程序」，應只適用在憲法第8條所

---

[9] 湯德宗氏認為本件解釋雖未明揭「臨檢亦應遵守法律正當程序」，然綜觀其內容實際無不具備。請參閱：湯德宗，同前揭註3，頁458。

稱「人身自由」的剝奪上，若僅是行政程序上對人身自由的限制，應屬於「法律上之正當程序」（而非憲法第8條的法定程序），似不得援引「正當法律程序」，若如此見解的話，大法官對「人身自由」限制的臨檢，只在解釋中有關程序規定作闡述，而不提正當法律程序，理由可能在此[10]。

有關「程序上之程序正當」係指該號解釋所稱：「實施臨檢之要件、程序及對違法臨檢行為之救濟，均應有法律之明確規範，方符憲法保障人民自由權利之意旨。」

而實質上正當程序係指解釋文所稱：「上開條例有關臨檢之規定，並無授權警察人員得不顧時間、地點及對象任意臨檢、取締或隨機檢查、盤查之立法本意。除法律另有規定外，警察人員執行場所之臨檢勤務，應限於已發生危害或依客觀、合理判斷易生危害之處所、交通工具或公共場所為之，其中處所為私人居住之空間者，並應受住宅相同之保障；對人實施之臨檢則須以有相當理由足認其行為已構成或即將發生危害者為限，且均應遵守比例原則，不得逾越必要程度。

臨檢進行前應對在場者告以實施之事由，並出示證件表明其為執行人員之身分。臨檢應於現場實施，非經受臨檢人同意或無從確定其身分或現場為之對該受臨檢人將有不利影響或妨礙交通、安寧者，不得要求其同行至警察局、所進行盤查。」

總之，釋字第535號解釋試圖藉由「正當法律程序」，來規範警察臨檢行為，並進一步保障人民之權利不受警察違反程序不當的干涉。由於大法官為能期有效保障人權，而對本屬立法權限的法律「實質正當」作出指導性的解釋，而提出對人臨檢的「相當理由」，對場所進入的「合理懷疑」等主張。

---

[10] 湯德宗教授提出「憲法上正當程序」與「法律上正當程序」的差異，「憲法上正當程序」當然與憲法第8條的「依法定程序」有關，至於「法律上正當程序」，湯教授則以釋字第418號以及第491號解釋為例（參閱：湯德宗，同前註6，頁200以下），前者為道路交通管理處罰條例所訂聲明異議及抗告程序的「正當法律程序」，後者為考績免職的「正當法律程序」，兩者所涉及都與「人身自由」無關，與憲法第16條的「訴願及訴訟權」有關，因此，對於「臨檢」措施的解釋，雖涉及人身自由，但其僅是「法律上的正當程序」，大法官不援引「正當法律程序」，或許是避免造成混淆之考量。陳愛娥教授也體察到大法官在對於「人身自由」的剝奪，都引用「實質正當」概念，因此，其結論認為，無須針對「人身自由」的限制（剝奪）特別引用「實質上正當」的概念。參閱：陳愛娥，正當法律程序與人權保障——以我國為中心，憲政時代，第29卷第3期，2004年3月，頁373。

(六)小結

　　從大法官之解釋約略可以看出，大法官所稱的正當法律程序中所包括的「程序」與「實質」的正當程序，兩者是緊密關聯的，此如許宗力教授所稱的「基本權不僅拘束法律規定的實質內容，也同時拘束實施實體內容的程序，可知是承認直接從實體基本權利（財產權）的保障意旨本身可以推出程序要求[11]」。因此，嚴格劃分程序上與實質上的正當程序，實屬不易，所以大法官在提到「實質正當」時，仍會提到程序之正當，如同釋字第535號解釋所稱以「相當理由」、「合理懷疑」等作為對人或對場所、交通工具等發動臨檢程序，實則已包括實質與程序的正當程序在內，因此，其實只要以「正當法律程序」即可一語概括之[12]。

---

[11] 許宗力，基本權程序保障功能的最新發展——評釋字第四八八號解釋，月旦法學雜誌，第54期，1999年11月，頁153以下；參閱陳愛娥，同前揭註10，頁372。

[12] 陳愛娥對我國大法官解釋所引用的「實質上正當」內涵過於模糊而提出批評，同前揭註10，頁373。

第三篇

警察職權行使法逐條釋義

第1條（立法目的）
　　為規範警察依法行使職務，以保障人民權益，維持公共秩序，保護社會安全，特制定本法。

一、參考依據

(一)行政院版條文第1條

　　為規範警察依法執行職務，防止危害，保障人民權益，特制定本條例。

(二)陳其邁委員等32人提案第1條

　　為使警察依法行使職權，以保障人民權益，維持公共秩序，保護社會安全，特制定本法。

　　觀諸以上之行政院版條文，只提到「防止危害」，而不提到「公共秩序或社會安全」，其主要用意是要將警察職權行使範圍以及所採手段，僅侷限在「行政行為」以及「行政手段」上，其他「防止危害」外的犯罪偵查以及犯罪偵查手段，如監聽、臥底、線民以及鑑識措施等，皆不應規定在「該法」的範圍內。

　　由於本法在警察職權的發動上以及所採取的手段上，明顯是以陳其邁委員版本為主，故第1條條文，亦以其所提版本為主，而稱「維持公共秩序，保護社會安全」。此外，本法制定在於「警察勤務執行條例對警察職權之行使訂定不夠明確，經常造成警察權行使侵害人民之權益，如何保障人民權益，是界定警察職權行使的範圍。因此，本條文，就立法目的，主要是以警察職權之行使為主，要求警察應依法行使職權，保障人民權益，

以達到『維持公共秩序，保護社會安全』之目的」[1]。

二、條文解析

(一)立法說明

　　警察職權之行使，經常涉及人民之權利，例如警察之臨檢，我國警察相關法規並無明確之規範，導致衍生不少爭議之問題。民主法治國家之警察，行使職權時，必須遵守依法行政原則，尤其於涉及人民自由權利之職權行使，更須有明確法律授權依據。

　　由於以往警察執行「臨檢勤務」總是遊走於法律邊緣，將警察勤務條例第11條第3款所稱的「臨檢」，實務上理解為「任意性調查行為」，亦即，當事人若願意配合則警察即可實施之，否則不得以強制力為之。

　　釋字第535號解釋產生之源由，乃是基於警察在當事人非基於本身意願，強制搜索其身體所引發。

　　本號解釋強調，警察行使職權之要件、程序及救濟，均應有法律之明確規範，其認為現行我國警察執行職務法規有欠完備，應於該解釋公布日起二年內依解釋意旨，且參酌社會實際狀況，賦予警察人員執行勤務時應付突發事故之權限，俾對人民自由與警察自身安全之維護兼籌並顧，乃通盤檢討制定本法，以符憲法保障人民自由權利之意旨及警察實務需要。

　　本法之制定，是在配合大法官所要求的二年期限內完成之。

(二)強調依法行政原則

　　本條開宗明義即稱「為規範警察『依法』行使職權」，在此所稱的「依法」，是指「依法行政原則」，亦即，警察行使職權，要根據法律規定，且要注意尊重人民權利，法無規定，不得干涉人民權利。講求「依法行政原則」，其原因是因為警察早期法規對警察若干干涉人民之職權，法律上缺乏明確程序規定，如警察之臨檢、線民之利用、臥底以及治安顧慮

---

[1]　在立法院於2003年3月27日的審查會中，邱太三委員提出本條文順序，應以「依法行使職權為首要」，其次為「保障人民權益」，在其後為「維持公共秩序、保護社會安全」。參閱：立法院公報，第92卷第19期，2003年4月23日，頁324。

人口之查訪等，以往警察行使這些職權，或法規缺乏程序規定如警察勤務條例對「警察臨檢」之規定，或僅以行政內規規範，如「戶口查察作業規定」對「一種戶」、「二種戶」等之查察，或甚至無任何法規規範，如線民之利用或臥底等。

「依法行政原則」包括兩個下位原則：

1.法律優位原則

係指法律對於行政權之優越地位，以立法方式作為指導，以支配行政，行政行為或其他一切行政活動，均不得與法律相牴觸，如有牴觸者，應不生效力。再者，法律優位原則並不要求一切行政活動必須有法律之明文依據，只須消極的不違背法律之規定即可，故學理上又稱之為消極的依法行政[2]。

與「法律優位原則」有同樣效力者，是所謂「法律位階原則」，此為具有「憲法位階之原則」，亦即，適用法律不得牴觸憲法，命令不得牴觸法律或憲法[3]。行政機關或警察機關行使職權時，應注意該憲法原則。

2.法律保留原則

所謂法律保留原則，係指凡行政機關之行政行為，尤其是干預人民自由權利之行為，所依據之規範，應保留給立法機關以法律規定。「法律保留原則」又可區分為「相對的法律保留」與「絕對的法律保留」，前者除立法機關制定法律外，尚包括立法機關授權行政機關制定的「法規命令」；而後者「絕對的法律保留」亦稱之為「國會保留」，只能由立法機關制定之，「國會保留」事項通常是干涉人民權利較重之規定，如刑法、行政罰法等之規定。

在此法律原則下，行政行為不能以消極的不牴觸法律為已足，尚須有法律之明文依據，故學理上又稱之為積極的依法行政。

警察職權之行使究竟會涉及何種基本人權，如人身自由、秘密通訊自

---

[2] 內政部警政署，警察職權行使法逐條釋義，內政部警政署編印，2003年8月，頁8。
[3] 我國憲法進一步規定牴觸「法律位階原則」之效力。我國憲法第171條第1項規定：「法律與憲法牴觸者無效。」第172條規定：「命令與憲法或法律牴觸者無效。」而第171條第2項規定：「法律與憲法有無牴觸發生疑義時，由司法院解釋之。」

由、資訊自決權或居住自由等，似有標示必要。目前德國各邦警察法都有規定[4]。

(三)警察職權行使法之定位

1.本法為警察行政作用法

通常論及警察任務有二，一為「防止危害」，另一為「犯罪偵查」，前者屬警察行政法，後者則屬刑事訴訟法規範之範圍。

本法規範警察行使職權時，所採各項必要之措施規定，如查證身分、資料蒐集及即時強制等，其內容涉及行政權與國家及人民間權利義務之關係。查證身分與即時強制等手段是基於「防止危害」任務，屬「行政作用法」較無問題，但有關第3條第3項「不得以引誘、教唆犯罪或其他違法手段」以及「資料蒐集」部分所採取之手段，如長期跟監、線民之利用等，已非屬純粹「防止危害」之範圍，而歸屬於所謂「警察的第三任務」的「預防犯罪」或「追緝未來犯行」的範圍，此部分屬於刑事訴訟法「犯罪嫌疑」的前置階段，而警察職權行使法將其納入規範中，是基於此一部分職權手段之採取，對警察「維持公共秩序」或「保護社會安全」相當重要，且其產生了銜接「防止危害」與「犯罪偵查」的空隙之處，而本法將其納入警察「防止危害」的範圍，使警察權更為完備，因此，本法雖屬警察行政法，但此種行政法之範圍，因為包括犯行追緝前置階段，顯然要比規範一般行政機關的行政法範圍要來得寬。

本法所定內容，係為達成警察防止危害任務所為之必要行為，是警察處理具體事件所為之行為，此種行為因涉及人民權利義務，而產生一定的作用，故亦屬行政法中之作用法性質。與作用法不同的是「組織法」，是規範機關內部的組織，相較於「作用法」，其與人民並無直接關聯，如中央警察大學組織條例或刑事警察、航空警察、鐵路警察等組織規定。

2.本法為現行警察作用法的普通法

警察職權行使法與現行警察行使職權所涉法律，如集會遊行法、警械使用條例、社會秩序維護法、國家安全法、道路交通管理處罰條例等作用

---

[4]　此項規定，列為重要規定，這是我國警察職權行使法制定後的新增規定，未來我國法似有參考之必要。

法，其關係如何，警察職權行使法是基本法或僅是普通法，容有探討之必要。原行政院草案條文第2項：「警察行使職權，依本法之規定，本法未規定者，適用其他法律之規定」卻遭刪除。

　　本法之立法原意，本係將現行警察職權措施，予以明確完整之規定，將其定位為警察職權行使之基本法，警察行使職權有涉及本法所定事項者，應予優先適用；行使職權之事項如未在本法規範而在其他法律另有規定者，則適用各該法律之規定。

　　但因當時警察相關法規條文中，仍有部分涉及犯罪偵查領域，如檢肅流氓條例，為避免與刑事訴訟法產生適用疑義，原先以「基本法」為版本的條文，最後在立法時遭刪除。因此，本法相對於其他警察法規僅居於「相互補充」的普通法之地位[5]。其他法律有不同規定時，則適用各該法律之規定。但若他法缺乏明確規範，本法對此確有程序或要件規定時，則有本法之適用，如警察勤務條例有關臨檢、治安人口查訪[6]，集會遊行法之資料蒐集以及不得攜帶物品之扣留，本法之規定，具有補充他法不足處之作用。

第2條（警察之定義）

　　本法所稱本法所稱警察，係指警察機關與警察人員之總稱。

　　本法所稱警察職權，係指警察為達成其法定任務，於執行職務時，依法採取查證身分、鑑識身分、蒐集資料、通知、管束、驅離、直接強制、物之扣留、保管、變賣、拍賣、銷毀、使用、處置、限制使用、進入住宅、建築物、公共場所、公眾得出入場所或其他必要之公權力之具體措施。

　　本法所稱警察機關主管長官，係指地區警察分局長或其相當職務以上長官。

5　內政部警政署，同前揭註2，頁8-9。
6　警察勤務條例本來是屬於「組織法」性質，但大法官釋字第535號解釋卻認為其除有組織法之性質外，實兼具行為法（作用法）之功能；參閱釋字第535號解釋理由書。

一、立法背景

本條之立法目的在於，警察行使職權，涉及人民自由權利，因此，有必要對警察與有核准權的警察機關主管長官（組織法上之意義），以及對警察職權行使之措施（作用法上之意義）作明確之定義與界定，以利於警察職權的行使。

二、立法理由

（一）本法名稱及條文內所稱警察，宜予定義，爰參考警察法施行細則第10條規定，於第1項予以明定。

（二）職權（Befugnis）與權限（Kompetenz）之用語，在國內常混爲一談。前者係指機關爲達成其法定任務，所採取公權力之具體措施，在性質上是屬於行政作用法之範疇；後者係指機關爲達成其法定任務，所得採取公權力措施之範圍與界限，在性質上是屬於行政組織法之範圍，使用時應注意予以區辨。又警察爲達成法定任務，得採取之作用或行爲方式與類型極多，大致上可類分爲意思表示之決定，如警察令、警察處分等，以及物理措施，如攔停、查證身分、鑑識措施、通知等。本法旨在規範後者，除於各職權條款明定行使要件與程序，以避免因任意而侵害人民權益外，並於本條第2項明定警察職權之概念範圍，以明其義。

（三）本法所稱警察機關主管長官之定義應予明訂，爰規定於第3項。

三、參考法條

本條第1項規定是參考我國警察法施行細則第10條本文而來，規定爲：「本法第九條所稱依法行使職權之警察，爲警察機關與警察人員之總稱，其職權行使如左：……。」本條第2項所列舉的警察職權，係相當於德國警察法所稱的「類型化措施」（Standardmaßnahmen）。

四、內容解析

(一)警察之定義

本條第1項稱：「本法所稱警察，係指『警察機關』與『警察人員』之總稱。」本項針對警察之定義，僅就「組織」與「人員」爲準，至於其所及範圍爲何，並無進一步定義，亦即，警察機關與警察人員是採廣義或狹義的警察並不清楚。

1.警察人員

所謂廣義的警察人員，是指除警察機關人員外，尚包括秩序機關，如環保、建築機關等執勤之人員。狹義的警察僅指那些警察法所指的警察機關與警察人員而言，至於消防、海巡人員也不包括在內。因此，依本法的立法意旨，本項所稱的警察，是指狹義的警察人員。

2.警察機關

在此，警察機關也採取狹義的，不包括消防、海巡機關在內。至於機關之範圍爲何，依行政程序法第2條第2項規定：「行政機關指代表國家、地方自治團體或其他行政主體表示意思，從事公共事務，具有單獨法定地位之組織。」符合上述規定的警察機關，除警政署、專業警察局如刑事警察局、鐵路警察局等外，尚包括直轄市、各縣市警察局。警察分局雖不具有「單獨法定地位之組織」，但其具有對外行文之權限，且若干警察法規授予警察分局單獨處分之權限，如集會遊行法、社會秩序維護法等，因此，警察分局應屬本法所稱的「警察機關」。且本法第2條第3項也規定「警察分局長」爲「警察機關主管長官」，第6條第2項「管制站設立之核准」以及第13條第1項「利用第三人之核准」等，「警察分局長」皆擁有權限，因此，警察機關也包括分局毫無問題。

總之，本法採「狹義之警察」，符合警察法施行細則第10條「本法第九條所稱依法行使職權之警察，爲警察機關與警察人員之總稱」[7]。

---

[7]　林明鏘教授卻採廣義警察之概念，此觀點遭多位教授的駁斥，且不合於警察法與警察法施行細則之規定，不爲所採；參閱：林明鏘，警察職權行使法基本問題之研究，「警察職權行使法評析」研討會，台灣本土法學雜誌，第56期，2004年3月，頁105以下。

(二)警察之職權

　　本條第2項是對警察職權行使之各種措施作列舉規定。此種職權行使規定屬作用法之規定，這些列舉之具體措施，皆與人民之自由與財產有關。本法所稱之公權力具體措施，主要是參考德國警察法的類型化措施而來的[8]。

　　職權（Befugnis），是指行政機關為達成法定任務，所採取公權力之具體措施[9]，是屬於行政作用法的範疇。職權是指法律賦予機關或人員執行職務的權力，其產生對外的效力。反之，職務一詞，是指機關分配所屬職員於其本職上處理的事務或工作。職務（Amt），是指一職位所分配的事務與工作，是組織上之意義，並無對外之效力。因為，本法警察所採取的具體措施，如查證身分，鑑識身分等，均對人民權益產生一定程度的影響，具有外在的效力，名稱上以「職權」一詞稱呼較為適當。

(三)公權力措施

1.行政程序法上之公權力措施

　　公權力措施並非即等於行政處分，此為多數人誤解之處。我國行政程序法第92條規定：「本法所稱行政處分，係指行政機關就公法上具體事件所為之『決定』或其他『公權力措施』而對外直接發生法律效果之單方行政行為。」該條所稱行政機關的「決定」或其他「公權力措施」，仍非屬行政處分之決定要素，其主要決定要素在於，行政機關之「意思表示」（第一要素）對當事人產生「對外直接發生法律效果」，亦即，產生權利（義務）之設定、變更、終止或確認之效果（第二要素）。兩要素必須同時具備，缺一不可。有「意思表示」，卻無產生「對外直接發生法律效果」，則屬於「觀念通知」，如本法第14條的「通知到場」。反之，無意思表示之公權力措施若不產生法效果，則屬於單純的事實行為，如警察之巡邏，或雖有法效果但卻屬於干預性的事實行為，例如以「行動」為之

8　德國警察法上之類型化措施（Standardmaßnahmen），傳統的具體措施本來只有查證身分、人之搜索、物之扣留以及住宅之進入，於1983年國民普查憲法法院判決後，德國各邦警察法中又將蒐集資料之部分，列入類型化措施中，就此部分的增列，我國警察職權行使法明顯是參考德國警察法而來的。

9　參閱立法院第五屆第三會期第十五次會議紀錄，立法院公報初稿，第65期，2003年6月6日，頁246。

的公權力措施，如執行鑑識措施或對人、物或車輛之檢查，以及「行動」與「意思表示」合而為一的「即時強制」[10]。

因此，行政程序法所稱的「公權力措施」，若是屬行政處分，則必須行政機關先有意思表示在外，且該意思表示對當事人產生法律上之拘束力，具有外在法效果之單方行為屬之。

2.警察公權力具體措施

警察職權行使法第2條第2項之規定即屬所謂的公權力具體措施，其稱：「本法所稱警察職權，係指警察為達成其法定任務，於執行職務時，依法採取查證身分、鑑識身分、蒐集資料、通知、管束、驅離、直接強制、物之扣留、保管、變賣、拍賣、銷毀、使用、處置、限制使用、進入住宅、建築物、公共場所、公眾得出入場所或其他必要之公權力措施。」

上述這些措施，大致可分為兩大類：

(1)行政處分

警察依本法所採取職權措施的法律性質，各有不同，雖名稱為「公權力之具體措施」，但不表示這些措施即等於行政處分。有些具體措施，相當明顯的針對當事人具有命令或禁止之處分性質存在，亦即，不是警察自己去防止危害之發生，而是義務人依據警察之下令為之。警察下令當事人作為或不作為義務，當事人即應有義務配合，而應屬行政處分，例如攔停、查證身分等[11]。

此種警察行政處分，吾人稱其為「程序效力上之行政處分」，因為此種警察職權所展現的只是一種強制性命令或禁止的處分，而要求相對人一定之行為或不行為，若其不從，則警察可採取下一步強制之措施。其與一般產生「實質效力之行政處分」，產生實質權利的得、喪、變更（如執照之取得或撤銷等）不同，此種「程序效力上之行政處分」，只是「程序上效力」，只在於要求，當事人對此下令或禁止命令，有為一定之行為或不

---

[10] 早期之所以認為即時強制為行政處分，是為了便於當事人之行政救濟，因為1998年修正前的訴願法及行政訴訟法採所謂的「訴願前置主義」，先提起訴願，才得提起行政訴訟，且訴願必須以「行政處分」為前提，才可提起；因此，才將具有干涉性的即時強制視為行政處分。

[11] Lambiris, Klassische Standardbefugnis im Polizeirecht, 2002, S. 120.

行為的義務，且其效力僅屬於即時之效力，該行政處分（臨檢、盤查等）一經執行即行完畢，並無實質持續之效力。因此，縱可對其提起撤銷訴願，卻無可撤銷的實質利益。

(2)事實行為

而有些公權力措施則缺乏下令規制義務人之意思，警察基於本身職權直接以行動著手防止危害之工作，不必義務人行為或不行為義務之配合，如執行鑑識措施、即時強制的管束，住宅之侵入等，此僅屬干預性的事實行為[12]。此外，本法第二章「資料蒐集」、第14條的通知到場，雖有意思表示但卻無命令強制之效果，以及第15條的「治安顧慮人口查訪」皆屬事實行為。

(四)警察機關主管長官範圍之界定

警察依本法行使職權，採取具體措施，經常涉及人民的自由權利，尤其有些措施，如臨檢場所、路段及管制站之指定，必須由具有相當層級之警察長官核准，方可實施，乃有第2條第3項之規定，所謂「地區警察分局長或相當職務以上長官」，係指直轄市、縣（市）警察局之局長、副局長、督察長、刑事、交通、保安警察（大）隊（大）隊長、少年警隊、婦幼警察隊隊長等人員，專業警察機關比照之[13]。

(五)本條文各項順序

第2條條文的第1項「警察」之定義以及第3項「警察機關主管長官」之定義，具組織法上之意義，而第2項有關警察職權之規定，屬作用法上之意義，故順序上，第2項應置於第3項之後，才屬恰當[14]。

(六)公權力具體措施與本法第28條之「概括條款」

本條是屬於公權力具體措施的規定，而本法第28條之「概括條款」屬於具體措施的補充規定，亦即，非屬第2條具體措施之情形，警察仍得

---

[12] Möller/Wilhelm, Allgemeines Polizei-und Ordnungsrecht, 4.Aufl., 1995, S. 149.

[13] 內政部警政署，同前揭註2，頁10。

[14] 陳委員其邁所提草案，是將「警察職權」之規定，置於第3項，而第2項為「警察機關主管長官」之規定，參閱：立法院公報，第92卷第19期，2003年4月23日，頁325。

依「概括條款」之規定，採取「其他必要之措施」；因此，在立法技術上，本應將「具體措施」與「概括條款」列於同一條文，然而本法卻列於不同章節，立法技術上似有斟酌之餘地。

五、爭議問題

本法職權與權限以及職務之區別為何？

職權是指法律賦予機關或人員執行職務的權力，其產生對外的效力，屬作用法。反之，權限是指機關執行法定任務所得採取公權力範圍，以及其與他管轄機關管轄權之界定，屬外部組織法地位，職務一詞，是指機關分配所屬職員於其本職上處理的事務或工作，屬機關內部組織權之界定。

第3條（比例原則及手段之限制）

警察行使職權，不得逾越所欲達成執行目的之必要限度，且應以對人民權益侵害最少之適當方法為之。

警察行使職權已達成其目的，或依當時情形，認為目的無法達成時，應依職權或因義務人、利害關係人之申請終止執行。

警察行使職權，不得以引誘、教唆人民犯罪或其他違法之手段為之。

一、立法背景

本條文不論行政院版或陳其邁委員所提之版本，僅包括第1項與第2項之條文，而第3項有關「引誘、教唆人民犯罪」，則屬立法院黨團協商所加入的規定。

警察實務上所使用類似「釣魚」之偵查方法，常引發爭議，乃於第3項明定警察行使職權，不得以引誘、教唆等違法之手段為之。

二、參考依據

本條文第1項及第2項係參考釋字第535號解釋，集會遊行法第26條、

行政執行法第3條、第8條第1項第3款，行政程序法第7條與日本警察官職務執行法第1條第2項及德國聯邦與各邦統一警察法標準草案第2條規定。第3項則係參酌美國、日本及我國司法實務上之判例。

三、內容解析

(一)比例原則

　　本條文第1項是所謂的比例原則之規定。比例原則最早發軔於德國的警察法中，其後規定在德國聯邦行政執行法中[15]。我國諸多警察法規中，如集會遊行法、社會秩序維護法等都有比例原則之規定；比例原則是設定警察行為界限的重要依據，其具有憲法位階，警察依法行使職權，應遵守其界限，比例原則又稱「過度之禁止」（Übermaßverbot），禁止過度對人民權利之侵害，警察行使職權應選擇侵害最小的手段為之。因此，比例原則是警察行使職權為達到目的的手段選擇，是手段與手段以及手段與目的間的考量，其包括以下三原則：

1.適當性原則

　　是指警察行使職權達到目的的手段，是否適當的問題。適當性原則是手段的選擇。一個警察措施，若在事實上或法律上足以排除對公共秩序或社會安全之妨害或危害，即是適當的。若警察之措施，事實上不可能達成，例如要求遊民在一定期間內找到住宿地或對其噴水柱令其離開，或者要求示威遊行者不得妨害行人及交通，為事實不能達到或顯有困難，則警察下達此種措施，則屬不適當的措施，因其達到目的顯有困難。

2.必要性原則

　　適當性原則只是談到能達到目的手段的選擇，而必要性原則則更進一步就達到目的的諸手段間選擇一損害最小的手段。所謂損害最小是指對人民而言，而非對機關。必要性原則比適當性原則重要，本條第1項所稱「必要限度」、「侵害最少」，皆屬之。本法條文中，如第20條管束人

---

[15] 蔡震榮，行政執行法，元照出版，2013年11月，頁53以下。

員，「必要時」得使用警銬或其他經核定之戒具，亦屬「必要性原則」。本法中「必要性原則」之使用相當重要。例如：在示威遊行中，警察對示威群眾已決定採取驅離措施時，此時考慮應採取何種措施，如噴水柱、開瓦斯槍或用人牆隔離群眾，都屬驅離的適當措施，此時，警察就這些可採取的措施，就當時具體狀況加以審慎衡量，選擇採取其中一項對人民損害最小的措施，即屬「必要性原則」之考量。

　　警察在執行臨檢勤務時，總會採取一序列的措施，查證身分、令出示身分證明文件、檢查其所攜帶之物、攜往警所等，其總是有先後順序。現場得以查證身分，則現場為之，若現場檢查即可得知，也不必攜往警所，或由電腦即可得知身分，亦無需採取鑑識措施。因此，在必要性原則的考量下，警察得就所處之具體情形，選擇其中一項對人民損害最少的手段為之。若是警察查證身分可現場為之，則攜往警所之手段，即屬違反「必要性原則」。

3.狹義比例原則

　　適當性原則與必要性原則，皆屬於在一目的下的手段之選擇，而狹義比例原則則屬於「目的」與「結果」間的考量，是指警察之措施所欲達到之目的（法規之目的），與執行該目的對人民所產生的不利後果（負作用），兩者之間不得不成比例。這是目的之價值與不利後果價值間的比較，判斷的基準是以警察決定之點為準。例如：並非所有違規停車之車輛，都必須執行拖吊，得視情況而定，否則有違「狹義比例原則」[16]。

　　拒絕臨檢而駕車逃逸（違反臨檢之規定），警察是否即應隨後追逐（負作用可能造成自己或他人生命、身體之侵害），又如非法集會遊行，是否警察都應執行命令解散之措施。例如，並非對所有無法在臨檢場所或交通路檢確認身分者，皆攜往警所，警察仍必須就個別案件決定之，若僅單純無法確認身分，而當事人並無其他犯罪嫌疑，則可以其他方法確認身分時，則應以其他方法為之。

　　因此，狹義比例原則是對「必要性原則」的進一步確認，若認為，採

---

[16] 例如假日於學校門口紅線停車，因其並不妨害學生上、下學，故處罰違規停車即可，不必拖吊該車輛。

取必要性原則下，仍屬對當事人過度要求，而有期待不可能之情形，此時，警察寧可放棄原先欲採取的措施。目前，集會遊行法中，並無現場蒐證之規定，故警察不採取解散違規集會遊行者，而採取「拍照存證」之手段，即屬「狹義比例原則」之考量。而現今本法第10條已有相關規定，有關於此之規定，依該條「為維護治安之必要時」之規定，則應屬「必要性原則」之規定。

　　狹義比例原則之運用，在集會遊行法上最能清楚顯現，以2000年以及2004年總統大選後，民眾之聚集示威，即屬明顯例子。這些民眾未經申請而公然聚集，屬違反集會遊行法第8條應經申請之規定（違法活動），警察對此活動即應採取適當之措施，但此時警察應考慮若強行驅散所帶來的負作用（引發警民衝突或暴動），因此，是否採取驅散行動以符法律規定，或暫時不為之，先行進行現場蒐證，或利用對現場封鎖，只出不進，慢慢減少聚集之民眾，皆屬於警察「狹義比例原則」之運用。

　　有關三原則之運用，在程序上是有先後順序：先適當性，再來是必要性之考量，而狹義比例原則則屬最後之考量；前二者為法規範下之考量，而狹義比例原則，是超越法規目的的考量，在特殊情形下，為保障當事人之權益，亦即期待可能性，甚至有放棄法規目的之考量。

(二)目的已達成或無法達成之終止執行

　　本條第2項規定是第1項比例原則規定的延伸。第2項是針對警察已採取之措施，加以考量。目的已達成，如查證身分，經由出示證件已查證其身分時，目的已達到。目的無法達成，如警察緝捕人犯，在其到達之際卻發現該嫌疑犯已經出國，此時緝捕到案之目的，顯然無法達到；並且，本條第2項之規定，在於限定警察職權行使的界限，只能在目的的範圍內為之，不得逾越目的範圍外之界限，因而也蘊涵比例原則之精神。

　　本條第2項申請終止執行程序，係參考行政執行法第8條而來，申請終止執行程序之發動：

1.警察應依職權為之

　　警察終止執行職權行使時，因為此涉及義務人、利害關係人之權益，

故警察應通知義務人、利害關係人[17]。

2.由義務人、利害關係人提出申請

　　義務人、利害關係人若認為有「目的已達成或無法達成」之情形時，其得陳明理由並檢附有關文件，向本法第2條所稱執行的「警察」申請終止執行[18]。

(三)不得使用引誘、教唆人民犯罪或其他違法之手段

　　本條第3項規定，是立法院黨團協商所增列之條文，主要用意在於避免警察於偵查犯罪使用釣魚方式，亦即誘導犯罪方式為之。此種情形最常發生於查緝色情、毒品之犯罪，警察假扮嫖客或毒販，或利用線民，以誘導犯罪嫌疑人從事該項行為後，予以逮捕；警方對於原已具有犯罪故意並已實施犯罪行為之人，以所謂「釣魚」之偵查技巧蒐集其犯罪證據之情形，此種方式，即吾人所稱的「釣魚」。

1.概念之釐清

　　在此，有兩觀念須加以釐清：一為「陷害教唆」，所謂「陷害教唆」，係指行為人原不具犯罪之故意，純因司法警察之設計教唆，始萌生犯意，進而實施犯罪構成要件之行為者而言；係司法警察以引誘或教唆犯罪之不正當手段，使原無犯罪故意之人因而萌生犯意而實施犯罪，再進而蒐集其犯罪之證據或予以逮捕偵辦。另一為「誘捕偵查」，其不同於「陷害教唆」在於，「誘捕偵查」係警方對原已有犯意之人，提供再次犯案之機會，然後再加以逮捕。「誘捕偵查」與「釣魚」概念內涵是相同的，其主要在於強調主觀犯意。

　　警察不得使用「陷害教唆」之手段，乃屬當然，但若行為人本來就有犯意，是否即不論警察「積極提供犯罪機會」有無失當，而認為合於本條第3項之規定，有探討之必要。對此，有「主觀理論」與「客觀理論」之爭。

---

[17] 參考行政執行法施行細則第14條第3項規定。
[18] 參考行政執行法施行細則第14條第2項規定。

(1)主觀理論

持「主觀理論」者認為，是以行為人事先有無犯罪意圖為判斷，若行為人被判定為原已有犯罪意圖時，則不論警察之「提供犯罪機會之手段」是否符合法定程序，皆得作為證據。

(2)客觀理論

持「客觀理論」者認為，判斷是否違法誘捕，應自被誘捕者主觀上犯罪傾向之有無，轉而以客觀上偵查機關的行為是否適當為基準，亦即面對偵查機關所為誘捕之行為，只能是「通常之誘發行為」。如果一般客觀理性之人，在考慮掙扎之後，能夠加以拒絕之，則尚屬合理適當之通常誘發行為；如偵查機關所為之誘發行為，會使得一個客觀理性之人亦產生犯罪之慾望並進而實現犯行，則偵查機關所為之誘發行為，已然超出合理適當之界限，而為「異常之誘發行為」。此種誘捕行為「過度且強烈」，被告可以主張誘捕抗辯[19]。

誘捕抗辯舉證責任在於被告，其應提出是警察人員對其威脅利誘，極力說服誘使其犯罪之證據。

2.本項立法旨意之探究

本文認為，本條第3項既然強調警察「不得以引誘、教唆人民犯罪或其他違法手段」為之的規定，似有表示立法旨意，在於強調「程序之正當性」。對警察「積極提供犯罪機會」，應進一步審查該手段是否符合「程序正當」。又違背法定程序而取得之證據，其有無證據能力，仍應就「人權保障」及「公共利益」之均衡考量審酌認定。若認其違反人權保障之情形嚴重，且排除該項違背法定程序取得之證據，於公共利益之均衡維護無影響者，自得認該項證據欠缺證據能力，而予以排除；非謂警方協助偵查犯罪所取得之證據，不問其取得之過程有無違反法定程序，亦不論其違反法定程序取得證據對於人權保障及公共利益之均衡維護有無影響，均一律認其具有證據能力[20]。

---

[19]　臺灣桃園地方法院刑事判決92年度訴字第38號，頁3；黃朝義，誘捕偵查與誘陷抗辯理論，中央警察大學法學論集，創刊號，1996年3月，頁377以下。

[20]　參閱最高法院92年度台上字第4558號判決。

因此，本項規定應係以主觀理論為主，兼採客觀理論，若警察提供犯罪機會屬「過度且強烈」違法誘捕行為時，仍不得以此作為證據。

此外，對警察而言，警察所為之教唆，是否具可罰性，是警察關切之問題。通常警察實施誘捕行為，欠缺教唆犯所應具備的「教唆故意」與「實現構成要件故意」的「雙重故意」，以及教唆者對於犯罪行為之發生及發展，均有全盤且充分之掌握，通常不致發生法益受侵害之結果，所以應不具可罰性[21]。

例如，在網路援交案中，如果行為人是自己先上網廣告，警方依其提供之聯絡方式佯為召妓逮捕之，而該行為人之犯意亦是本來就有。此外，在機車搶劫案中，女警佯裝為某柔弱婦女，故意在搶犯經常出沒之處所單獨夜行，「引誘」搶犯現身行搶，再由埋伏在旁之同仁加以逮捕，行為人本有犯意，均符合本條第3項規定。但若女警假扮應召女，或是偵查或司法人員有時故意刊登色情廣告，引誘消費者上鉤，則就有問題。因誘捕偵查方法，較具爭議性，實施時應注意證據掌握，審慎為之[22]。

3.司法判決

我國最高法院的判決，主要仍以主觀理論為主，兼採客觀理論，在此，除當事人有犯意外，仍應注意證據取得的正當性，最高法院92年度台上字第7364號判決即稱：「惟查實施刑事訴訟之公務員，因違背法定程序取得之證據，除法律另有特別規定外，法院應依個案情節，斟酌該等公務員違背法定程序之主觀意圖、侵害行為人之種類及其輕重、犯罪所生之危險或實害、禁止使用該證據對於抑制違法蒐證之效果，與如依法定程序有無發現該等證據之必然性及對行為人在訴訟上防禦不利益之程度等各種情況，予以綜合考量，求取人權保障及公共利益之衡平。倘認容許其作為認定事實所憑之證據，對人權之侵害不大，又合乎治安之要求及現實之需要，自得認其有證據能力；苟該違背法定程序之情節，顯已違反憲法對於基本人權之保障，且復逾越必要之手段，如不予以排除其證據能力，對

---

[21] 臺灣桃園地方法院刑事判決92年度訴字第38號，頁3。
[22] 內政部警政署，同前揭註14，頁17-18。

於公共利益既無助益，又難以維護司法之公信力，應可認其不具證據能力。又司法警察（官）如知有犯罪嫌疑者，固有立即蒐集、調查證據之義務，然其等行使蒐證之職權時，手段必須合法正當純潔，不得以引誘、教唆之手段達其蒐集證據之目的，此為法理所當然，復為警察職權行使法第三條第三項所明定；若犯罪嫌疑人本無犯罪之故意，純因司法警察（官）之設計，以引誘、教唆等不正當方法，誘發犯罪行為人萌生犯意，進而著手實行，因其並非循正當法定程序取得之證據，法院即應依個案情節，本於前揭標準，判斷是否容許其具證據能力，得否為認定事實之準據。」

又如最高法院92年度台上字第3235號判決：「本件依卷內資料，上訴人原即經營色情指壓理容院，並於中華日報刊登足以引誘、媒介、暗示等促使人為性交易訊息之廣告，其妨害風化之犯意並非因司法警察之設計教唆而起，自無所謂陷害教唆可言。上訴意旨，對於原判決究竟如何違背法令，並未依據卷內資料為具體指摘，徒執陳詞，而為事實之爭辯，並對原審採證認事之職權行使，任意指摘，難謂已符合首揭法定上訴要件。」

最高法院97年台上字第1289號判決要旨則指出：「陷害教唆，係指行為人原不具犯罪故意，純因司法警察之設計教唆，始萌生犯意，進而實行犯罪構成要件之行為者而言，因其手段顯然違反憲法對於基本人權之保障，且已逾越偵查犯罪之必要程度，對於公共利益之維護並無意義，故否定其因此取得之證據資料有證據能力。至警方對於原已具有犯罪故意並已實行犯罪行為之人，以俗稱「釣魚」之偵查技巧蒐證，既無礙於行為人基本人權之保障，對於犯罪偵防及社會秩序之維護，復有正面之效果，倘其取得證據資料並未違背法定程序，自應認其有證據能力……。」

最高法院99年台上字第3771號判決要旨：「司法警察機關之任務在於打擊、追訴犯罪，依『國家禁反言』之原則，自不能容認司法警察為了追訴犯罪而挑唆發生或製造犯罪，故而警察職權行使法第三條第三項明文揭示：『警察行使職權，不得以引誘、教唆人民犯罪或其他違法之手段為之』，以資規範。誘捕偵查類型中之『犯意誘發型』，因係司法警察或所吸收之線民以引誘、教唆犯罪之不正當手段，使原無犯罪意思或傾向之人因而萌生犯意而實行犯罪行為，嚴重違反刑罰預防目的及正當法律程序原

則，應認屬於違法之誘捕偵查，其因此所取得之證據不具正當性，對於公共利益之維護並無意義，應予絕對排除，以強化被誘捕人基本權利之保護密度。至於為因應不同犯罪類型之『機會提供型』誘捕偵查，乃行為人原已具有犯罪之意思或傾向，僅因司法警察或其線民提供機會，以設計之方式，佯與之為對合行為，使其暴露犯罪事證，俟著手於犯罪行為之實行時，予以逮捕偵辦，實務上稱之為『釣魚偵查』，歸類為偵查技巧之一環，因而被評價為合法之誘捕偵查。惟刑事法以不處罰單純之犯意為原則，行為人之所以著手實行犯罪行為，係因司法警察之加工介入，故此類誘捕偵查所取得之證據，自仍應就司法警察之蒐證作為，檢驗其取證要件是否符合法定程序，包括司法警察介入之程度如何，資為判斷其之證據適格，應否透過刑事訴訟法第一五八條之四為衡酌，並非一概即可無條件承認其證據能力[23]。」

綜上，警察行使上述職權，除應注意不得使用「陷害教唆」手段外，行使「誘捕」偵查仍應注意其採用手段是否「正當」，有無過度侵害人權之嫌。

4.學者專家之意見

(1)有採取肯定司法實務之見解

這些不乏司法實務界人士，如林俊益大法官主張，「陷害教唆」與警方對於原已具有犯罪故意並已實施犯罪之人，與所謂「釣魚」之偵查技巧蒐集其犯罪證據之情形有別，自不得混為一談。類似見解檢察官陳瑞仁也指出兩者之差異，並指出警察職權行使法第3條第3項應修正為：「警察行使職權，不得以引誘、教唆『原無犯意』之人民犯罪或其他違法之手段為之[24]。」

(2)有採不同見解者

林明鏘教授認為，不應利用此等規範作為正當化「機會提供型」誘捕偵查之法源，否則即有本末倒置之嫌。林氏完全否認警察可以實施釣魚之

---

[23] 傅美惠，誘捕偵查與警察職權行使法相關問題探討，刑事法雜誌，第57卷第4期，頁1-38。

[24] 陳通和，論警察職權行使之原則——以制定法論述之，中央警察大學學報，第51期，2014年5月，頁235以下。

誘捕偵查方式。

　　林鈺雄氏提出否定此種以犯罪意向分類之主張，其中最質疑的是，縱使以犯罪意向爲基準，也無法迴避關鍵之證明問題，亦即，憑什麼證據來證明行爲人原先有犯罪之意向？警察行使職權不得以「陷害教唆」、「誘捕偵查」（或稱「釣魚」）方式進行辦案，亦有適法疑義[25]。

(四)對第3項規定納入本法之質疑

　　本條第3項規定，主要用意在於避免警察於偵查犯罪使用釣魚方式，亦即誘導犯罪方式爲之。此種規定，若只是著重在「警察偵查犯罪技巧」上，則似乎此種應規定在「刑事訴訟法」上，而不是在警察職權行使法上。因爲，警察職權行使法之任務只是在「防止危害」上，而非「犯罪偵查」。

　　此外，若認爲有必要作規範時，則此種規定應屬所謂的「依法行政原則」，因爲其稱「不得以引誘、教唆人民犯罪或其他『違法』之手段」，即在強調警察合法手段之採取。此種規定，是否即屬於所謂的「誠信原則」，亦即，認爲「引誘」、「教唆」及「其他方式」皆係強調警察行使職權之不合誠信原則的例示或概括規定[26]。

　　對此見解，本文認爲本項規定只是禁止警察違法或不當手段之採取，或可解爲「正當的調查程序」，亦即警察之調查或偵查行爲，應遵守法律規定與法律之正當程序，但卻非表示第3項是要求警察應開誠布公依「誠信原則」行使職權。

四、爭議問題

　　（一）派出所警員以明信片或以電話通知通緝犯到案，因係以非通緝事項告知，而委以車禍調查或文件待領等理由告知，等通緝對象到達派出所後即出示通緝文書而予逮捕，此舉常造成當事人的不滿，認警察未盡告知之義務而隱瞞，司法實務上也有以僞造文書罪嫌起訴員警的案例，基此

---

[25]　陳通和，同前揭註24，頁237。
[26]　林明鏘，同前揭註7，頁104。

是否爲誘捕的範圍呢？亦是有討論的空間，惟在證據法則的要求下，警察人員執行犯罪證據取得之正當性有愈來愈嚴謹的趨勢，本案例警察使用不當手段，並不屬於誘捕犯罪，但似有違反比例原則。

（二）警察持搜索票假扮社工人員緝毒，去敲毒販之門，並出示搜索票而予以逮捕，是否屬誘捕犯罪，答案是否定的，因爲毒犯從事吸毒行爲本身是事實，並非基於警察之誘導[27]。

第4條（明示身分）

警察行使職權時，應著制服或出示證件表明身分，並應告知事由。

警察未依前項規定行使職權者，人民得拒絕之。

一、立法理由

（一）警察行使職務，爲執行公權力之行爲，爲使人民確信警察執法行爲之適法性，因此警察執行職務時，須使人民能確知其身分，並有告知事由之義務，爰於第1項規定。

（二）警察人員行使職權，既未著制服，亦未能出示服務證件，顯難澄清人民之疑慮。此時爲保障人民免受假冒警察者之撞騙，應使其有權拒絕警察人員行使職權，爰於第2項規定。

二、參考法條

本條參考釋字第535號解釋、德國聯邦與各邦統一警察法標準草案第36條以及警械使用條例第1條第2項之規定。

---

[27] 李佳玟，「社工」緝毒，月旦法學教室，第158期，2015年12月，頁51以下。

三、內容解析

(一)穿著制服與出示證件間的爭議

　　本條文較有討論之處，在於條文第1項規定「應著制服或出示證明文件」間選擇性之爭議。有人提出警察應同時穿著制服，且出示證件，因為穿著制服假扮警察時有所聞。但根據實務，假扮制服警察之情事，畢竟少數，且依刑法第159條規定「公然冒用公務員服飾、徽章或官銜者，處五百元以下罰金」。刑事警察是屬於不著制服的公務員，執勤時，應出示「刑警證」或「刑警徽」。警察人員所穿著之制服係依警察服制條例所規定之制服樣式及佩帶之標識而言，且為便於民眾辨識，對於制服穿著時機、季節均由警政署統一規定，而不致產生各地不同之情形；警察人員依本法執行警察職權時應穿著制服或出示證件證明身分，證件之核發則依內政部所訂警察人員服務證發給要點核發，每三年換發一次。

　　故本條在規範上只要兩者符合其一即可，除此之外，並賦予警察有告知執勤事由之義務，程序才屬完備。

　　另外，有人建議警察制服應標示服勤人員之姓名，以示負責。此點，在其他國家（如德國）也提出討論，目前德國的Berlin與Brandenburg已議決在警察法中規定此項義務[28]。

(二)告知事由

　　為遂行警察任務，亦應考量民眾配合之權利與義務，因此，告知執法事由，方便警民關係之運作，以消弭敵對意識，達成雙贏的策略。告知事由在目前行政程序法上屬於必要之先行程序，由於警察職權之行使常與人民之自由權利有關；但有關即時強制部分，若因時間緊迫，來不及告知，得免於告知。

(三)人民拒絕之權利

　　警察未依前項規定行使職權，人民有拒絕之權利。此項規定，除要求

---

[28] Alternativer Polizeikongress am 24./25.6. in Hamburg findet statt!, http://www.gruene-sachsen-anhalt.de/filead-min/polizeikongress_janalbrecht.pdf (Letzter Abruf: 01/10/2016). 這是德國歐洲議會的綠黨於2011年6月24-25日於漢堡大學所舉辦警察會議其中之議題。

警察合法的行使職權，尊重人民權利，並給予人民自我保護之權利。

四、爭議問題

穿著制服但民眾仍質疑時，是否應出示證件？

法規範上只要兩者符合其一即可，但如民眾要求且不妨礙職權之行使，得以出示證件減少爭端。刑事警察值勤則必須出示「刑警證」或「刑警徽」。

第5條（救護之義務）

警察行使職權致人受傷者，應予必要之救助或送醫救護。

一、立法背景

本條之規定，係參考德國聯邦與各邦統一警察法標準草案第38條規定，其稱：「當事實需要且情況許可時，因直接強制處分而受傷者，應予救助並送醫救護。」本條文由陳其邁委員提出時，乃放在救濟篇內，最後於黨團協商後移置於總則篇內。

二、相關法條

(一)警察法第2條

警察法第2條規定：「保護社會安全及防止一切危害本即為警察任務內涵之一。」

爰依本條意旨，受傷係由警察行使職權所造成，更有不可推諉之立即救助或協助救護之義務，始符合警察保障人權與防止危害之任務本質。

(二)警械使用條例第11條

警械使用條例第11條規定：「警察人員依本條例規定使用警械，因而致第三人受傷、死亡或財產損失者，應由各該級政府支付醫療費、慰撫

金、補償金或喪葬費（第1項）。警察人員執行職務違反本條例使用警械規定，因而致人受傷、死亡或財產損失者，由各該級政府支付醫療費、慰撫金、補償金或喪葬費；其出於故意之行為，各該級政府得向其求償（第2項）。前二項醫療費、慰撫金、補償金或喪葬費之標準，由內政部定之（第3項）。」

　　警察除了使用警械，必須依據規定負擔相關賠償或補償責任外，基於警察勤務本即有危害防止之必要，若有傷亡事件，應負有救助或協助救護之義務，更何況其傷害乃警察行使職權而致他人受傷之情形。

(三)刑法第15條

　　刑法第15條對於不作為犯之規定：「對於一定結果之發生，法律上有防止之義務，能防止而不防止者，與因積極行為發生結果者同（第1項）。因自己行為致有發生一定結果之危險者，負防止其發生之義務（第2項）。」

　　警察若有違反本條之救助或送醫救護之義務，得依據刑法、民法予以歸責，更有行政上之責任，可能遭受懲戒或懲處之。

三、內容分析

　　警察行使職權，執行職務之際，經常使用強制力，而導致民眾因而受傷。因在此種情形下，警察是掌握現場並維護現場秩序者，賦予警察此種必要之救助或送醫救護，當然應屬警察之義務。在此，警察並無裁量之餘地，毫無問題。

(一)名詞解釋

　　「救助」，乃係輕微受傷，尚未達到送醫救護之程度，予以關懷並救護協助；至於「送醫救護」，則應是對受傷程度較為嚴重，非送醫救護將產生危險時，所為必要之救護手續。

(二)實體要件

1.須為警察行使職權之情形

本條雖非公權力之行使，卻是在規範警察因行使職權導致人民受有傷害之救助或送醫救護之「義務」，已非屬於「權力」之性質，若不履行此義務，因而導致人民之損害，亦有法律上之責任。

2.警察行使職權與該人民受傷有因果關係

無因果關係之救助或送醫救護，則非本條之法定義務，例如路倒病人之救助或送醫救護。

3.應予必要之救助或送醫救護

本條規定救助或送醫救護，屬於警察必須處理之義務規定，警察於現場處理時，應依據事實狀況所需去判斷，並決定採取必要之措施，亦即，對輕微受傷者必要之救助，重傷者送醫救護。

(三)程序要件

1.表明身分，告知事由

本條係因警察行使職權導致人受傷，故負責送醫之警察對於意識清醒之受傷者，應即表明身分，告知送醫事由。

2.確認受傷者身分，並通知其親友

對於受傷嚴重而無清楚意識之受傷者，應查知其身分，儘速通知其親友。通知時，警察應表明身分，告知送醫事由[29]。

3.遵守合理適當之救護程序

依本法規範之「必要」救助或送醫救護方式為之。

四、爭議問題

(一)專業判斷

本條並未對於因警察行使職權而致人死亡者有如何處理之規定。因

---

[29] 蔡庭榕、簡建章、李錫棟、許義寶，警察職權行使法逐條釋論，五南圖書，2005年2月，頁103以下。

此，是否致傷或致死不明，不宜由警察判斷之，警察依應有送醫之義務，而由具專業醫術之人員處理，並避免有延誤救治情形發生。

(二)裁量權限

林明鏘氏指出「警職法第五條之對受傷者（含警察、行使職權對象、及其他原不相關之第三人）之『必要救助』與『送醫救護』裁量權限，如果受傷者拒絕警察之救助或送醫救護時（自己願意自行就醫），警察人員任其離去，是否違反裁量原則？」尚有究明之必要[30]。

對此問題，本文認為，警察仍必須等待該事件具體狀況是否也屬於危害已經排除之狀態，例如受傷者已搭公車離去或走入人群聚集中而已無危險之狀況。若當事人仍處於尚未排除危險狀況時，警察人員若任其離去，而造成危害之發生，恐有職務疏失之責。

而另一問題為，集會遊行現場狀況致使民眾受傷，雖因警察職權行使所引起，如98年晶華酒店陳雲林事件，發生警民間推擠，警察無法也無能力及時救助，對此，是否違法本法規定，則有探討。本文認為本條規範考慮未周，未如德國警察法「當事實需要且情況許可時」規定較為詳細，考慮現場之狀況是否可以期待警察為必要之救護。

(三)受傷者之權利保障

若傷者要求致其受傷者之警察有關更詳細之身分資料，警察仍應告知，甚或受傷人民因而要求書面文件，亦應有提供之必要。此點可引用本法第29條異議理由書之性質。

(四)賠償或補償問題

當事人因警察行使職權，致其生命、身體或財產遭受損失時，如係在其社會義務範圍內者，負有忍受之義務，警察是否僅予必要之救助或送醫救護，而不須另予慰問金等補償？本文認為，如屬於即時強制則應判斷如屬「社會義務範圍」，並無「特別犧牲」時，則不予補償。

---

[30]　林明鏘，同前揭註7，頁104-105。

　　有關警察職權之行使，本章部分要屬最重要。本次立法，行政院所提版本，侷限警察僅能在防止危害範圍內以及僅能採取行政手段來行使職權，且以諸多不確定法律概念來限制警察權之發動，諸如「相當理由」、「合理懷疑」等。該草案果真通過的話，顯然會造成警察執勤之不便，因為警察在執勤之際，必須要先考量是否已達到「相當理由」之程度，才可發動。

　　反之，陳其邁委員所提版本，給予警察較多裁量空間，在警察權之發動原因及手段選擇上，並不侷限在防止危害上，尚且及於犯罪偵查的手段上。本次立法通過的「警察職權行使法」，在本章部分是以陳其邁委員版本為主。

第6條（查證身分之要件及程序）

　　警察於公共場所或合法進入之場所，得對於下列各款之人查證其身分：

　　一、合理懷疑其有犯罪之嫌疑或有犯罪之虞者。

　　二、有事實足認其對已發生之犯罪或即將發生之犯罪知情者。

　　三、有事實足認為防止其本人或他人生命、身體之具體危害，有查證其身分之必要者。

　　四、滯留於有事實足認有陰謀、預備、著手實施重大犯罪或有人犯藏匿之處所者。

　　五、滯留於應有停（居）留許可之處所，而無停（居）留許可者。

　　六、行經指定公共場所、路段及管制站者。

　　前項第六款之指定，以防止犯罪，或處理重大公共安全或社會秩序事件而有必要者為限。其指定應由警察機關主管長官為之。

　　警察進入公眾得出入之場所，應於營業時間為之，並不得任意妨礙其營業。

一、立法背景

　　本條規定主要是依據陳其邁委員所提版本而來。行政院版本第4條以「相當理由」才得以對人實施盤檢，第5條以「已發生危害或依客觀、合理判斷」才得對「易生危害之處所、交通工具或公共場所」實施盤檢等，由於過多以「不確定法律概念」作為警察權的發動，自由裁量空間過大，易造成員警難以下決定之困境，故在立法之際，遭多位立委的否決，而採用發動要件比較明確的陳其邁委員所提之「查證身分」版本。

　　本條之開端在陳其邁委員版本原只稱：「警察對下列各款之人，得查證身分」，而通過之條文增列「公共場所或合法進入之場所」，而稱：「**警察於公共場所或合法進入之場所**，得對於下列各款之人查證其身分……」。本條第3項有關「警察進入公眾得進入之場所」則係由行政院版第6條而來。

二、參考法條

　　參考德國聯邦與各邦統一警察法標準草案有關第9條查證身分之規定。其稱：

　　「有下列各款情形之一者，警察得查證其身分：

一、為防止危害。

二、滯留於根據實際線索，依經驗認為該地有約定、預備、實施犯罪行為之人，或聚有無停、居留許可證明之人，或有人犯藏匿，或有人賣淫者。

三、滯留於交通設施、民生必需品生產儲存設施、大眾交通工具、政府辦公大樓或其他特別易受傷害之標的物，或滯留於其直接不遠之處，且有事實足以認為於該類標的物內或周圍將可能實施犯罪行為，且該犯罪行為會危害該標的物內或周圍之人，或標的物本身者。

四、於警察為防止刑事訴訟法第一百條a或集會法第二十七條所指之犯罪行為所設之管制站者。

五、警察爲查證身分得採取必要措施；如令關係人停止前進以詢問身
　　分，並令其交付所攜帶證明文件以便查驗。當關係人之身分無法
　　或有相當困難加以確定時，可將其留置。合於第三句要件下，得
　　搜索關係人及其隨身攜帶之物。

六、關係人依法有義務隨身攜帶之證明文件，警察得令其交付查驗
　　之。」

三、概念與概念說明

(一)警察作用之特質

　　警察機關與環保、衛生、建管等一般行政機關，依法皆有採取必要措
施或行爲以防止「公共性」危害不同，往往具有急迫而不可延遲性，且經
常使用強制力。

(二)公共場所

　　係指「公眾得任意逗留、集合或利用之場所」，亦即不特定多數人得
以公共使用或聚合如會場、公園、廣場、車站、輪埠、航空站、街衢、道
路等場所。

(三)公眾得出入之場所

　　係指不特定人得隨時出入之場所。例如下列營業場所：指壓按摩中
心、觀光理髮廳、舞廳、酒家、酒廊、酒吧、三溫暖、旅館、KTV、
MTV、觀光飯店、咖啡茶室、電動玩具業、遊藝場、戲劇院、夜總會、
電影院等，即爲公眾得出入之場所。

(四)合法進入之場所

　　係指警察依刑事訴訟法（搜索扣押）、行政執行法（即時強制）、社
會秩序維護法（營業場所違序行爲調查）等相關法律規定進入之場所，或
其他「已發生危害或依客觀合理判斷易生危害」之場所（參照司法院釋字
第535號解釋）。至於私人居住之空間，應受住宅相同之保障，警察非依
法不得以臨檢手段任意爲之。

(五)合理懷疑

係指必須有客觀之事實作為判斷基礎，根據當時的事實，依據專業（警察執法）經驗，所做成的合理推論或推理，非單純的臆測；合理懷疑之事實基礎包括：

1.情報判斷之合理懷疑

例如警察由曾經提供情報的線民口中得知，某人於假釋期間仍隨身攜帶武器且車上藏匿毒品，因而對其實施攔車盤查。

2.由現場觀察之合理懷疑

例如警察深夜於曾經發生縱火地區巡邏，發現某人手持打火機並提著一桶汽油，在騎樓下逗留徘徊，而懷疑其可能從事縱火犯罪。

3.由環境與其他狀況綜合研判之合理懷疑

例如警察於濱海公路執行夜間巡邏，發現某車內滿座有特殊口音之乘客，其駕駛人見警巡邏有企圖逃避或不正常之駕駛行為，且該車輛顯現超載或車內有人企圖藏匿；又當時濱海地區的海象狀況正適合船隻接駁靠岸，因而懷疑該車內可能載有大陸偷渡人民。

4.由可疑行為判斷之合理懷疑

例如警察於深夜時段，在一個高犯罪區域的街道上，發現某人所離開之公寓，是曾多次藏匿武器或毒品罪犯之犯罪處所，且該某看到警察時，立刻將小紙袋藏入衣內，神色慌張，迅速走避，而懷疑該某有藏匿毒品的嫌疑[1]。

(六)有事實足認

警察職權行使法所稱「有事實足認」，係指需有事實存在足認有理由採取各該警察措施；亦即必須依客觀可證明之事實有理由認為，而非僅憑主觀的臆測而認為。換言之，除了警察觀察與專業判斷外，必須有具體事實之呈現予以佐證。例如：警察臨檢營業場所，發現某PUB經常聚集不

---

[1] 參閱：內政部警政署編，警察職權行使法逐條釋義，內政部警政署編印，2003年11月，頁24；林明鏘，警察法學研究，新學林出版，2011年7月，頁213。

明人士，有從事販賣毒品之可疑，而於現場地面查獲丟棄之針筒或藥丸等，則該場所同桌之人，應屬警察職權行使法第6條第1項第2款所稱「有事實足認」對於犯罪「知情者」。

(七)具體危害

　　警察職權行使法所稱「具體危害」，係指在具體案件中之行為或狀況，依一般生活經驗客觀判斷，預料短期間內極有可能形成對人、物等產生顯見之損害、致生危險之一種狀況；亦即案件必須具體，「即將」危害發生需有不可遲延性、可能性及傷害性，具體危害要件方能構成。因此針對於不確定危害是否發生之危險，或是此危險並未產生顯見之損害，因係屬抽象危害。諸如：刑法所規定內容均大多為具體危害，但刑法第185條之3第1項規定：「駕駛動力交通工具而有下列情形之一者，處二年以下有期徒刑，得併科二十萬元以下罰金：一、吐氣所含酒精濃度達每公升零點二五毫克或血液中酒精濃度達百分之零點零五以上。二、有前款以外之其他情事足認服用酒精或其他相類之物，致不能安全駕駛。三、服用毒品、麻醉藥品或其他相類之物，致不能安全駕駛。」因危害尚未產生、且此危害也不確定會產生，因此屬於抽象危害。例如：有人意圖自殺，警察為保護並防止事件之發生，有必要確認其身分，以防止對其本人造成生命之具體危害。

四、內容解析

(一)條文整體分析

　　查證身分是警察最重要與最具有意義的手段，其與警察所採的手段有必然的關聯，警察經常可藉由查證身分得出其他資訊，幾乎所有的警察活動都與此部分有關。

　　本條文係參考德國警察法而來，陳其邁委員所提版本，最初僅規範在符合本條第1項各款規定，警察即可採取「查證身分」的手段，並無其他限制之規定。在本次立法時，立法委員加上了「公共場所或合法進入之場所」之規定，限縮了警察只能在上述場所中，採取「查證身分」手段，此

種增加雖然有侷限警察發動的範圍，但事實上，「有無加入」這些限制，並不影響原來的內容。第1項第1款至第3款是針對「人」的查證身分，這些人可能處在大馬路旁或在河床上或其他私人處所，難道警察仍必須受制於「公共場所或合法進入場所」，而不能採取「查證身分」之手段嗎？本項第4款至第6款是對停留於「處所或場所」之人的查證身分，這三款本身已有「處所或場所」之規定，而本條第1項之「公共場所或合法進入場所」之規定，乃屬重覆「場所」之規定，似有畫蛇添足之嫌，因此，宜從新思考，往後修法刪除為當。

　　其實，加入「公共場所或合法進入之場所」，主要是針對司法院大法官釋字所稱的其他「已發生危害或依客觀合理判斷易生危害」之場所，而這些「易生危害」之場所應可包括警察經常取締的「公眾得出入之場所」，如經常所稱的八大行業，即可將其歸之於「合法進入之場所」中。但如上述所稱，此種「加入」，是有使立法結構產生重疊之情形。

　　通常警察查證身分時遭遇的第一問題是「地點」，有公共場所、公眾得出入之場所或私人住宅的區別，其次，為對人之查證身分或對車的攔停，在此發動的原因，有合理懷疑、有事實足認等要件作為判斷。最後，對於前述之人或交通工具是否可進一步檢查的問題，在此，其發動要件比前述情形要來得嚴格，通常是為了保護警察或他人的人身安全，或者有事實足認有犯罪嫌疑者等。吾人以圖示表列如下：

步驟 ＼ 發動要件	警察查證身分職權程序
第一步驟 「場所」進入	公共場所（設置管制站）、公眾得出入之場所（合理懷疑）、私人處所（受私人住宅的保障）
第二步驟 直接接觸點	以「合理懷疑」或「有事實足認」對人、車、船及交通工具的攔停、身分查證或強制離車、或進行酒測
第三步驟 進一步檢查	以「有事實足認」對人、車、船及交通工具的檢查。在此，有可能案件發展轉換成「刑事事件」

　　警察職權行使法給予警察發動職權，通常是在犯罪、危害尚未發生或

有發生之虞或即將發生，警察有防止危害或預防將來犯罪的情形。在此，警察的查證身分好比摸索一般，首先，警察先以警察職權行使法所給予的手段去探索，因爲，除警察職權行使法外，警察尙有進一步的法律即刑事訴訟法可資運用，警察在查證身分時若有進一步發現[2]，而符合刑事訴訟法之規定，可依其他相關法律，決定採取下一步驟。若無，則應中止執行。因此，如何就具體狀況判斷，對警察職權行使相當重要。

(二)查證身分之要件

本條第1項所稱的「合法進入之場所」，係指警察依刑事訴訟法、行政執行法、社會秩序維護法等相關法律規定進入之場所，或其他「已發生危害或依客觀合理判斷易生危害」之場所。至於私人居住之空間，應受住宅相同之保障，警察非依法不得以臨檢手段任意爲之[3]。

1.合理懷疑其有犯罪之嫌疑或有犯罪之虞者

本款發動要件之所稱「合理懷疑」爲一不確定法律概念，係指警察必須有客觀之事實作爲判斷基礎，根據當時的事實，並依據專業經驗，所做成的合理推論或推理，而非單純的臆測。以美國法爲例，所謂「合理懷疑」，大約依據警察本身專業經驗判斷，懷疑之程度大約爲百分之三十左右，即屬之。通常構成合理懷疑，除上述警察本人之觀察與專業經驗判斷外，或根據線民提供給警察情報、其他機關的通報，或剛發生的犯罪現場附近，即足構成「合理懷疑」之程度。

所謂「犯罪之嫌疑」，是指有從事犯罪之可疑情況；而「犯罪之虞」，是指有從事犯罪行爲之疑，在程度上要比前者更爲具體。例如警察巡邏時，發現某甲躲在車子後，依警察經驗有偷車或破壞車子之嫌疑，即屬此種情形。

2.有事實足認其對已發生之犯罪或即將發生之犯罪知情者

本款是引自日本警察官職務執行法第2條之規定。與第1款不同，本

---

[2]　警察職權行使法稱「查證身分」，而不稱「人別訊問」是因爲警察職權行使法所面對之人民並非犯罪或違序之人，故以名稱不同以資區別，其實內容是同一的。

[3]　內政部警政署編，同前揭註1，頁23。

款針對之對象並非犯罪者或犯罪嫌疑者，而係「犯罪知情者」。因此，發動要件比前款更來得嚴格，所謂「有事實足認」是指有事實足以顯示，其對已發生之犯罪或即將發生之犯罪知情者[4]。通常「有事實足認」，是除了警察觀察與專業判斷外，必須有具體事實之呈現予以佐證。例如，警察臨檢營業場所，發現某餐廳經常聚集若干人士，有從事販賣毒品之可疑，而於現場地面查獲丟棄的針筒或藥包等，則該場所同桌之人，應屬本款所稱的「有事實足認」對犯罪「知情者」。另值得一提的是，本法第14條第1項第1款所稱的「事實足認其能提供警察完成防止具體危害任務之必要資料者」的「通知到場」，也包括在此所稱的「犯罪知情者」。

3.有事實足認為防止其本人或他人生命、身體之具體危害，有查證身分之必要者

本款係針對「具體危害」而來的。所謂「具體危害」是指在個案之中有足夠可能引發一損害或危害之發生。在依事件可能發生的強度與時間點之緊迫性觀察之，就其實現可能性加以判斷。本款情形即是指此種危害，在時間上有即將產生之虞，而有確認其身分之必要屬之。例如，有人意圖自殺，警察為保護並防止事件之發生，有必要確認其身分，以防止對其本人造成生命之具體危害。

4.滯留於有事實足認為有陰謀、預備、著手實施重大犯罪或有人犯藏匿之處所者

本款參考德國聯邦與各邦統一警察法標準草案，是針對潛在犯罪行為而來，為防止所謂的「潛在危害」，針對易滋生犯罪之處所所採取之「身分查證」手段。所謂「潛在危害」是在警察取締時，尚未有危害發生，但卻隱藏將來有引發危害之情形。本款情形，在於阻止犯罪之發生，或有窩藏人犯之處所實施「身分查證」。

本款可適用在「公眾得進入之場所」中，若有事實足認於該場所內預備或著手實施重大犯罪，在此所稱之「重大犯罪」是指刑度較高且對公益

---

[4] 若與美國法比較「有事實足認」程度大約比擬所謂的「無任何合理之疑問」（beyond the reasonable doubt）可為有罪判決，其證據強度大約70%左右的發生可能性。

或私人利益造成重大影響者，例如於旅館房間內從事毒品交易或設置職業賭博之場所等。

5.滯留於應有停（居）留許可之處所，而無停（居）留許可者

本款係根據德國聯邦與各邦統一警察法標準草案第9條而來的，是針對特定之人，停留在特定處所之查證身分。例如，我國對外勞居留處所之監督，即屬此種情形。本款並不以具體危害為前提要件，只要有潛在危害即足以構成「查證身分」之要件。

6.行經指定公共場所、路段及管制站者

本款應與本條第2項對照觀察之。管制站設置之要件如下：

(1)設置之理由

本條第2項規定管制站設置之理由，必須是基於「防止犯罪行為之發生」或「處理重大公共安全秩序事件」。例如，集會遊行之際，警察於路口設置管制站，以檢查集會遊行之人有無攜帶攻擊性之器械；或為防止飆車而於路口設置管制站，或為緝捕要犯而設置管制站。

(2)設置之地點

首先為道路、公共場所或車站、機場等。至於「管制站」可分為兩種，其一為「法律規定」之管制站，如機場、港口等，另一，為特定目的或特定事件而臨時設置的檢查地點，本款所稱的「管制站」，是指後者。例如，警察於週末在餐廳聚集處必經的路口，設置「管制站」，進行酒測，即屬此。

(3)管制站設置之指定，係由警察機關主管長官為之

所謂主管長官，並不限於地區之分局長或局長，凡是於代表地區之長官皆屬之，如分局長不在時，副分局長亦屬之。本項「管制站」之設立，不以具體危害為前提，亦即，不以「合理懷疑」或「有事實足認」作為警察發動之要件，只要「警察機關主管長官」指定即可，而與本法第8條「對交通工具之檢查」，應以「已發生危害或依客觀合理判斷易生危害」的情形才可發動顯然有別。

(4)必要性之考量

「警察機關主管長官」在決定設置前，應考量是否有必要設置，在此「警察機關主管長官」應依合義務之裁量，而非不分時間與地點任意設置，若是如此，則屬恣意裁量，恐有違大法官釋字第535號之解釋，且違反「裁量原則」。

(5)管制得採取之措施

除查證身分外，應可包括對人以及對其所攜帶之物的搜索，但此應有特別法規定，始可為之。

(三)警察進入公眾得出入之場所之規定

本條所稱「公眾得出入之場所」，應指旅館、酒店、娛樂場所等，本條規定警察應於營業時間內為之，為的是避免干擾人民正當營業及生活作息。

在此所稱「營業時間」是指該場所實際從事營業之時間，不以其標示之營業時間為限。如何確定，通常是依警察對實際情形觀察或依附近居民所提供消息而確定之。

五、實務問題解析

(一)公眾得出入場所之查證身分

警察勤務重點多數在於查察有關賭博或色情的「公眾得出入場所」，如前所述，其應屬依大法官釋字第535號解釋「易生危害之處所」，是屬於本法所稱警察得「合法進入場所」，若欲對滯留該場所之人進一步實施查證身分，則必須符合本法各款情形始得為之。如酒店內發現搖頭丸，則符合本法第1款「合理懷疑」之情形，警察可對發現處附近之人查證身分。

(二)合法進入場所之限制

例如旅館內之私人已租用之房間，公共場所、公眾得出入之場所以及私人處所等是警察實施臨檢時首先面對的問題。警察對公共場所、公眾得

出入之場所的進入，一般而言較無問題。且警察職權行使法第6條第3項規定：「警察進入公眾得出入之場所，應於營業時間爲之，並不得妨礙其營業。」此即允許警察在無其他法律規定下，得進入「公眾得出入之場所」進行臨檢。但私人處所之進入，則應受到住宅相同之保障[5]，警察對於私人處所應依相關法律規定，如刑事訴訟法、社會秩序維護法、行政執行法等始得進入。至於所謂的「私人俱樂部」，這是警察執法上的困境，警察除非已有掌握犯罪嫌疑之資料證據，依據刑事訴訟法規定爲之或符合本條第4款之情形者，否則其應屬私人空間，應受住宅相同之保障。

實務上，爭議最大在於上述這些場所，經常並非單純只屬於其中一種態樣，因此，所涉及場所是否屬同種類的場所則有進一步分析之必要，例如，馬路旁檳榔攤通常是以鐵皮屋方式設攤的，檳榔攤前部分雖屬營業場所，但與此相連的後部分，則並不對外開放，此部分應受住宅的保障，警察若欲對後部分實施臨檢，則應有相關法令規定始可爲之。同樣地，旅館雖屬公眾得出入之場所，但若私人登記住宿的房間，則又屬私人住所。對其進入應有法律授權。

對於私人住宅之進入，警察執行勤務應注意「住宅」之保障，因此，目前實務上員警經常僅以「有人檢舉」即作爲進入之理由，是有問題的。

1.行政法上進入住宅的發動要件

我國行政執行法第40條以及警察職權行使法對私人住宅的進入，已侷限在「因人民之生命、身體、財產有迫切之危害，非進入不能救護時」的要件上，而將舊行政執行法第10條第1項第2款所稱「有賭博或其他妨害風俗或公安之行爲，非侵入不能制止者」之規定予以刪除[6]。因此，警察接獲檢舉，有人於旅社房間從事賣淫，此屬於違反社會秩序維護法第80條第1項第1款「意圖得利與人姦、宿者」，警察可否直接進入該房間內[7]？目前依法務部83年檢字第16231號函釋，若該房間已有登記出租給旅

---

[5] 在行政院所提出「警察職務執行條例」草案中，是有私人住宅保障之規定，雖然警察職權行使法並無規定，但釋字第535號之解釋文已有明文，警察執行職務時亦應遵守。

[6] 警察職權行使法並無授權警察基於妨礙社會秩序的違序行爲，而進入私人住宅之權。因此，對人私人住宅之進入除了即時強制所規定外，僅能是所謂犯罪的情形，才可爲之。

[7] 依法務部83年檢字第16531號函釋，旅館房間於出租旅客時，該旅客對該房間即取得使用與監督之

客時，該旅客對該房間即取得使用與監督之權，此時該房間於客觀上即不失為住宅之性質。在此情形下，警察冒然進入恐有違法之虞。因為此種違反並非犯罪只是秩序違反，並無授權警察得以進入私人住宅之權。

2.刑事訴訟法上之規定

　　警察進入私人住宅的動機，通常都是涉及「色情」或「賭博」等情形。而賭博罪有刑法第266條的「普通賭博罪」以及第268條「圖利供給賭場或聚眾賭博罪」等規定，目前警察遭遇最多是「普通賭博罪」場所認定的問題，依該條規定「在公共場所或公眾得出入場所賭博財物者」為限。

　　而刑法有關妨害風化的處罰對象僅及於圖利媒介者（刑法第231條），並不處罰嫖客。

　　因此，警察對於私人住宅之進入，首先必須審查是否符合刑法之構成要件，其次，程序上若屬有犯罪之情形，原則上應聲請「搜索票」。但我國刑事訴訟法第131條第1項第3款「有明顯事實足信為有人在內犯罪而情形急迫者」的「緊急搜索權」，若符合之，則警察可執行此種不要式之搜索。

　　如前所述，警察職權之行使經常遊走在「警察職權行使法」與「刑事訴訟法」間，有時會隨著警察狀況之發展，而進入另一階段中。

　　以上述鐵皮屋檳榔攤為例，前面部分屬對外開放的營業場所，警察可以進行臨檢，但後面部分，如是用門加以區隔而可分離時，應視其為私人住宅，縱使有人檢舉房間內正進行賭博，警察仍不得依本法實施臨檢，在此，只能探究是否符合刑法賭博罪的情形，刑法第266條的賭博是指「在公共場所或公眾得出入場所賭博財物者」，因此，若屬有隔離的房間則應視其為私人住宅，並不符合該構成要件，幾位認識之人消遣打牌，並不構成犯罪之要件。

　　權，此時該房間於客觀上即不失為住宅之性質；如旅客將其租用之旅館房間供多數人共同使用或聚集，例如供作開會之場所，或以之供作不特定多數人，隨時得出入之場所，則仍應視為公共場所或公眾得出入之場所，因此，該房間究屬私人居住之住宅、抑或公共場所或公眾得出入之場所？仍應就具體個案認定。

　　警察對於私人住宅之進入，除非警察認爲已經符合刑事訴訟法第131條第1項第3款「有明顯事實足信爲有人在內犯罪而情形急迫者」逕行搜索住宅或其他處所的情形。而所謂「情形急迫」屬於不確定法律概念，警察可就具體狀況判斷之。但若內部從事販賣毒品，不特定人士可自由進出，則另當別論，則該處所應不受私人住宅的保障，在此，應可符合所謂的「情形急迫」[8]。

第7條（查證身分之必要措施）

　　警察依前條規定，爲查證人民身分，得採取下列之必要措施：

　　一、攔停人、車、船及其他交通工具。

　　二、詢問姓名、出生年月日、出生地、國籍、住居所及身分證統一編號等。

　　三、令出示身分證明文件。

　　四、若有明顯事實足認其有攜帶足以自殺、自傷或傷害他人生命或身體之物者，得檢查其身體及所攜帶之物。

　　依前項第二款、第三款之方法顯然無法查證身分時，警察得將該人民帶往勤務處所查證；帶往時非遇抗拒不得使用強制力，且其時間自攔停起，不得逾三小時，並應即向該管警察勤務指揮中心報告及通知其指定之親友或律師。

一、參考依據

　　參考德國聯邦與各邦統一警察法標準草案第15條、第23條及韓國警察職務執行法第3條規定。

8　依法務部83年檢字第16531號函釋稱：「如旅客將其租用之旅館房間供多數人共同使用或聚集，例如供作開會之場所，或以之供作不特定多數人，隨時得出入之場所，則仍應視爲公共場所或公眾得出入之場所。」同樣地，若檳榔攤房間部分供不特定人進出，則不得視爲住宅，乃屬當然。

二、內容解析

(一)查證身分所採取之必要措施

查證身分所採取之必要措施,包括攔停、詢問、令出示身分證明文件、檢查等。「攔停」是指將行進中之人、車、船及其他交通工具,加以攔阻,使其停止行進,或使非行進中之人,停止其動作而言。

關於攔停,得否以強制力為之,警察職權行使法並無明文規定。參照警察職權行使法第7條第2項之規定,若警察無法依前項第2款、第3款之方法查證身分時,得將該人民帶往勤務處所查證,遇抗拒時尚得使用強制力,即使認於攔停階段不得使用強制力,一旦人民抵抗攔停,勢必將導致警察無法查證身分之後果,而進入到下一階段(亦即依照第7條第2項之規定,帶往勤務處所查證),而於此階段應得使用輕度實力加以阻止其進一步行動。雖無明文規定,但為達查證身分目的,本文認為以輕度實力攔停之,應屬合法。

詢問,應是指以口頭發問。詢問在身分查證程序中相當重要,詢問得體,不僅得快速有效確認相對人之身分,更可以迅速發現即將發生之危害或犯罪。詢問過程中,為確認相對人陳述內容之正確性,必要時得令相對人出示身分證明文件或其他相關證件(例如:駕駛執照、行車駕照或特許進入或停車之證件),惟訊問程序與令出示證明文件程序,係屬兩個獨立之程序,非必然緊接進行。若警察於詢問程序中已消除對相對人之所存合理懷疑時,即可毋庸進行令其出示身分證明文件等程序要求[9]。至於相對人得否對警察之詢問主張緘默權?按緘默權之適用範圍,應以不利益事項為限,個人之姓名、出生年月日、出生地、國籍、住居所及身分證統一編號等不涉及私人隱私之資料,原則上並非不利益之事項,應非緘默權所及[10]。

　　令出示身分證明文件,是指命受查證人提出其身分證明文件。「身分

9　參閱林明鏘,同前揭註1,頁152以下。
10　詢問與訊問不同,應是不具強制力,本條詢問內容非涉及隱私,若警察正當行使詢問時,當事人不得行使緘默權。

證明文件」（或其他相關證件），不以「官方證件」為限，但若證件之可信度低，或無照片等資料供臨檢警察勾稽核對時，即非適宜之證明文件，得令其再提出其他適宜之證明文件。然我國現行法令僅規定外國人有攜帶護照或居留證之義務，以及汽、機車駕駛人有攜帶駕、行照之義務，並未規定行人亦必須隨身攜帶身分證明文件，故不得僅以無法出示身分證明文件為由，率認顯然無法查證身分，而將人民帶往勤務處所查證。

　　警察於查證身分時，有告知義務，應對在場者告以實施之事由，若未著制服時，應表明身分，出示證件表明執行人員之身分（依第4條規定為之）。

　　茲就警察採取之措施，敘述如下：

1.攔阻權

　　查證身分是指警察詢問當事人之身分，並檢查其證件；查證身分前，警察依警察職權行使法第7條第1項第1款對「人、車、船及其他交通工具」實施「攔阻」之行為，依第1項第2款「詢問」以及第3款「令出示證件」等查證身分行為，若將其一起觀之，吾人稱之為「攔阻權」，由攔阻至身分查證等行為，性質為「行政處分」[11]。本條第1項第2款所列舉之事項，依立法旨意只要詢問上述所稱事項，即可達到查證身分之目的。至於，警察其他項目之詢問，如家庭狀況、婚姻狀況、或職業等則不包括在「查證身分」之範圍。

2.帶往

　　警察於現場執行「查證身分」時，若有無法確認身分時，例如有具體事實顯示，當事人拒絕陳述、或為不實陳述、或提供證件為「假證件」，而無法確認身分時，為達確認身分之目的，得帶當事人至警察處所[12]。警察職權行使法第7條第2項規定：「……警察得將人民帶往勤務處所查

---

[11] Kraft/Kay/Böcking, Eingriffsmaßnahmen der Polizei, 2.Aufl., 1992, S. 175.
[12] 在行政院版第8條稱「同行」，而非帶往，且列出三種「同行」要件，除「無從確定身分」外，尚包括「對受盤檢人將有不利影響」以及「妨礙交通、安寧」兩種狀況。草案之本條規定係參考釋字第535號解釋以及日本警察官職務執行法第2條第2項規定而來。若依日本警察官職務執行法的「同行」是沒有強制力的「任意同行」。因此，警察職權行使法第7條第2項以「帶往」取代「同行」，並賦予警察在遭受抗拒時，得使用強制力之權限。

證；帶往時非遇抗拒不得使用強制力，且其時間自攔停起，不得逾三小時……。」帶往屬行政處分，帶往之前提要件是「以無法確定身分」時為之。

3.對酒醉駕車者之查證身分

警察實施酒測，有兩種情形，第一為第6條第1項第6款設置管制站的「實施酒測」，第二為警察職權行使法第8條的「交通工具攔檢」，其中該條第1項第3款警察得採取「要求駕駛人接受酒精濃度測試之檢定」之措施。後者發動要件之要求比前者嚴格，必須「已發生危害或依客觀合理判斷易生危害」之交通工具；一般而言，警察於特定路口進行之酒測多數屬於前者設置「管制站」的情形。

(二)檢查與自我保護或保護他人

警察在執行「查證身分」必須注意到自身以及他人生命與身體之安全，本條第1項第4款即基於此，而授予警察得檢查其身體及所攜帶之物的權力。本款規定是屬必要[13]，給予員警執行勤務，能就具體狀況加以判斷，檢查其身體及所攜帶之物，以自我保護或保護他人。在此所稱之「檢查」為警察基於行政權之作用，有別於「行政搜索」（海關緝私條例參照）及「司法搜索」（刑事訴訟法參照）。因此，檢查時尚不得有侵入性（例如以手觸摸身體衣服內部或未得當事人同意逕行取出其所攜帶之物品）而涉及搜索之行為[14]，因此本款之檢查，只能用美國法所謂的「拍搜檢查」（Frisk），亦即，拍搜身體及所攜帶之物的表面，以察覺其物的特質。

所謂「有明顯事實足認其有攜帶自殺、自傷或傷害他人生命或身體之物」，係屬不確定概念之敘述，員警除就具體狀況判斷之，以自己經驗就現場狀況判斷，仍應有其他事實足以佐證。「有明顯事實足認」是指可能性相當高而言，比美國法所稱的「相當理由」可能性還要高，大約有百分

---

[13] 吾人發現員警執行車檢勤務，經常發生員警因而受傷或致死之情況，本款規定，即有彌補以往法律之不足。

[14] 內政部警政署編，同前揭註1，頁32。

之七、八十左右的可能性；「有明顯事實足認」必須有相當事實顯示，如有人密報、其他單位提供消息或依現場狀況顯示，如口袋或攜帶行李形狀顯示等。

本款規定是屬自我保護或保護他人之條款，在立法例中，實應另立一項規定之，不應包含在所謂查證身分的「必要措施」，一般所稱查證身分的必要措施，是指查證身分時所應採取之措施，如攔停、詢問人別、令出示證明文件等。而有關本條第4款之規定，其實也可能發生在警察執行其他勤務上，只要涉及員警或他人生命、身體之安全，皆可爲之，並非屬「查證身分」的必要措施。因此，應與前三款規定，分別規定之，始屬恰當。但若將本款之檢查只是爲查證身分而爲，則條文內容似不應如此規定，而應明文規定「爲查證身分所爲之檢查」。

(三)攜往警所之規定

本條第2項之規定，對於依前項第2款（詢問人別）、第3款（出示證件）之方法顯然無法查證身分時，警察得將人民帶往勤務處所查證。

本條規定在立法之際，曾就兩個「問題點」加以討論，其一爲帶往勤務處所，可否使用強制力之問題，另一爲帶往警所時間長短之問題。

1.可否使用強制力

不論行政院版或是陳其邁委員版本，對帶往勤務處所，都沒有規定在何種情形下，可使用強制力，以致在一次立法院的「警察職務執行條款」草案的討論會中，諸多學者以及與會的員警提出質疑，因此，在本次的立法中，特別注意此處，而增列「帶往時非遇抗拒不得使用強制力」之規定。該條立法用意在於解決實務上困擾，亦即，對於無法查證身分，卻又不聽從前往警所命令，該如何處置之問題。本項規定，只有在遭受抗拒時，才得使用強制力，使得警察在不侵犯人民權利下，完成查證身分之任務，是一項較符合實務之規定，解決無所適從之困境，堪稱「務實」之立法。

2.攜往勤務處所時間之長短

這問題是從訂定草案時，即一直辯論之問題。在本次立法時，立法委

員以及一同與會的警政署長就此也深切「討論」[15]。最後討論通過之時間為三小時。且計算之始點是從「攔停」時開始起算。也就是評估從攔停至帶往勤務處所之查證身分，三小時即已足夠。本項規定，考量警察執勤所需時間，並預防警察作一些與本事實無涉不必要之詢問，防止過度侵害人權。

3.帶往處分與人身自由剝奪及提審

帶往勤務處所查證是否屬人身自由之剝奪，有兩說：主張不是「人身自由剝奪」者，認為帶往只是為了執行查證身分，帶往至勤務處所只是暫時性措施，本身並非目的，故不是「人身自由剝奪」的措施[16]；而反對者認為帶往既然得以強制力為之，且當事人被帶往時，是處在不自由之情形，故應屬「人身自由剝奪」之措施[17]。在此，本文較贊成後說。

帶往時是否要經法官之核准，或應告知其律師或家人之程序，雖然此種帶往之目的主要在於確認身分，身分一經確認即應放行，由於是身分無法確認，且處理時間上有可能即時處理完畢，故事後申請法官之令狀已無任何意義，故本文認為法律賦予警察此種查證身分帶往權限，只是確認身分目的下的臨時措施，其並非逮捕，似乎並不違反我國憲法第8條「人身自由剝奪」程序之規定。惟應特別注意者，提審法於2014年1月8日修正公布，並自同年7月8日施行，警察職權行使法第7條第2項規定帶往勤務處所查證身分，屬提審法適用對象；警察執行時應向勤務指揮中心報告及通知其指定親友或律師，告知其提審權利，並同時交付「帶往勤務處所查證身分通知書」。

(四)違反查證身分規定的法效果

警察依本法於查證身分時，若被查證者不實陳述或拒絕陳述時，可否適用社會秩序維護法第67條第1項第2款之規定？該款「於警察人員依法

---

[15] 當時的王進旺署長曾於2003年3月27日之立法院審查會中提出德國警察有六小時之詢問權，而最後多數委員認為臺灣幅員不若德國廣闊，而折半為三小時。

[16] Rachor, Das Polizeihandeln, in: Lisken/Denninger (Hrsg.), Handbuch des Polizeirechts, 2.Aufl., 1996, F. Rdnr. 277.

[17] Christoph Gusy, Polizeirecht, 5.Aufl., 2003, S. 235.

調查或查察時」之規定，是否包括警察職權行使法之「查證身分」在內，則有進一步探討之必要。有人認為，兩法條所稱之構成要件中都有「姓名」、「住居所」之規定，社會秩序維護法第67條所稱的「依法」調查或查察，應包括依警察職權行使法在內，因此，依該款對當事人加以處罰應無問題。

持反對者認為，被查證身分者，通常並非處在違法之情形，若只因其拒絕陳述姓名或住居所，而加以處罰，則顯有未公之處。此外，實務上，當事人除拒絕陳述外，依本法並對警察之查證身分當場異議，此時，若仍對之加以處罰則有問題。

查證身分只是一種「身分之確認」而已，其與刑事訴訟法所稱的「人別訊問」有相同效果，因此，其並非有關案件事實之訊問，而此種「身分之確認」對當事人權利影響輕微，且屬警察執法之所必要，基於此，對此查證身分措施，當事人應有忍受之義務，因此，違反此義務，本文較傾向贊成處罰之說。

三、爭議問題

(一)針對民眾於警方執行勤務時，可否自行錄音、錄影部分？

針對於此曾作出兩號函釋，敘述如下：

1.法務部101年9月13日法檢字10104149290號函主要內容如下：

個人縱於公共場域中，亦應享有依社會通念得不受他人持續注視、監看、監聽、接近等侵擾之私人活動領域及個人資料自主，而受法律所保護（釋字第585號、第603號、第689號解釋意旨參照）。民眾向司法警察人員陳情、檢舉或接受行政事件調查時，得否自行錄音乙節，因涉及承辦人員或其他在場人員之個人隱私權益，除有當事人允諾或法律明文規定者外，其隱私權之保護與一般人並無二致，是民眾於向司法警察人員陳情、檢舉或接受行政事件調查之場合自行錄音或錄影，除法律另有規定外，原則上應經在場人員之同意，始得為之。至民眾如未獲同意而擅自進行錄音、錄影，司法警察人員本得視情節加以制止，如民眾因而涉有刑法第135條第1項妨害公務罪嫌者，並得依法究辦。

本號函示曾遭民眾莫大的抗議，法務部乃廢止本號函釋作出下一號函釋。

2.法務部於102年2月8日法檢字第10204503780號第二次函復警政署提供完整之意見如下：

(1)就刑事調查部分

A.按偵查，不公開之，刑事訴訟法第245條第1項定有明文。上開規定之立法目的，係基於偵查密行及無罪推定原則，為維護偵查程序之順利進行及真實發現，兼顧保障被告、犯罪嫌疑人、被害人或其他利害關係人之名譽、隱私、安全（「偵查不公開作業辦法」第2條參照）。

B.若民眾於向司法警察機關檢舉或接受刑事案件調查時，得自行錄音或錄影，恐有礙上開立法目的，是民眾應不得自行錄音、錄影。

(2)就其他陳情、檢舉或行政調查部分

A.於公開場所

a.自然人為維護其本身權益之必要，基於單純個人活動目的，或在公開場所，於其向公務機關陳情、檢舉或接受行政調查時，自行錄音、錄影行為，如符合個人資料保護法第51條第1項第1款、第2款規定，並無個人資料保護法之適用。

b.民眾為維護其本身權益，對於司法警察人員執行勤務之現場狀況，予以錄音、錄影行為，並不侵害司法警察之隱私權，自不得擅以未經司法警察同意為由，予以阻擾。惟實施錄音錄影者，仍應斟酌現場狀況，依比例原則權衡利益，避免對於司法警察人員之人格權（含肖像權）有過度侵害情事（例如針對警察人員個人臉部為特寫式拍照或錄影者，因已逾維護民眾自身權益之必要性，該等行為即不宜為之）。

c.至於私人錄音、錄影之行為，如涉及相關法律明文限制或禁止者，應優先適用該特別規定認定其可否為之。

B.於非公開場所

民眾至機關場所內陳情、檢舉或接受調查時，因處於非公開之場所，故認其非屬公開行為，則民眾在該公營造物內，應服從公營造物之秩序

權。是以，機關基於考量內部安全及財產管理權之需求，得視具體個案情形，對民眾之錄影及錄音等行為有同意、限制或禁止之權限，民眾自應遵守之。

C.民眾向司法警察（官）陳情、檢舉或接受行政、刑事調查時，如有對於依法執行職務之警察人員施強暴脅迫之情形，而符合刑法第135條妨害公務之構成要件者，司法警察（官）得以刑法妨害公務罪究辦。

總之，法務部本號函釋承認民眾權利。針對法務部本號函釋，有認為「於非公開場所」民眾為確保其權益，仍得對員警錄音、錄影[18]。

(二)警察為確保自身安全，是否可以執行錄音錄影，若是，其資料應儲存多久？

此點我國警察職權行使法並無規範，從民眾隱私權以及資訊自決權應有規範之必要。

警察基於自身權益之確保，通常會配戴密錄器，但資料儲存多久，本法並無規定，因此，建議未來可以立法加以規範。

第8條（攔檢之要件與程序）

　　警察對於已發生危害或依客觀合理判斷易生危害之交通工具，得予以攔停並採行下列措施：

　　一、要求駕駛人或乘客出示相關證件或查證其身分。

　　二、檢查引擎、車身號碼或其他足資識別之特徵。

　　三、要求駕駛人接受酒精濃度測試之檢定。

　　警察因前項交通工具之駕駛人或乘客有異常舉動而合理懷疑其將有危害行為時，得強制其離車；有事實足認其有犯罪之虞者，並得檢查交通工具。

---

[18] 曹昌棋，論對警察反蒐證的爭議，警專學報，第5卷第7期，2014年4月，頁13。

一、內容解析

(一)針對車輛之檢查

本條與前述第6條及第7條規定有別，本條是專門針對「交通工具」之檢查，而第6條與第7條則是有關「人」的查證身分。交通工具也是由「人」來駕駛，因此，主要也是要對車上之人加以查證，結果與前述對「人」的查證身分相同，但為了仍與前述之情形加以區別，本條對於交通工具檢查有特殊事由之規定「已發生危害或依客觀合理判斷易生危害之交通工具」，才得實施檢查，不得恣意為之。本項規定，是取自於行政院所提版本。所謂「依客觀、合理判斷易生危害」係指警察依據客觀事實及專業經驗，所作合理判斷，認為該交通工具有易生危害之情形。例如，警察接獲相關單位通報或民眾檢舉，知有通緝犯或犯罪嫌疑人利用車輛朝某方向逃逸，對其可能經過路段及所利用之相同類型車輛，予以實施攔停及檢查，即是基於客觀合理之判斷[19]。又如，依車輛行駛狀況，駕駛人似有喝酒情形者亦屬之。

二、得採取之措施

警察對交通工具實施攔停，因所發生狀況不同，有可能基於「查緝贓車」或「酒醉駕車」，因此所採之措施，除第1款「要求駕駛人或乘客出示相關證件或查證身分」外，第2款有關「檢查引擎、車身號碼」應係針對查緝可疑車輛，而第3款「酒精濃度之測試」，則針對酒醉駕車之情形。

有關第1款「要求駕駛人或乘客出示相關證件或查證身分」，有人提出本款包括「乘客出示相關證件或查證身分」是否得當之問題，這是一個值得探討之問題，但從保護員警值勤的安全角度觀之，警察目的只是在查證身分而已，查證身分措施如前所述，對乘客權利之侵害尚屬輕微，且本款的對象為「交通工具」，是以包括車輛內「駕駛人或乘客」作為考量；

---

[19] 參閱行政院版所提草案第5條的立法理由說明。

此外，本條對「交通工具」檢查是以「得」採取措施，亦即，在此警察仍有裁量之餘地，決定是否對乘客要求出示相關證件或查證身分。因此，要求乘客出示相關證件或查證身分，仍屬警察裁量之範圍，本規定應無不當。

(一)檢查引擎、車身號碼或其他足資識別之特徵

所謂「其他足資識別之特徵」，係指該交通工具之特有零件廠牌、規格、批號及其所有人所爲之特殊識別證號（如車紋身）等。

(二)酒測之檢定

本款之規定，在於補充道路交通管理處罰條例第35條之規定，本條款之規定，酒精濃度測試之檢定，首先是涉及駕駛人拒絕測試警察應如何處理之問題。在此，吾人應先區分駕駛人當時之情形，若駕駛人已發生交通事故，遭致人車傷亡時，則依道路交通管理處罰條例第35條第6項規定「強制移由委託醫療或檢驗機構對其實施血液或其他檢體之採樣及測試檢定」，亦即，可強制抽血。

對駕駛人實施酒測，若當事人拒絕接受「酒測」，是否可依道路交通管理處罰條例第35條第4項規定處罰，有探討之必要。有謂，應就具體狀況先確定駕駛人有喝酒駕車情事，才以該條作爲處罰時，若當事人僅是拒絕，且觀察其並無喝酒之跡象，則不符該條處罰之規定。如經觀察其有喝酒情事而拒絕酒測，則可依道路交通管理處罰條例第35條第4項規定，處新臺幣十八萬元罰鍰，並當場移置保管其車輛及吊銷其駕駛執照及施以道路交通安全講習；如肇事致人重傷或死亡者，吊銷其駕駛執照，並不得再考領[20]。

但本文認爲，道路交通管理處罰條例第35條第4項的構成要件爲「拒絕第一項（酒精）之測試[21]」，只要當事人拒絕測試，即符合該項構成要件，至於如何處罰應屬警察機關之裁量權。

---

[20] 實務上發生，警察設置路障進行酒測，而當事人不搖下車窗，而無從檢測時，警察可否採取進一步強制措施，則有探討之必要。警察在車窗上以書寫文字方式，告知進行酒測，若當事人無所動而無法進行時，若警察貿然採取打破車窗進行酒測，則恐有破壞個人財務而有違法之虞。

[21] 該項測試包括，酒精、毒品、迷幻藥、麻醉藥品以及其他類似管制藥品等之測試。

(三)自我保護與採取搜索之措施

　　警察攔停前述交通工具，必須作好自我防衛措施，因此，警察因駕駛人或乘客有異常舉動而合理懷疑其將有危害行為時，得強制其離車，以確保員警自身安全。在此，所謂「合理懷疑」是依據員警之經驗判斷為已足，只要員警依現場情況，判斷有異常舉動之虞，即可強制其離車。

　　至於本項後段所稱「有事實足認有犯罪之虞者」，並得檢查交通工具，係指何種範圍，是侷限在有關可能攻擊員警之犯罪上，或包括所有犯罪，例如，車上藏有毒品或手槍等。本文認為，應採後者較為妥當，所謂檢查交通工具，除車內，尚包括行李箱在內。至於「有事實足認」有犯罪之虞者，應比「合理懷疑」更具可信度，例如有民眾舉發或有關機關提供消息，得知該車輛有運送毒品或槍械之嫌疑，此時，應符合此種情形，警察得以檢查交通工具。至於「檢查」交通工具與「搜索」有何不同？有法院認為，「檢查」僅能得以目視之方式，並不得為物理上之翻搜。若逾越這些界線，必須先取得搜索票等，符合法官保留，才得進行。

三、爭議問題

(一)拒絕酒測，可否依違反道路交通管理處罰條例處罰？

　　對駕駛人實施「酒測」，是否可依道路交通管理處罰條例第35條第4項規定處罰，有探討之必要。有謂，應就具體狀況先確定駕駛人有喝酒駕車情事，才以該條作為處罰時，若當事人僅是拒絕，且觀察其並無喝酒之跡象，則不符該條處罰之規定。如經觀察其有喝酒情事而拒絕酒測，則可依道路交通管理處罰條例第35條第4項規定，處新臺幣十八萬元罰鍰，並當場移置保管其車輛及吊銷其駕駛執照及施以道路交通安全講習；如肇事致人重傷或死亡者，吊銷其駕駛執照，並不得再考領。

　　本文認為，道路交通管理處罰條例第35條第4項的構成要件為「拒絕第一項（酒精）之測試」，只要當事人拒絕測試，依道路交通管理處罰條例第35條第4項規定，可處新臺幣十八萬元罰鍰，並當場移置保管其車輛及吊銷其駕駛執照及施以道路交通安全講習；如肇事致人重傷或死亡者，

吊銷其駕駛執照，並不得再考領。

(二)民眾拒絕酒測，甚至拒絕搖下車窗接受檢查？

　　警察要求駕駛人接受酒測、檢查引擎、車身號碼，或是要求乘客出示相關證件，而駕駛人或乘客如待在車內拒絕酒測不肯搖下車窗，警察依本條第2項規定，可強制其離車。但若仍不依從搖下車窗，警察可否運用強制力？本文認為不宜，但可伺機讓其下車，接受檢查。

　　又，汽車駕駛人拒絕接受酒測，如上述依道路交通管理處罰條例第35條第4項規定，可處新臺幣十八萬元罰鍰，並當場移置保管其車輛及吊銷其駕駛執照及施以道路交通安全講習；如肇事致人重傷或死亡者，吊銷其駕駛執照，並不得再考領。

(三)酒測器準確性？定期校正規範？

　　酒精測定器所檢測出的呼氣酒精濃度值，具有一定範圍的誤差，而誤差的大小更可能影響駕駛人的行政處分及刑事責任，不可不慎；目前國內駕駛人在接受酒精檢測時，對儀器精確度存疑者，尚屬少數，這是因為大家對酒精測定器的使用原理尚未建立觀念，但以目前社會資訊傳播的快速及普及，相信不久將來，社會輿論一定會對酒精檢測儀器要求認證核可證明，以保障民眾基本權利。而我國經濟部標準檢驗局「度量衡器施檢規範」中有關呼氣酒精測試器及分析儀施檢規範部分規定，新購之呼氣酒精測試器必須先經檢定合格（檢定合格有效期間為一年，但屬呼氣酒精測試器者，於檢定合格有效期間內達1,000次者，亦視同屆滿檢定合格有效期限）。

(四)經實測吐氣所含酒精濃度，得否扣除公差值0.02毫克？

　　經實測吐氣所含酒精濃度，如無儀器故障或操作失誤等情況，得否適用度量衡相關法規「公差」規定之適用而扣除公差值0.02毫克？臺灣高等法院暨所屬法院106年法律座談會刑事類提案第8號認為，呼氣酒精測試器及分析儀公差值之容許值，係在於說明該儀器須經測定符合該公差值，使合乎標準，方得用以進行檢測，尚不得認檢驗合格之儀器設備，必存有

必然之誤差值；亦非該儀器檢測之結果，須考量公差值，故自不允許執行酒測之公務員，自行加上公差之可能最大值，以作為呼氣酒精濃度之最大值而為不利行為人之認定，同理，亦不容許行為人以實際測得數值減去公差之可能最大值，作為其酒測值，否則，顯違背以「合格」科學儀器取得證據資料之立法本旨。

壹、前言

　　警察兩大任務，一為防止危害，另一為刑事追訴。前者為警察行政法上之任務，其屬於所謂的「預防性的警察活動」（präventivpolizeilich Tätigkeit），後者是屬於刑事追緝之活動，又稱所謂的「事後追緝行為」（represssive Handeln）。兩者各屬不同的法範疇，但對警察而言，卻仍有諸多措施，處於兩者交界之處或難以劃定其歸屬之處。

　　為彌補此種法律缺憾之處，德國的警察法將警察任務範圍擴充至所謂的「犯罪行為預防性的抗制」（vorbeugende Bekämpfung von Straftaten），其包括追訴將來性犯罪所為的預先防備（Vorsorge für die Verfolgung Künftige Straftaten），以及犯罪預防兩項目[1]。此即所謂的「警察預先防備原則」（Vorsorgeprinzip），其是為面對改變中的犯罪情況而產生，諸如逐漸增多的暴力型犯罪、組織犯罪、恐怖組織……等，因此而生，最明顯警察活動則是對這些犯罪型態的資料預先蒐集，就是吾人所稱警察「資料蒐集」的權限。德國聯邦行政法院將此種「預先準備的刑罰追訴」，基於其預防之目的，而將其劃歸於警察防止危害的任務[2]。雖然德國聯邦憲法法院卻因其在功能上與刑事追訴無法截然分割，因此，視為「刑事訴訟程序」之一部分[3]。但德國立法政策上卻仍將此種新增的任務，歸之於警察危害防止之任務，於警察法中規定之。

　　然而，歐美地區，隨著恐怖主義之高漲如美國2001年911事件以及

---

[1]　犯罪預防基於其以預防為目的，毫無疑問地應將其歸之於警察危害防止的任務上。

[2]　BverwG NJW 1990, 2765 (2766 f).

[3]　BverfG (K) DVBL 2001, 454.

2015年11月13日法國巴黎恐怖攻擊等事件，讓歐美國家感受治安之重要性，而不斷增加警察於資料處理上之職權，加上科技日新月異，犯罪型態變化不只使得原本的警察職權產生變革，亦促使執法機關偵辦案件時透過資料蒐集手段不斷的翻新。警察蒐集資料時善用科技工具爲達維護公共安全的積極目的，卻也相對地導致警察的職權與執法行爲可能因此踩到了侵害基本人權的紅線。

德國警察法也不斷擴充警察職權，逐漸發展出警察第三類「犯罪預防」之權限，此部分不受其他機關之牽絆，也無須聽命檢察官之指揮監督。

最近幾年德國警察職權，已明顯擴充至情報通訊監察之部分，如房屋內外裝設錄音錄影設備，亦即，所謂的大、小監聽，利用線民或臥底以及所謂的資料比對，警察已有的資料與他機關或私人所提供資料之比對（Rasterfahnung）等，再再顯示警察之工作已有相當程度之通訊監察之工作。此外，警察也利用科技來執行職權，增強警察之破案率[4]。德國在資料蒐集部分最近幾年不斷擴充警察職權，確實造成侵犯人權憲法上之疑義，有下列幾點爭議是值得我國參考與警惕，於以下說明之：

一、德國警察在人民集會遊行時使用高精密的攝影機，而做全覽式的攝影，以監控集會遊行的活動。此一行爲因沒有以犯罪行爲做前提，訂定於集會遊行法規中而施行，被聯邦憲法法院宣告違憲。

二、德國立法規定，警察得以要求電信與網路業者儲存一般民眾使用者的瀏覽網頁紀錄以及與使用電話的通聯紀錄，並提供給偵查機關、警察與檢察官使用。歐盟於2006年訂定準則性法規（Richtlinie），德國也於2008年轉化爲法律（das Gesetz zur Vorratsdatenspeicherung），該法規於2010年3月2日時被聯邦憲法法院宣告違反基本法第10條第1項秘密通訊自由而違憲[5]。

德國警察使用IMSI追捕器（IMSI Catcher）透過行動電話號碼擷取

---

[4]　Michael Bäuerle, Polizeirecht in Deutschland, 14.11.2008, S.1-5, http://www.bpb.de/apuz/30824/polizeirecht-in-deutschland?p=all (Letzter Abruf: 21/1/2016).

[5]　https://de.wikipedia.org/wiki/Vorratsdatenspeicherung (Letzter Abruf: 21/1/2016).

器調查行動電話手機序號（國際識別碼IMEI）、行動電話號碼識別碼（IMSI）、行動電話位置以及車輛GPS定位系統追蹤器，進行一般民眾的位置存取與定位，聯邦憲法法院認定其僅為位置確認之用，並無侵犯人民基本權，故沒有被宣告違憲[6]。

三、德國警察職權之發展，是因應該國國內之需要，我國並無面臨此種困境，但因應恐怖主義之蔓延，我國警察職權行使法也可以思考對資料之蒐集作若干改變。

我國警察職權行使法第9條的「公開集會的攝影、錄音」、第10條的「公共場所的資料蒐集」、第11條的「長期監視」、第12條與第13條的「線民」、第14條的「通知到場」、第16條「資料之傳遞」、第17條「資料之利用」等警察資料蒐集的職權，都是與此種「預防犯罪行為發生的準備」為發動有關，由於此種發動情況並非建構在犯罪行為已開始之階段，要確保人民權利，勢必在實質的發動要件及程序上作嚴格的限制，才屬恰當。

貳、警察職權行使法上之資料處理

一、警察資料蒐集發動之依據

警察資料蒐集之發動有基於防止危害或基於犯罪行為預防性的抗制。所謂危害，是指一事實狀態或一行為，若不及時加以阻止，足以對公共安全或公共秩序產生損害之虞者稱之。而所謂「犯罪行為預防性的抗制」是指犯罪行為或危害尚未發生的前階段，又稱為「危害預防（Gefahrvorsorge）」，其任務在於預防犯罪，亦即，預防將來性犯罪行為發生的預先準備，以及採取必要的準備措施，以對應此種危害案件[7]。我國警察職權行使法第9條以下的資料蒐集，屬於此種「危害預防」之情形。

---

[6] BVerfG,2 BvR 58/01 vom 12.4.2005 (GPS im Strafverfahren).
[7] Christoph Gusy, Polizeirecht, 5.Aufl., 2003, S. 197.

二、警察資料處理所涉及的基本權利

警察活動大都與資料蒐集有關。廣義的資料蒐集，包括警察職權行使法第二章的身分查證以及資料蒐集，因為警察查證人民身分行為其實也是資料蒐集之一種。而狹義的資料蒐集，專指警察職權行使法第9條以下，警察利用科技或第三人的資料蒐集職權。

警察的資料蒐集活動，若所蒐集的是與個人有關之資料，則涉及所謂的資訊自決權。此種資訊自決權擔保個人有權自己來決定其個人資料的使用或放棄使用。若欲對此加以限制，僅在「公共利益」情形下，始可為之，並僅得以法律限制之[8]。因此，任何警察之資料蒐集，若未經當事人同意志願提供時，皆屬對其權利的干預。

三、資料處理目的拘束之原則

警察對個人有關資料之處理，受「目的拘束」原則之適用。警察以該目的所蒐集之資料，僅能以該目的加以利用、儲存或傳遞。

一般而言，仍有例外之規定，如：

（一）作為警察教育與訓練之用；

（二）作為統計，文書檔案之用；

（三）作為刑法追訴之用等[9]。

四、資料處理之有關步驟

警察資料處理最重要之原則，為憲法所保障之「比例原則」。資料之取得、儲存、傳遞以及資料之銷毀，都必須符合「警察的目的」，以此來決定，哪些資料應蒐集、儲存或銷毀。資料處理通常可包括幾個階段：

---

[8]　Stefen Zeitler, Allgemeines und Besonderes Polizeirecht fur Baden-Wurttemberg, 1998, Rdnr. 365f.

[9]　Josef König, Eingriffsrecht, Massnahmen der Polizei nach der Strafprozessordnung und dem Polizeigesetz Baden-Württemberg, 1997, S. 410.

(一)資料蒐集的原則

取得個人有關的資料，此階段的發動，須法律有規定才可。資料的蒐集一般原則如下：

1.以蒐集當事人個人資料為原則

若不可避免而及於當事人以外的第三人，如隨行之人，則可為例外之規定。

2.以公開蒐集方式為原則

通常若警察之資料蒐集，係針對特定事件，對象並非確定時，如警察職權行使法第9條、第10條等，以公開蒐集方式為之，對人權保障較為周全。但若以公開蒐集方式為之，無法或相當難以達到警察之目的，則以秘密方式為之，例如，長期跟監、第三人蒐集資料等。由於秘密方式對當事人權益侵害較為嚴重，因此法律要有更嚴格規定。

(二)資料的加工處理

如儲存、變更或傳遞以及銷毀、更正或封鎖資料等。

所謂資料之儲存是指將所蒐集到的個人資料，整理並保存在資料庫中，以利進一步之使用[10]。

資料儲存之目的在於預防犯罪、防止危害之發生，因此，儲存個人有關資料之前提要件是相關人有犯罪之嫌疑。是否有犯罪之嫌疑，則屬警察的「預測」（Prognose）[11]。若已無犯罪之嫌疑，則儲存目的已不存在，即應註銷或銷毀該個人資料。資料儲存通常會有期限之規定。相關人針對警察的資料儲存得享有下列之請求權：

1.提供消息請求權

若不危及其他重大公共利益，則有權要求。

---

[10] Wolf-Rüduger Schenke, Polizei-und Ordnungsrecht, 2.Aufl., 2003, §3, Rdnr. 176.
[11] Bäumler, Polizeiliche Informationsverarbeitung, in: Lisken/Denninger (Hrsg.), Handbuch des Polizeirechts, 2.Aufl., 1996, J. 637ff.

2.資料更正請求權

若所儲存之資料並非正確。

3.註銷或銷毀請求權

若目的已消失或不被允許儲存，或法律明文規定應註銷或銷毀[12]。

資料之變更，是指對資料內容的調整，經常是將一資料與其他資料整合，而變更得出另一資料[13]。資料之傳遞，是指將資料傳送給第三人或其他機關或供其閱覽。

資料之註銷是指將資料從資料庫排除之，而資料之銷毀，則是指毫不留痕跡，永遠的銷除。

資料的加工處理都受「警察目的拘束」之原則，亦即，資料只能作符合目的之使用。凡資料之儲存、傳遞，非屬符合目的之使用，都屬違法。

在上述的階段中，以資料蒐集最為重要。

五、資料蒐集方式與手段

一般而言，就資料蒐集整體而言，可由警察本身（如查證身分）、警察透過科技工具（長期跟監）或透過第三人（所謂的線民）對當事人進行資料蒐集。就所採取監視手段而言，警察可自己本身監視或透過科技工具蒐集資料，就監視工具設置而言，又區別為公開式的與隱藏式的監視器。我國警察職權行使法第10條對公共場所或公眾得出入之場所之裝設監視器，並無規定是公開式或隱藏式，依立法意旨觀之，應是指兩者皆包括之。從對當事人或其他不相干之人，因出現在公共場所而被蒐集攝影，警察以公開式方式，對其權利之保護，當然優於隱藏式之蒐集。而警察自行蒐集資料的正確性與可信性，當然優於經第三人的資料蒐集[14]。

---

[12] Christoph Gusy, Polizeirecht, 5.Aufl., 2003, S. 133.
[13] 市中心有暴動的集會（甲資料），A在該市中心正參與一集會（乙資料），以上兩資料加以比對，A在該市中心正參與此暴動之集會，此得出結果為資料之變更。
[14] Christoph Gusy, a.a.O. (Fn.12), S. 99.

參、資料處理逐條釋義

第9條（集會遊行活動資料之蒐集）

　　警察依事實足認集會遊行或其他公共活動參與者之行為，對公共安全或秩序有危害之虞時，於該活動期間，得予攝影、錄音或以其他科技工具，蒐集參與者現場活動資料。資料蒐集無法避免涉及第三人者，得及於第三人。

　　依前項規定蒐集之資料，於集會遊行或其他公共活動結束後，應即銷毀之。但為調查犯罪或其他違法行為，而有保存之必要者，不在此限。

　　依第二項但書規定保存之資料，除經起訴且審判程序尚未終結或違反組織犯罪防制條例案件者外，至遲應於資料製作完成時起一年內銷毀之。

一、參考法條

(一)德國集會遊行法第12條a

　　本條是參考德國集會遊行法第12條a的規定而來。德國集會遊行法是在1989年9月6日修法而增列，是為了配合有關刑法修正，禁止集會遊行「蒙面」而來的。德國集會遊行法修正主要原因在於1986年以來集會遊行中逐漸增加暴力行為，1987年秋季甚至兩名警察在法蘭克福機場集會遊行中被攻擊致死，因而修正引入該條文[15]。

　　該條文之引入在實務上，尤其是在基本人權保護上，引起相當之爭議。為了公共安全上集會遊行之利益而與個人資訊自我決定權（informationelle Selbstbestimmung）產生極大的衝突[16]。

(二)通訊保障及監察法第17條第1項

　　通訊保障及監察法第17條第1項：「監察通訊所得資料，應加封緘或其他標識，由執行機關蓋印，保存完整真實，不得增、刪、變更，除已供

---

[15] Krüger, Versammlungsrecht, 1994, S. 87f .

[16] Kniesel, Versammlungswesen, in: a.a.O. (Fn.11), H. 394.

案件證據之用留存於該案卷或為監察目的有必要長期留存者外，由執行機
關於監察通訊結束後，保存五年，逾期予以銷燬。」

二、內容解析

(一)警察運用照相、錄影、錄音或其他科技工具蒐集資料

1.場所之限制

限於室外的集會遊行或其他公共活動。第9條所稱「集會遊行」，由
於我國的集會遊行法僅規定室外的集會遊行須向主管機關申請許可，因
此，室內之活動應屬人民的集會自由權，無須許可。警察非有法定原因
外，不得恣意介入，其並受住宅不得侵入的保障。

本條之「集會遊行」應是指室外的集會遊行。所謂「集會遊行」是指
二人（或有稱三人）以上，基於「共同目的」的意思聯結，所為之公開聚
集之示威活動。在此「共同目的」是相當重要的要素，若僅是偶然的聚
集，如一些街頭活動產生之聚集，街頭賣藝、臨時事故等所聚集之人群
等，則非屬之[17]。

所謂「公共活動」是指，由自然人或法人以娛樂、教育或其他目的，
不侷限特定參加人數，所組織集合而成的活動[18]。諸如婚、喪、節慶活
動、體育活動、展覽會等，基此活動而聚集相當人數。此種活動，依我國
集會遊行法第8條之規定，無須申請許可。但此種公共活動因聚集相對人
數，可能因內在騷動因素而引發危害或有犯罪之虞隱藏其中，因此，警
察若發現所謂危害或犯罪之虞，應可使用現代科技工具本來蒐集有關資
料[19]。例如，我國幫派堂口公開之婚、喪、喜慶活動屬警察特別注意之情
形。「其他公共活動」，例如選舉期間的競選活動。

2.有事實足認其對公共安全或秩序有危害之虞者

所謂「有事實足認有危害之虞」，並非僅是抽象的經驗法則或員警個

---

[17]　Meixner/Martell, Gesetz über die öffentliche Sicherheit und Ordnung Sachsen-Anhalt, 3.Aufl., 2001, §16, Rdnr. 4.

[18]　Meixner/Martell, a.a.O. (Fn.17), Rdnr. 3.

[19]　Mokker/ Wilhelm, Allgemeines Polizei-und Ordnungsrecht, 4 Aufl., 1995, S. 161.

人的猜測，而是應有事實足以作爲預估相關人之舉動有危害公共安全或秩序之虞，才屬成立[20]。有人認爲，「此種事實」之認定，應在於集會遊行或公共活動之際，並不包括遊行前的準備活動在內[21]。持反對說認爲，警察事前由欲實施暴力者的準備活動或宣傳單，或所徵召的參與者等，已認知到有危害「公共安全或秩序」之虞者，亦屬之。本文贊同之。

另外，有人認爲，若僅爲了警察勤務、教學之用，而爲之攝影、錄音，則並在本條所稱「危害公共安全或秩序」之列，且其目的，並非在於「查證身分」，因此，以教學之用爲由，不受本條之規範[22]。

持反對說認爲，攝影、錄音等已干預當事人集會遊行權與資訊自決權，國家（警察）透過此種不可預知的監督，使人民產生恐懼，而憚於實施受憲法保障的集會遊行權，且因人民也不知，警察將所蒐集作何種目的使用，而心生恐懼[23]。本文認爲，以現代科技現場所爲之攝影、錄音，其清晰程度已足於達到確認當事人之目的，因此，仍應符合本條要件之規定，始可爲之。

3.對象僅及於現場活動的滋擾者

資料蒐集措施之相對人，原則上爲危害肇因者，亦即，所謂的「滋擾者」，其必須是造成對公共安全或秩序有危害之虞的干擾者（Störer）。而未參與滋擾行動者或旁觀者的非滋擾者，僅在事實上或技術上無法避免時，才准許之。此即所謂「當事人原則」。

4.採用攝影、錄音或其他科技工具

本條之規定，是以達到「攝影、錄音」目的的手段爲準，並不限制使用何種手段，因此，符合本條所規定「攝影、錄音」的手段皆爲合法。所謂其他科技工具，包括使用先進技術以達到錄音、錄影之目的皆屬之。因此，若僅採用觀察或利用其他器具如望遠鏡之類，而無攝影、錄音等作用

---

[20] Krüger, a.a.O. (Fn.15), 1994, S. 92.
[21] Ebenda.
[22] Ebenda.
[23] Dietel/Gintzel/Kniesel, Demonstrations-und Versammlungsfreiheit, 12.Aufl., 2000, §12a, Rdnr. 14f; Stefan Zeitler, Versammlungsrecht, 1994, S. 114f.

時，尚非屬對人權之干涉，無本條之適用。

(二)涉及的基本權

此種攝影、錄音等蒐集資料之活動，因為其是針對特定對象，屬於個人有關資料之蒐集，涉及當事人資訊自決權以及集會遊行權，尤其是憲法所保障之「集會遊行權」，因為人民希望該項自由權是在不受監視下自由去進行。因此，此種攝影、錄音為具有干預性質之活動，須有法律之授權，始得為之。

此外，警察為此種攝影、錄音等蒐集資料之手段，是以「公開方式」或「隱密方式」蒐集，本法並無規定。所謂「公開方式」是指，從事該項活動是在被蒐集資料者，可透過警察蒐證活動而可直接觀察得出者。反之，「隱密方式」則屬於秘密的蒐證。

吾人以德國為例，並比較本法第11條以及第12條的「隱密蒐集」等手段，其都採取嚴格程序，必須經由警察局長或分局長之同意或核准觀之，本條之蒐集資料，並無須經「核准」之規定，因此，原則上似仍以「公開方式」蒐集為當[24]。但由於集會遊行中，警察經常深入人群中蒐證，有時因群眾情緒無法控制，若以公開方式為之，恐會因而對員警生命、身體安全造成威脅，且本法對蒐集方式也無明文規定，若採「隱密方式」蒐集，亦並不違法。

(三)取得資料的處理

1.應即銷毀之規定

本條第2項規定，於集會遊行或其他公共活動所蒐集之資料，於該項活動結束後，應即銷毀。本項所規定之銷毀，不必經由申請，警察應基於本身職權，在活動結束後，若無其他例外情形，應主動銷毀所蒐集之資料。所謂「應即銷毀」，是指在主管機關所能支配的人力與技術情形，在無過失的遲疑下去進行之，因此，不必要在事後即時為之。

下列兩種情形，蒐集之資料無須即時銷毀：

---

[24] Kniesel, a.a.O. (Fn.16), H. 396.

(1)調查犯罪行為

這些集會遊行中或其他公共活動中所蒐集資料，與刑事調查犯罪行為有關，例如，於集會遊行中當事人（滋擾者）之行為，依警察之經驗與刑事犯罪上之認知，將可能符合某些刑事的構成要件，而有保存之必要者[25]。

(2)其他違法行為

在此，所稱其他違法行為，應是指上述所為「犯罪行為」以外的其他違反行政法義務；尤其違反警察法上，如集會遊行上的違法行為，亦即，違反「防止危害」之行為。

前述兩者必須在有保存之必要情形下，才暫時不銷毀之。

2.保存期間為一年

本條第3項規定，因調查犯罪或其他違法行為，所保存之資料，除經起訴且審判程序尚未終結或違反組織犯罪防制條例案件者外，至遲應於資料製作完成時一年內銷毀之。因其所蒐集之資料並非犯罪資料，從人民隱私權之保障觀之，一年保存期間尚稱允當。

在此對於「經起訴且審判尚未終結」，得緩於銷毀，因司法程序之必要，應較無問題。但對於「違反組織犯罪防制條例案件」，而要求緩於銷毀，對此，是有探討之必要。本文認為，我國對於幫派組織已有組織犯罪防制條例規範，因此，不必再對於本條「資料銷毀」部分，另以特別規定，此種立法，顯有失當之處。

由本條第3項規定，警察所蒐集之資料，因審判之必要，得以傳遞至司法審判機關。至於，除檢察官因起訴必要外，其他非攸關起訴或審判機關應不在「傳遞資料」之列。

---

[25] 如2004年總統選舉後中選會公告總統、副總統當選名單，而試圖以暴力干擾公告者，有屬刑法第136條「聚眾妨害公務罪」之嫌，警察所為之攝影與錄音蒐證資料，即屬本條第2項規定，不在立即銷毀之列。

三、爭議問題

警察於集會遊行中針對民眾可否作全覽式的攝錄？

本條對此並無規定，此處主要探討的是，德國法發生巴伐利亞邦於2008年制定通過集會遊行法第9條第2項規定，警察得爲控制及引導警力佈署而就集會及其周邊進行全覽式攝錄。所謂全覽式攝錄係指非以辨識特定個人爲目的，而是以人所組成之群體爲標的進行錄相[26]。聯邦憲法法院於2009年2月17日宣告巴伐利亞集會遊行法部分條文在實體判決作成前暫時停止適用，其認爲，全覽式攝錄與針對特定人之攝錄在當代科技狀態下，基本上已無區別，對於被攝錄者而言，皆可能高度衝擊其資訊自決權以及集會自由，造成基本權利之干預[27]。在本判決後，巴伐利亞集會遊行法之第9條第2項修正爲「僅得於有事實足認集會遊行之部分或其周遭將因此對公共安全或秩序致生顯著危險」時，方得爲之，取代先前無任何原因，僅因爲控制及引導警力佈署的警察本身之考量，即可發動之情形有別。又本條未考量警察職權行使法與集會遊行法於立法目的之本質差異，或可將本法中警察於集會遊行蒐集資料之條款更加細膩規劃，轉置於集會遊行法中予以規範；或於本法針對集會遊行與其他公共活動之本質與功能加以區辨分別規範，考量集會遊行在當代法治國家中的重要意義，擬定更爲細緻之要件。

第10條（裝設監控設備之要件）

警察對於經常發生或經合理判斷可能發生犯罪案件之公共場所或公眾得出入之場所，爲維護治安之必要時，得協調相關機關（構）裝設監視器，或以現有之攝影或其他科技工具蒐集資料。

依前項規定蒐集之資料，除因調查犯罪嫌疑或其他違法行爲，有保存之必要者外，至遲應於資料製作完成時起一年內銷毀之。

---

[26] 李寧修，當代科技發展下國家集會遊行資料蒐集的憲法界限：德國聯邦憲法法院「巴伐利亞邦集會遊行法部分暫停適用」裁定引發的反思，東吳公法裁判研究會第31回，2015年6月26日，頁18以下。

[27] 李寧修，同前揭註26，頁19。

一、參考法條

(一)德國聯邦與各邦統一警察法標準草案

　　本條文是參考德國聯邦與各邦統一警察法標準草案而來，目前德國多數邦警察法訂有相關之規定[28]。而德國引用該條文，也是參考英國的作法，英國於倫敦廣泛設置此種監視器，而達到相當嚇阻之效果，犯罪率有下降之趨勢。

　　此外，參酌立法委員陳麗惠等提案版本第10條第2項及第4項規定，其原提案文字爲「警察對於經常發生或經合理判斷可能發生犯罪案件之場所、路段，爲偵查犯罪、維護治安之必要前提下，得協調相關機關裝設路邊或場所監視器，或以現有之前項工具爲資料之蒐集（第2項）。」及「依第二項規定蒐集資料之保存，除爲調查有犯罪嫌疑參與者之犯罪或其他違法行爲有長期保存之必要者外，至遲應於資料製作完成時起三年內銷毀之（第4項）[29]。」

(二)裝設構成要件之規定

1.地點之規定

　　德國各邦警察法之規定並不一致，主要以「公共場所」爲主，但仍有以所謂「易生危害之處所」爲規範之地點，故與我國之規定「公共場所或公眾得出入之場所」相當。

2.公共秩序或公共安全之危害

　　此種錄影、錄音之設置應基於某些因素，如於該地點爲防止重大違反秩序或犯罪行爲時，始得爲之。因此，其設置應只是「點」的設置，而非全面性的設置，若僅爲了預防一般危害爲全面性之設置，如所有的路口或所有的公共場所等，此爲違憲之舉[30]。

---

[28] 德國警察之事務屬各邦之事務，聯邦並無統一之規定。
[29] 內政部警政署編，警察職權行使法逐條釋義，內政部警政署編印，2003年8月，頁40-41。
[30] Wolf-Rudger Schenke, a.a.O. (Fn.10), S. 103.

二、內容解析

(一)裝設監視器之要件

1.裝設之地點

　　裝設之地點為公共場所或公眾得出入之場所。依法務部83年檢字第16531號函釋規定，所謂公共場所，係指不特定人按照一定之管理規範得以自由利用之處所而言，如公園、廣場、車站、航空站等。所謂公眾得出入之場所，係指不特定人得以隨時進出之處所而言，如旅館[31]、酒樓、百貨公司、餐廳、寺廟等。因此，在公共場所，警察自得依專業判斷認為有可能發生犯罪者，可協調相關機關（構）裝設監視器，以攝影留存；但對於公眾得出入之場所，如電動遊戲場、酒店、KTV、茶藝館等易生危害之處，經常屬私人所有，因此，如欲對此採取裝設監視器，仍須取得當事人之同意始可。又本條之規定，僅限於在公共場所或公眾得出入之場所始得為之，如在非公共場所或非公眾得出入之場所，即無本條之適用，在非公共場所或非公眾得出入場所，未經同意即對特定對象側錄其影像之行為，目的無非在取得該特定人社會生活事實之紀錄，屬侵害人民基本權之行為，需有法律授權依據始得為之。

2.裝設之要件

(1)經常發生或經合理判斷可能發生犯罪案件

　　裝設監視器之地點為「經常發生或經合理判斷可能發生犯罪案件」之場所，此即概念上屬於吾人所稱的「易生危害之場所」。「經常發生」乃屬發生頻率問題，多久時間發生一次才算「經常」，應較屬主觀認定，但至少應於短時間內曾發生過兩次以上。

　　在此所規定之要件，是指上述地點只要符合「合理判斷」，亦即，基於警察之經驗，為防止上述地點犯罪之發生或排除危害，即可為之。

---

[31] 依法務部83年檢字第16531號函釋，旅館房間於出租給旅客時，該旅客對該房間即取得使用與監督之權，此時該房間於客觀上即不失為住宅之性質；如旅客將其租用之旅館房間供多數人共同使用或聚集，例如供作開會之場所，或以之供作不特定多數人，隨時得出入之場所，則仍應視為公共場所或公眾得出入之場所，因此，該房間究屬私人居住之住宅、抑或公共場所或公眾得出入之場所？仍應就具體個案認定。

(2)必要性之考量

所謂「維護治安之必要」，是指警察裝設監視器，是在爲阻止犯罪發生的公共利益考量下，且其並非任意之設置，而是在維護治安之必要情形下。因此，警察之設置，是在「公益」與「私益」（個人行動自由權與資訊自決權）等之考量下爲之，決定該地點是否有設置之必要。此種必要性之考量，符合「比例原則」之規定[32]。

3.協調相關機關（構）

在此所謂「協調相關機關（構）」，應是指與該場所有管理或監督關係的機構而言。例如，銀行的監督機構財政部、航空站監督機構交通部等，屬於在此的「相關機關（構）」。又如爲有效控制治安死角，藉以強化社區犯罪預防及加強偵查、蒐證犯罪功能，警察應協調社區村（里）辦公室裝設監視錄影，村里辦公室也有配合裝設之義務。

協調事項至少應包括三項：裝設的位置、裝設監視器的數量與所需經費的負擔，前兩項應以警察的專業判斷爲主要考量；而經費負擔部分，如於公共場所裝設應以所經管之政府機關相關單位或協調其他政府機關負擔，如於公眾得出入之場所，應協調裝設之商家管領人負擔或目的事業主管機關（構）補助爲宜[33]。

目前各地所裝設之錄影監視系統，除部分由中央或地方各級政府寬列經費補助裝設外，大部分均由民間自行裝設，政府僅依據內政部「建立全國社區治安維護體系——守望相助再出發推行方案」推廣裝設，其目的係爲積極改善社會治安，有效監控治安死角，藉以強化社區犯罪預防及加強偵查、蒐證犯罪功能，以期達到預防、嚇阻犯罪之最大效果。

(二)條文評析

1.立法目的

本條之規定，給予警察相當的權限，警察只要「經合理判斷可能發生

---

[32] Kohl, Videoüberwachung öffentlicher Räume, NVwZ 2002, Heft 1, S. 119.
[33] 蔡英傑，警察蒐集資料之錄影蒐證的法律問題，政大警政班專題報告，2004年，頁5。

犯罪事件」即可要求裝設監視器，在立法考量給予警察相當寬鬆的干預條件，著重於公共安全與公共秩序之考量，裝設要件不必以具體危害為前提，是否對人民資訊自主權形成妨害，有進一步探討之必要。此種裝設對於人民，尤其不相干的人民，可能因進入或停留在公眾得出入之場所，而遭到錄影，對其個人法律上並未給予其參與程序之機會，程序上似有瑕疵。且警察之裝設監視器，無需經由其他機關之審核，程序上似屬不甚妥當。

基本上裝設監視器可達到下列效果：

(1)產生嚇阻效果

因有了監視器之設置，個人懼於受監視，產生心理上壓力，適時調整自己行為，因而，由於潛在之危害者，抑制危害行為之發生，整體而言，達到犯罪率下降之效果[34]。

(2)調整警察勤務

透過監視器取得之資料，對於經常滋生犯罪或危害之場所，警察可決定勤務之調整，以為因應。

(3)作為法庭上之證明

在此取得之資料是依法取得，足於作為法庭上之證明資料[35]。

2.有無干預基本權之分析

於公共場所或公眾得出入場所設置監視器，主要探討是否以所謂的「概括條款」為已足，或須法律特別之授權，則應視此種措施，有無干涉人民之基本權為判斷。

於上述地點設置監視器，在國外英國首開其例，並已達到遏阻犯罪之效果[36]。而德國各邦警察法也在1999年之後，為遏阻犯罪以及危害之發生，也紛紛增設類似條文。目前在德國學理以及實務上針對此項措施最大爭議在於，該項措施是否干涉了受監視人的「資訊自決權」與「行動自由權」？而探討重點應在於，透過監視器取得之資料，是否涉及「個人有

---

[34] Michael Dolderer, Verfassungsfragen der 'Sicherheit durch Null-Toleranz', in: NVwZ 2002, Heft 2, S. 132.

[35] Christopf Gusy, a.a.O. (Fn.12), Rdnr. 209.

[36] Kohl, a.a.O. (Fn.32), S. 118.

關資料」。在此，應對「個人有關資料」與「觀察之錄影」（Übersichts-nahme）加以區別。

所謂「觀察之錄影」，就是一般在公眾得出入場所常見的架設錄影監視器，其特色是，不以查證特定人為對象，且其取得之資料，亦非將來繼續使用為目的，因此缺乏以特定個人為蒐集目的，其與蒐集「個人有關資料」為目的之措施有所區別。是否兩者對個人權利之干預會有所不同，則有以下兩說：

(1)肯定說

持肯定說者認為，前述兩者應加以區別。僅單純的「觀察之錄影」，並無對個人之查證身分，並非以蒐集個人有關資料為目的，因而，缺乏干涉人民資訊自決權。如同警察巡邏或持久出現在一特定地點般，並無干預之性質。此種「觀察之錄影」只須以警察的「概括條款」為已足，無須進一步法律之授權。

反之，若個人資料以個別化加以蒐集與儲存，其為個人有關資料之蒐集與儲存，屬干預其權利，而須法律特別授權。

(2)否定說

持否定說者，此種區分並無實質意義。於公共空間裝設監視器，不管有無針對個人，其對受監視人，亦即，所有途經或逗留該公共地點者，進行監視，而對其產生心理上之壓制，使其於公共空間內之活動必須戰戰兢兢謹守合乎規矩為之，而淪為國家監督下的「客體」（Object），此種實質上之影響對當事人的權利行使產生影響，乃屬當然之事[37]。另外，監視器所取得之資料，以現代科技，也可進一步加以個別化，而歸屬於個人有關資料之蒐集與儲存，產生對個人人權之影響，上述之區分毫無意義[38]。

以上本文較贊成「否定說」，對於裝設監視器，應有法律特別之授權，且在適用時，應注意比例原則。本條文即屬此種特別授權。

---

[37] Michael Dolderer, a.a.O. (Fn.34), S. 132.
[38] Wolf-Rüdiger Schenke, a.a.O. (Fn.10), S. 103.

人民之資訊自決權並非是絕對不可限制，為防止犯罪與危害之發生，於特定危險地點裝設監視器，基於公益與私益的考量，此種公權力措施仍屬於人民為公益犧牲可以忍受之範圍，因此，若持此觀點，其設置並非是限制人民之基本權。多數人民可能因為架設監視器，犯罪率之下降，因而感覺到較有生活安全感[39]。此即產生「法益之衡量」。

尤其在犯罪率不斷提升，人民亦期許公權力適當之介入。但在此，仍須注意比例原則，本條立法之目的，僅是在特定地點或場所的裝設，而非全面性裝設，若是全面性裝設，例如市區內所有道路都裝設，此有違立法意旨，而恐造成「警察國家」之嫌[40]。

本條唯一對蒐集資料之限制，是資料銷毀之期限，仍以一年為限，亦即，除因調查犯罪嫌疑或其他違法行為，有保有之必要者外，至遲應於資料製作完成時起一年內銷毀之。

(三)爭議問題

1.本條授權警察裝設監視器，卻無須經由其他機關之審核，程序是否適當？

本文認為，裝設監視器應有監督機制，否則會濫用且管理不當，目前雖廣設監視器，但有些因缺乏管理已不堪使用大有所在。適當監督有其必要。

2.監視器設置地點是否標示以及是否應有設置時間限制？

裝設監視器只為預防、嚇阻犯罪目的，但已有干預人民的隱私相關權利，在其實施程序上，應有告知人民之義務，使人民心理有所準備，不會毫無知覺被監視、不知在何處所被監視，而造成心理之恐懼。至於，是否應有設置時間限制，本文也贊同以時間作限制，並視具體情況決定是否繼續設置[41]。

---

[39] Kohl, a.a.O. (Fn.32), S. 118.
[40] Kohl, a.a.O. (Fn.32), S.118; Wolf-Rüdiger Schenke, a.a.O. (Fn.10), S. 103.
[41] 有贊同應有時間限制，參閱：蔡庭榕、簡建章、李錫棟、許義寶，警察職權行使法逐條釋論，五南出版，2005年2月，頁263。另外，臺北市錄影監視系統設置管理自治條例第10條規定：「依本自治條例設置之錄影監視系統，警察局及設置機關應每半年公告期設置區位。」是有定時公告之規定。

3.可否裝設監視錄影器來取締違規停車？

　　某市長建議以裝設監視錄影器來取締違規停車，而遭某法官否定，該法官稱警察職權行使法第10條只能用在重大刑案[42]。

　　本文認為，本條之規定，是不能用在取締違規車輛上。本條規定，是指「經常發生或經合理判斷可能發生犯罪案件」裝設之，是預防犯罪而設置的，基於目的性原則，本條不得作為其他目的使用，如取締違規車輛使用。

　　根據道路交通管理處罰條例，違規停車不論臨時或非臨時（駕駛人不在現場）均須現場舉發，不能逕行舉發。另臺北市錄影監視系統設置管理自治條例使用以公共利益及治安為原則，違規停車不屬於上列適用範圍，不得以路口監視器畫面當逕行舉發證據，警政署也以正式行文要求各縣市警察局避免以路口監視器舉發交通違規，路口監視器非屬道路交通管理處罰條例第7條之2第1項第7款規定之科學採證儀器，原則上不得用來舉發交通違規。

第11條（犯罪情報之蒐集要件）

　　警察對於下列情形之一者，為防止犯罪，認有必要，得經由警察局長書面同意後，於一定期間內，對其無隱私或秘密合理期待之行為或生活情形，以目視或科技工具，進行觀察及動態掌握等資料蒐集活動：

　　一、有事實足認其有觸犯最輕本刑五年以上有期徒刑之罪之虞者。

　　二、有事實足認其有參與職業性、習慣性、集團性或組織性犯罪之虞者。

　　前項之期間每次不得逾一年，如有必要得延長之，並以一次為限。已無蒐集必要者，應即停止之。

　　依第一項蒐集之資料，於達成目的後，除為調查犯罪行為，而有保存之必要者外，應即銷毀之。

---

[42] 三度撤銷罰單法官錢建榮：監視器證據用於重大刑案，Ettoday東森新聞雲，http://www.ettoday.net/news/20150430/500032.htm（瀏覽日期：2016年1月12日）；錢建榮法官曾經撤銷3件以監視器為證據的交通罰單，因監視器佐證，他稱只能用於重大刑案，否則不但違反交通處罰條例，有違個資法，還可能侵害憲法賦予的人權。

一、參考依據

本條根據來源除「對其無隱私或秘密合理期待之行為或生活情形」該文句源自於美國法（Reasonable Expectation of Privacy）外，其餘部分是根據德國聯邦與各邦統一警察法標準草案第8條以及德國聯邦國境保護法第28條而來。茲就其條文列於後：

(一)德國聯邦與各邦統一警察法標準草案第8條c

「(1)有下列情形之一者，警察得對第八條a第一項第一款與第二項第一款所稱之人及其接觸或隨行之人，依本條第二項所規定之方式蒐集資料[43]；

1.為防止重大危害。

2.為防制下列犯罪：

a)有事實足以認為將發生刑事訴訟法第一百條或刑法第一七六條至第一八一條a、第二四三條、第二四四條、第二六○條、第二六三條至第二六五條、第二六六條或第三二四條至第三三○條a所稱犯罪行為之虞時。

b)有事實足以認為將有職業性、習慣性或幫派所為犯罪行為之虞時。

背信、郵件、電信秘密之規定不受影響。除急迫危害外，所採措施應經機關首長或經其授權之公務員下令行之。

(2)依第一項之方式計有：

1.長期監視。

2.藉科技工具秘密執勤，特別是攝影與錄影及監聽或錄音（於錄音機上）。

3.臥底（隱藏調查者）警察之勤務。

4.由與警察合作而第三者所不知悉之其他人之勤務。

(3)為防止個人身體、生命或自由，或重大之財物、財產價值之現實

---

[43] 此種資料蒐集的方式應以其具有必要性，並於不危害任務達成之前提下，又無其他可行之方法蒐集資料時，方得為之，且其所採之措施與欲查明事宜之重要性應合比例。

危害，必要時警察得以第二項所稱之方式，在住宅內或住宅外（第十九條第一項第二款）蒐集個人資料。除急迫危害外，以第二項第二款方式在住宅內或住宅外蒐集資料，僅得由法官下令行之。但警察在屋內僅係為防止執勤個人身體或生命危害，而隨身攜帶科技工具而無錄音（影）之勤務，不在此限。第二十條第一項之程序規定準用之。

(4)藉裝置獨立之錄音（影）器予以監視，對第一項所定以外之人之錄音（影），應即銷毀之。

(5)第一項與第三項所稱之措施結束後，在不危及措施目的下，應即通知當事人。（被蒐集資料者）未錄製成個人資料或措施結束後已立即銷毀者，則不必通知。但因蒐證所得之事實而開始刑事偵查程序時，第一段所稱之通知應不必履行。」

(二)德國聯邦國境保護法第28條

「(1)國境保護局得在第七〇條第二句規定下，且以其他方法無法或可能相當困難始足以防止危害或預防犯罪時，得依第二項規定以特殊方法，蒐集下列情形之一之個人資料：

1.為防止國家之存在或安全，或個人身體、生命、自由，或維護公益所需重大價值之物之危害時，蒐集第十七條或第十八條規定之責任人，或在第二十條第一項規定要件下所稱之人之資料。

2.有事實足以認為，有人將從事常業性、習慣性、集團性或組織性犯罪時，基於預防第二〇條第一項規定重大犯罪。蒐集第二一條第二項所稱之人之資料。

(2)資料蒐集之特殊方法係指：

1.實施持續超過二十四小時或逾越二日有計畫對人所為之監視（長期監視）。

2.有下列情形之一者，以當事人無法知悉之方法所為科技工具之勤務：

a)攝影或錄影之製作。

b)非公開談話之監聽及錄音。

3.非屬國境保護局人員之勤務，且此人與國境保護局合作而不為第三者所知悉（線民）。

(3)依第二項規定特殊方法之勤務，除緊急危害外，僅得由國境保護總局之首長或其代理人下令為之。此指令有重大理由之陳述時應建檔，且期限最長為一個月。措施之延長需有新指令。有第二項第一款與第二款第二目之情形，措施延長之決定僅得由法官下令為之。此由國境保護總局所在地之管轄法院為之；其程序準用非訟事件法之規定。

(4)以第二項所稱方式所蒐得之資料，應即銷毀之。但以考量該資料對指令所依據之目的，或刑事訴訟上追緝犯罪已無或不再必要時為限。

(5)第二項第一款與第二款第二目所稱之措施結束後，在不危及措施目的或造成公共安全之危害時，應即通知資料被蒐集者。但基於瞭解案情而對當事人進行刑事調查程序，且因通知將危及調查目的時，得停止通知；此項決定由檢察署為之。」

本條給予警察相當大的權限，但相對地，本條是在當事人毫不知情秘密地蒐集，受住宅不可侵入之限制，以及對個人資訊自決權及隱私之侵害，因此，必須在其發動要件以及程序上設定嚴格之界限。

二、長期監視發動要件

(一)我國法上所規定的發動要件

所謂「長期跟監」，是指警察對於特定重大犯罪者，利用目視或科技工具，有計畫一定期間之觀察，掌握其動態資料。本條在立法考量上，較著重於公益，而給予警察相當大的權限，實質法上之發動要件，是以防止犯刑法上之罪，而非警察法上的預防危害為準。其實質要件如下：

1.有事實足認其有觸犯最輕本刑五年以上有期徒刑之罪之虞者

所謂「有事實足認」是指，除警察經驗上判斷外，通常應符合一定之事實以為佐證，如有人舉發、其他機關通報之事實等。在此，僅以警察經驗判斷即認被觀察者將來有犯罪之可能，仍不足夠。而必須是依警察之認知，被觀察者在觀察期間有犯或準備著手本條所列之罪之虞者，才屬之。

藉此跟監，即時阻止犯罪之發生[44]。

　　有觸犯最輕本刑五年以上有期徒刑之罪之虞者，是以該項犯罪屬重大影響個人或社會、國家等之法益，而有事先預防之必要。

2.有事實足認其有參與職業性、習慣性、集團性或組織性犯罪之虞者

　　職業性犯罪是指，以作為職業之意思傾向，反覆實行同種行為之犯罪。犯罪者所得有相當固定部分係由重複性犯罪行為而來。警察只要有事實足認，欲實施犯罪者之將來行為，將創造出其持續之收入，而不必為全部之收入即屬之[45]，習慣性犯罪，是指以習慣性之意思傾向，反覆或繼續實行同種行為之犯罪；其具有機會就犯之企圖、意圖或不務正業等習性，以排除偶發、突然、一時間之犯罪態樣。例如一般所稱的「竊盜慣犯」、「煙毒慣犯」等即是[46]。

　　集團性犯罪是指，多人以集體方式或分工方式，共同從事不法的犯罪行為。其具有以眾暴寡之特性，必須要有二人以上共同從事犯罪之事實，排除個別不法行為與偶發共犯。如金光黨詐騙集團、竊車犯罪集團、信用卡盜刷集團等。

　　組織性犯罪，是指有組織型態之犯罪集團有計畫地從事犯罪而言，亦即，多人在組織結構上分工，共同從事各種不同的營業或非法活動；此種犯罪集團有時會以企業化經營來從事各類不同之犯罪，並以合法營業活動來掩飾其所為之非法活動。該犯罪組織內部結構階層化，並有嚴密之控制關係，例如組織犯罪防制條例所規範之犯罪即是；該條例所稱犯罪組織，依其第2條定義，係指三人以上，以實施強暴、脅迫、詐術、恐嚇為手段或最重本刑逾五年有期徒刑之刑之罪，所組成具有持續性或牟利性之有結構性組織。所謂「有結構性組織」，指非為立即實施犯罪而隨意組成，不以具有名稱、規約、儀式、固定處所、成員持續參與或分工明確為必要。

　　有時集團性犯罪會與犯罪組織有關，但並不盡然如此。

---

[44] Bäumler, a.a.O. (Fn.11), J. 567.
[45] Bäumler, a.a.O. (Fn.11), J. 596.
[46] 內政部警政署編，同前揭註29，頁77。

3.一定期間之觀察

一定期間通常是指二十四小時以上之期間，本條第2項規定每次最常不得逾一年。有必要時得延長之，並以一次為限，亦即至多兩年為限。

4.警察局長書面同意

在程序法上，此種長期監視，只要經由警察局長書面同意後，就可為之。

(二)長期跟監監視範圍之限制與監視方式

1.無秘密或合理隱私期待之行為或生活情形

長期跟監監視範圍應侷限警察預防或防止犯罪的目的範圍內。若屬個人隱私與犯罪無關之範圍，即屬不得「跟監」。

所謂「無秘密或合理隱私期待之行為或生活情形」，係指一個人對其行為或生活情形，在主觀上，當事人對某件事情是否反映出保持秘密或有隱私之期待，而在客觀上（即從一般社會觀念來看），在「社會一般所承認的合理性」範圍內，表現出隱密性。例如：一個人在公共電話亭打電話，不把門拉上，且講話時旁若無人；此時，其電話中談論內容，即不得主張有秘密或合理隱私期待[47]。反之，緊密之空間、私人住宅或不得從外在得於透視之容器，皆可主張「合理隱私期待」，因此，未經同意進入私人房屋行竊，則屬侵犯個人的「合理隱私期待」。但，置於屋外的垃圾，則不屬之[48]。

本規定「合理隱私期待」（Reasonable Expectation of Privacy）是參考美國法而來，其主要適用在無令狀的搜索上，除此之外，本條「長期跟監」的規定，則參考德國警察法而來。本條加上「合理隱私期待」之規定，對跟監對象的人權保障較為周全，但對警察偵查犯罪多一層限制，亦即，警察的「長期跟監」在程序上雖經由「警察局長」書面同意，但執行時仍應注意跟監對象之隱私。我國此種結合性（結合美國與德國）的規定，執行上顯然要比上述兩國來得嚴格，乃屬當然。但對當事人憲法上人

---

[47] 此種所謂「無秘密或合理隱私期待之行為或生活情形」，是美國法以此作為所蒐集到證據之證明能力。其實警察之跟監，所及之範圍難免包括個人隱私範圍在內。

[48] See California v. Greenwood, 486 U.S. 35, 40-41, 1988.

格權（隱私權）的保障比較周全，警察實施跟監，應注意公益與私益間之衡量，符合比例原則。

2.監視方式

「以目視或科技工具，進行觀察及動態掌握等資料蒐集活動」，目視是指由員警無其他輔助工具所為之觀察；在此，所謂的「利用科技工具」是指受監視人並不知曉情形下，利用電子設備的錄音與錄影，進行觀察及動態掌握等資料蒐集活動。

(1)裝設之範圍不包括住宅內

人民之住居自由係受憲法之明文保障，非依法不得隨便進入。本條係規定對特定人無秘密或合理隱私期待之行為或生活情形，始得利用目視或其他科技工具（如錄影、錄音等），對其進行靜態觀察或動態行蹤掌握等資料蒐集活動，故不容許進入私人住宅裝設竊聽、錄影設備，以進行秘密蒐集資料活動。

(2)與通訊保障及監察法、刑法第315條之1規定產生競合

A.本條規定並不包含通訊監察，警察如須實施通訊監察自應依「通訊保障及監察法」相關規定辦理。

B.刑法第315條之1窺視竊聽竊錄罪，以無故（即無正當理由）利用工具或設備窺視、竊聽、竊錄他人非公開之活動、言論或談話，為構成要件；而依本條規定，為秘密蒐集他人活動之相關資料，係有法律明定「為防止重大危害或重大犯罪必要」之正當理由，而非無故為之，故不致構成刑法第315條之1窺視竊聽竊錄罪。

(三)有關長期監聽德國警察法規定之情形

1.德國基本法之規定

德國基本法於1998年3月26日之條文修正中，於基本法上第13條（住宅不可恣意侵入之保障）第4項增列了以警察預防危害之目的的所謂「大監聽進擊」（Große Lauschangriff）之規定而稱：「為防止對公共安全的急迫危害，尤其是一個公共危害或生命危害，基於法官之令狀，得以透過科技工具對房舍進行監視。但在急迫有立即排除危害之情況下，得由法律

所定的特別機構下令之，事後仍須立即地取法官之令狀。本項基於防止危害所設置的監視工具，包括聲音（錄音）以及視覺上的監視工具（錄影）[49]。」

2.警察法上之規定

(1)裝設要件之規定

德國警察權屬各邦之事宜，部分邦警察法採取與基本法第13條第4項類似的規定。有些邦則與我國規定有些類似，其中Bremen邦與Niedersachsen邦規定，為「防止觸犯具有特殊重大犯罪行為之虞者」，得裝設監視工具。Bayern邦則規定，「有事實足以認為欲從事職業性、習慣性、集團性或組織性犯罪之虞者」。Hessen邦的警察法第15條規定，為防止對個人身體生命或自由現時之危害，得裝設監視器。

(2)裝設方式

以當事人不知悉情形下採取的科技工具的錄音、錄影等。一般而言，德國各邦警察法對上述的錄音、錄影，又與場所是否在住宅內外，區分兩種不同的核准程序，以Sachsen-Anhalt邦為例，該邦公共安全與秩序法第17條第2項規定，三個月以內之「當事人不知悉情形下，裝設利用科技工具的錄音、錄影」，只要機關首長同意即可。超過三個月則需經由內政部長同意。至於住宅、工作場所、辦公室內外之錄音、錄影等情形，除於情況急迫有立即排除必要時外，應取得當地法院法官之令狀[50]。

但除此之外，裝設監視科技工具，僅在此種危害無法以其他方式（透過較溫和手段）加以排除，才准許為之[51]。因此，裝設監視科技工具屬於最後手段。此為比例原則之考量。

3.Sachsen邦憲法法院1996年5月14日有關大監聽之判決

Sachsen邦警察法第40條第1項「有關房舍內大監聽」規定[52]，防止對

---

[49]　Wolf-Rüdiger Schenke, a.a.O. (Fn.10), S. 108.
[50]　Meixner/Martell, a.a.O. (Fn.17), Rdnr. 15.
[51]　Wolf-Rudger Schenke, a.a.O. (Fn.10), S. 109f.
[52]　所謂大監聽，是指對犯罪嫌疑人之跟監，與本法第11條規定類似；至於「小監聽」是為了保護警察臥底者所為之監聽。

聯邦或邦安全的現時危害，或對個人身體、生命、自由或財產的現時危害外（第1款），且有事實足認為有犯重大犯罪行為之虞時，亦得設置監視工具（第2款）。

而針對第2款「防止重大犯罪」大監聽之規定，Sachsen憲法法院解釋其為違憲[53]。其主要理由認為，此種在程序上保障不夠。受監聽當事人本身並無參與行政程序，對其權益之保障，若有可能，在其權利受干預前，應可透過「獨立的第三者」參與決定之。傳統之作法是以「法官保留」，亦即由「法官下令」作為對當事人權利保障。但立法者也可作不同規定，如經由部長之同意、資訊保護局或檢察官之同意等[54]。

有關程序法上之規定，德國各邦警察法規定亦不盡相同，茲以Sachsen邦為例，監聽應取得內政部部長或其代理人之同意。此外，部長每年應至邦議會報告該年度監聽執行之情形。但上述的Sachsen-Anhalt邦則更為嚴格。

(四)長期跟監程序法上規定之探討

1.跟監時間與方式

我國長期監視時間長短與工具之採取，只要經過警察局長書面同意即可，並無檢察官或司法單位之介入，若與德國聯邦國境保護法第28條比較的話，該條第3項規定，長期監視措施之延長，須有新指令，而有前項第1款（長期監視）與第2款第2目（非公開談話之監聽及錄音）之情形，措施延長之決定僅得由法官下令為之。德國邊境警察局長決定之權限，僅得為一個月，對其跟監時間與方式進行「非公開談話之監聽及錄音」之延長，則屬法官之權限。而Sachsen-Anhalt邦的公共安全與秩序法第17條則規定警察局長權限為「三個月」。我國本條規定則為一年，必要時得延長一年。核定機關是警察局長，並無司法機關之介入，權限不可謂不大。

---

[53] Walter Gropp, Transparenz der polizeilichen Befugnisanwendung, in: Bäumler, Polizei und Datenschutz, 1999, S. 116f.

[54] Walter Gropp, a.a.O. (Fn.53), S. 119.

2.合理隱私期待

由上述比較美、德兩國觀之，德國法似乎並沒有規範到「個人隱私」之範圍，亦即，在當事人不知情下可對其採取「非公開談話之監聽及錄音」，即無隱私合理期待之保障。

本條既以所稱的「以目視或科技工具」跟監，卻又以美國法所稱的「合理隱私期待」作爲限制，因此，本條所得採取監視之範圍，必須顧及當事人隱私之保護，就此而言，顯然比德國法規範範圍爲更窄，且既然是屬於「秘密」的「長期跟監」，是否能得以兼顧當事人「隱私權」之保障，則有存疑。此對警察執行任務，作了相當限制。故警察在執行該項任務時，應儘量避免涉及個人隱私。

(五)資料之停止蒐集與銷毀

爲防止警察對資料不當之處置，本條第2項規定，資料已無蒐集必要者，應即停止之，例如當事人已終止違法行爲等。

而第3項規定，除爲調查犯罪行爲，而有保存之必要者外，所蒐集到的資料，應即銷毀之。所謂「達成目的」是指已達到警察當時跟監之目的，例如，調查結果並無從事此類之犯罪等。

三、爭議問題

裝設GPS全球衛星定位系統於車體上是否可以本條作爲規範

最高法院102年度台上字第3522號判決則持肯定見解而認爲，「跟監」係指國家機關爲防止犯罪或犯罪發生後，以秘密而不伴隨國家公權力之方式，對無隱私或秘密合理期待之行爲或生活情形，利用目視或科技工具進行觀察及動態掌握等資料蒐集活動（警察職權行使法第11條規定參照）。是所謂「跟監」包括對人民行動爲追蹤、監視及蒐證等活動。無論係基於調查犯罪之必要或爲預防犯罪而爲跟監，對於被跟監者之隱私權等憲法所保障之基本權固有不當之干預，然偵查犯罪及預防犯罪之發生，均係維持社會秩序及增進公共利益所必要，自得以法律限制之。

惟應特別注意者，最高法院106年度台上字第3788號判決則認爲，倘

若法無明文偵查機關非法安裝GPS追蹤器於他人車上，已違反他人意思，而屬於藉由公權力侵害私領域的偵查，且因必然持續而全面地掌握車輛使用人的行蹤，明顯已侵害憲法所保障的隱私權，自該當於「強制偵查」，故而倘無法律依據，自屬違法而不被允許。刑事訴訟法第228條第1項前段、第230條第2項、第231條第2項及海岸巡防法第10條第1項、第2項、第3項的規定，不得作為裝設GPS追蹤器偵查手段的法源依據。偵查機關於貨車車底裝設GPS衛星定位器，以電磁記錄竊錄他人非公開的活動並無法律上正當理由，應負刑法第315條之1的罪責。

　　在德國各邦警察法有關GPS或手機定位另有特別規定，如Baden-Württemberg則立法特別規定之，亦即，自從德國聯邦憲法法院第二庭於2005年4月12日承認GPS在刑事訴訟法之利用是合法的，因此，各邦警察法都有類似規定，我國目前似乎可以考慮用在警察的防制犯罪上。

第12條

　　警察為防止危害或犯罪，認對公共安全、公共秩序或個人生命、身體、自由、名譽或財產，將有危害行為，或有觸犯刑事法律之虞者，得遴選第三人秘密蒐集其相關資料。

　　前項資料之蒐集，必要時得及於與蒐集對象接觸及隨行之人。

　　第一項所稱第三人，係指非警察人員而經警察遴選，志願與警察合作之人。經遴選為第三人者，除支給實際需要工作費用外，不給予任何名義及證明文件，亦不具本法或其他法規所賦予警察之職權。其從事秘密蒐集資料，不得有違反法規之行為。

　　第三人之遴選、聯繫運用、訓練考核、資料評鑑及其他應遵行事項之辦法，由內政部定之。

> 第13條
>
> 　　警察依前條規定遴選第三人秘密蒐集特定人相關資料，應敘明原因事實，經該管警察局長或分局長之核准後實施。
>
> 　　蒐集工作結束後，警察應與第三人終止合作關係。但新發生前條第一項原因事實，而有繼續進行蒐集必要且經核准者，得繼續合作關係。
>
> 　　依前條第一項所蒐集關於涉案對象及待查事實之資料，如於相關法律程序中做為證據使用時，應依相關訴訟法之規定。該第三人為證人者，適用關於證人保護法之規定。

一、參考依據

　　本條文是參考德國聯邦與各邦統一警察法標準草案第8條c以及德國聯邦國境保護法第28條規定。

二、內容解析

(一)利用第三人之目的與要件

　　本條所稱的第三人，俗稱線民，是指非警察人員，基於不同動機，不暴露身分，而願意與警察合作，訂定工作契約，幫忙防止危害，調查犯罪事實而秘密蒐集有關資料者。此種合作關係是一種保持彼此間「信任關係」與第三人個人之「隱密性」[55]。利用第三人之目的在於，方便蒐集更多資料，因此，通常第三人是犯罪組織中成員，或訓練後潛入該組織，藉其身分關係，以蒐集更多資料。

　　警察利用線民作為蒐集資料之要件如下：

1.防止危害或犯罪或有觸犯刑事法律之虞者

　　利用線民作為警察蒐集資料的工具，所牽涉的權利甚多，例如與警察彼此間的信任關係，且秘密蒐集相關人之資料，涉及其資訊自決權或甚至隱私權等，因此，應有法律保留之規定。而本條之構成要件「防止危害或

---

[55] Heesen/Hönle/Peilert, Bundesgrenzschutzgesetz, 4.Aufl., 2002, S. 731.

犯罪或有觸犯刑事法律之虞者」相當寬廣，幾乎可說無所不包[56]，似不甚妥當[57]。

2.第三人之遴選

依據警察遴選第三人蒐集資料辦法第3條規定：

「警察遴選第三人，應查核下列事項：

一、忠誠度及信賴度。

二、工作及生活背景。

三、合作意願及動機。」

第三人是與警察建立長期合作關係，警察機關與其訂定「具體委託」契約，來蒐集特定人之相關資料。若僅是偶而提供警察一些有關資料，或僅是作證所為之陳述並無具體契約之授與，則非此所稱之第三人。

由於利用第三人蒐集資料涉及對被蒐集資料者基本權之干預，且也應考慮第三人所蒐集資料之可信度，以利將來利用之參考，因此，對遴選之人應瞭解其以往生活背景以及工作情形，從中瞭解其忠誠度及信賴度，以及信任度等。

3.警察局長或分局長之核准

利用線民秘密蒐集特定人相關資料，應經該管警察局長或分局長之核准後，始得實施。

警察遴選第三人蒐集資料辦法第2條規定：

「警察遴選第三人時，應以書面敘明下列事項，陳報該管警察局長或警察分局長核准後實施：

一、遴選第三人蒐集資料之原因事實。

二、蒐集對象之基本資料。

三、蒐集資料之項目。

四、第三人個人資料及適任理由。

---

[56] 與德國比較如Sachsen-Anhalt邦警察法第18條是以「有事實足認有重大犯罪之虞者」，其他邦有些列舉一些重大犯罪，如組織性或職業性等重大犯罪，我國之規定顯然過於寬鬆，毫無界限可言。

[57] 一般而言，線民之使用應有必要性原則之考量，亦即，只有在如不使用任務無法履行或重大困難之際時，才為之，因此，該措施應屬於補充之性質，Heesen/Hönle/Peilert, a.a.O. (Fn.55), S. 735.

五、指定專責聯繫運用之人員（以下簡稱專責人員）及其理由。

第三人之眞實姓名及身分應予保密，並以代號或化名爲之，警察製作文書時不得記載第三人之年齡、住居所、國民身分證統一編號或護照號碼及其他足資識別其身分之資料。第三人之簽名以捺指印代之。

專業警察遴選第三人及核准程序，準用前二項規定。」

第三人是以隱密身分與警察合作，儘量避免身分之暴露，因此，程序上遴選時指定專責人員採單線聯繫，並對其眞實姓名及身分保密，對其個人資料不得記載於文書上[58]。

(二)第三人之訓練與交付任務

1.訓練

警察遴選第三人蒐集資料辦法第4條規定：

「遴選第三人經核准後，除最近二年內曾任第三人者外，應實施下列訓練：

一、蒐集資料之方法及技巧。

二、保密作爲。

三、狀況之處置。

四、相關法律程序及法律責任。

五、本法規定及其他注意事項。

前項訓練由專責人個別指導。」

爲使所遴選之第三人能具備蒐證能力，於第1項明定施予有關訓練。並考量其接受訓練後，執行任務之熟練度及應變能力之時效，以二年爲適當，故如於最近二年內，未經遴選爲第三人者，應再施予訓練，以加強執行任務能力。

第三人之訓練，依其身分、地位、學識能力、層次、發展潛力及工作需要，指定專人個別指導，爰訂定第2項。

---

[58] 參閱警察遴選第三人蒐集資料辦法第2條之說明理由。

2.交付任務

警察遴選第三人蒐集資料辦法第5條規定：

「第三人完成訓練後，應以口頭或其他適當方式交付任務，並告知下列事項：

一、簡要案情狀況。

二、蒐集對象資料及其可能從事之危害或犯罪行為。

三、蒐集資料項目。

四、任務起迄時間。

五、聯繫方法。

六、其他應行注意之事項。」

本條係規定，第三人於完成訓練後交付任務，並告知有關事項。

(三)第三人蒐集對象之確定

警察利用第三人來資料蒐集，係以秘密方式為之，第三人資料蒐集時，原則上應以特定人為對象，此即所謂「當事人原則」。但若無法避免時，則可及於該對象接觸及隨行之人。

利用第三人所蒐集的是有關個人之資料，是對被蒐集者資訊自決權的干涉，因此，此種手段之採取，應有法律特別之授權[59]。因此，非法律授權下利用第三人資料蒐集，則非法律所允許，屬違法之活動。

(四)第三人之身分關係

第三人是經由警察之遴選而產生。但經遴選為第三人者，除支給實際需要工作費用外，不給予任何名義及證明文件，亦不具本法或其他法規所賦予警察之職權。其從事秘密蒐集資料，不得有違反法規之行為。

被遴選之第三人與警察僅係民法上之契約關係，而非屬受託執行公權力，也不屬於刑法上所謂之幫助犯，因此，契約應只包括私法上支給工作費用，無任何名義及證明文件。其私人身分並未改變，並非實際從事犯罪偵查之活動，因此，所從事秘密蒐集資料，不得有違反法規之行為。

---

[59] 在德國法上認為利用第三人蒐集資料，是屬於所謂「國會保留」之範圍，亦即，須由形式法律，而非授權命令所得為之，我國則允許以授權命令為之。

因此，第三人屬於所謂的警察的工具，類似警察委託執行拖吊之業者，並非所謂的委託行使公權力者，其本身不得以自己名義執行所託之任務[60]。

(五)警察對第三人之考核與聯繫

警察委託第三人蒐集資料，應注意該項具體委託之合法性。因爲在此具體委託下，第三人所爲之行爲，在功能上屬於公共任務，而屬國家責任之範圍。

基於此種具體委託第三人所爲之資料蒐集行爲，若因而侵害他人權益時，警察之責任如何？基本上有二說，其一爲，第三人應自行負責說，第三人之運用僅在蒐集資料，並未從事實際偵查犯罪工作，且其從事秘密蒐集資料工作，不得有違反法規之行爲，如其侵害他人權益者，應自負其責，警察無連帶責任[61]。另一說，則以「歸責說」爲論據，若有侵害他人權益發生，非可歸責該「第三人」時，則屬警察之責任，除非第三人之錯誤違法行爲，非屬警察所可期待，才不負責[62]。本文較傾向「歸責說」。

基本上，第三人執行所託付之蒐集具體資料任務時，不得干預該特定人之私人生活之範圍[63]。

1.警察對第三人之考核

第三人所爲之具體委託行爲，屬警察公法活動，因此，警察應隨時監督第三人之行爲，警察遴選第三人蒐集資料辦法第9條規定：

「警察應隨時考核第三人之忠誠度及信賴度並適時檢討其工作成效。

前項工作成效未達預期者，得視案情狀況，加強其蒐集資料技巧及方法之訓練。

第三人之忠誠度、信賴度或工作成效經評估認爲已不適任者，應停止執行，並依第七條報請終止合作關係。」

---

[60] Heesen/Hönle/Peilert, a.a.O. (Fn.55), S. 732.
[61] 內政部警政署編，同前揭註29，頁49。
[62] 德國聯邦法院認爲，警察委託私人執行任務，即有對其實施監督，除非該第三人所爲之錯誤行爲，屬警察不可期待時，才免除警察之國家責任；參閱BGH, StV 2001, 492(493).
[63] Heesen/Hönle/Peilert, a.a.O. (Fn.55), S. 735.

在警察與第三人間具體委託任務中，警察應明確指示第三人應提供之資訊，因此，應訂定有「工作準則與進度」，並適時檢討其工作成效。

線民的唯一責任就是要提供資訊，必須在警察機關之控制與指導下為之。警察遴選第三人後，應加強蒐集資料之技巧與方法。並於具體個案中，對於未達工作成效者，應針對個案再度加強之。

警察和線民間的關係是一項交易，此種交易應該建立在專業的基礎上。除此之外，警察與第三人間是建立在一種秘密的「信任關係」上，警察應隨時評估及衡量線民所提供之資訊，並藉此檢驗其忠誠度與信賴度。若經由一段時間之觀察，而認為彼此間已無「信任關係」存在時，即應依本辦法第7條規定，終止合作關係。

2.警察與第三人之聯繫

警察遴選第三人蒐集資料辦法第8條規定：

「警察與第三人聯繫，應注意保密，並主動探詢其蒐集資料情形。

第三人之陳述有保全之必要，得經其同意後，予以錄音留存；其交付之證據資料，應載明取得之過程與方法。

第二項之錄音紀錄或證據資料，應依第十一條規定管理。」

警察與第三人聯繫可透過多種方式，如電話、利用車輛約定地點或私人住處等，但聯繫時應注意保密，不要讓第三人因而暴露身分。

警察對於第三人之陳述認為有保全之必要，得經其同意後，予以錄音留存；其交付之證據資料，應載明取得之過程與方法。在此。講求程序之進行，予以錄音留存，除了將來作為證據之保全外，並可強化第三人真實之陳述，因為「錄音」可產生對第三人心理上壓力，有真實陳述之必要，若進而以文件記錄第三人的陳述，則更有效果。

(六)第三人所蒐集資料之處理與對其之保護

1.第三人所蒐集資料之處理

在此，首先要考慮的是，第三人所蒐集資料之合法性，若屬於超出法律所允許之界限取得資料，則屬違法之資料，應不得儲存與利用。其次，

要考慮的是，所蒐集資料之正確性，例如，是否可作為證據之使用等[64]。警察遴選第三人蒐集資料辦法第10條規定：

「警察對第三人所蒐集之資料，應客觀判斷其取得過程及方法，參酌經驗及結果事實情況，評鑑其可信性。

前項資料經研判認為可信，且具證據價值者，應依下列方式處理：

一、資料欠詳盡者，應告知繼續蒐集；必要時，應予適當之指導。

二、資料足資證明特定人有危害或犯罪行為者，應依法處理。

第一項資料經研判認為不可信者，依前條規定處理。」

2.第三人所蒐集資料之使用與證人之保護

警察職權行使法第13條第3項規定：「所蒐集關於涉案對象及待查事實之資料，如於相關法律程序中做為證據使用時，應依相關訴訟法之規定。」在此，除刑事訴訟法外，亦可能有民事或行政訴訟法之適用。

第三人為證人者，適用關於證人保護法之規定。此乃因恐第三人因組織犯罪防制條例、毒品危害防制條例等法律上做為證人而曝光，可能造成其個人生命、身體之危害，而有本項之規定，以為保護。

3.第三人蒐集資料之建檔

警察遴選第三人蒐集資料辦法第11條規定：

「警察遴選第三人及第三人蒐集之資料，應列為極機密文件，專案建檔，並指定專人依機密檔案管理辦法管理之。

前項檔案文件，除法律另有規定者外，不得供閱覽或提供偵查、審判機關以外之其他機關、團體或個人。

第一項文件供閱覽時，應由啟封者及傳閱者在卷面騎縫處簽章，載明啟封及傳閱日期，並由啟封者併前手封存卷面，重新製作卷面封存之。」

參酌證人保護法第11條及其施行細則第17條規定，第1項明定警察遴選第三人及第三人蒐集之資料，列為極機密文件，並依機密檔案管理辦法管理之。警察遴選第三人及第三人蒐集之資料依一定程序管理，以提升保

---

[64] 德國Niedersachsen邦警察法第36條第2項即規定，第三人取得之資料不得作為拒絕證言與拒絕陳述權；Bäumler, a.a.O. (Fn.11), J. 616.

密之作為，並考量啓封者及傳閱者之保密機制作為，爰訂定於第2項及第3項。

此外，若該相關當事人向警察機關要求提供有關第三人資料時，基本上得以該辦法第11條第2項加以拒絕，此即所謂的「否准提供陳述」（Aussagegenehmigung）[65]。若相關當事人對此提起行政爭訟時，在德國法上，警察機關是可依德國行政法院法第99條規定，主張其有保密之有限責任[66]。我國似無相關規定。

三、爭議問題

線民依警察交付任務蒐集資料時，如侵害他人權利時，警察是否應負連帶責任？

被遴選之第三人與警察訂定所謂「民法上之契約關係」，而非屬授權執行公權力，如侵害他人權利時，警察是否應負連帶責任有兩說，第三人應自行負責說，以及「歸責說」，若有侵害他人權益發生，非可歸責該「第三人」時，則屬警察之責任。本文較贊成第三人應自行負責，警察無連帶責任。

第14條（通知到場）

警察對於下列各款之人，得以口頭或書面敘明事由，通知其到場：

一、有事實足認其能提供警察完成防止具體危害任務之必要資料者。

二、有事實足認為防止具體危害，而有對其執行非侵入性鑑識措施之必要者。

依前項通知到場者，應即時調查或執行鑑識措施。

---

[65] 在德國聯邦公務員基準法第39條以及聯邦公務員法第61條、第62條規定更限縮此種否准陳述，其必須在「若陳述不利於聯邦或一邦之福祉或嚴重或相當不利公共任務之執行時，始有拒絕之權利。」我國之規定相較之下較為寬鬆。

[66] Heesen/Hönle/Peilert, a.a.O. (Fn.55), S. 732。德國行政法院法第99條是規定「行政機關提供資料之義務」，而該條第1項則規定，若其過程依法律或依其本質應保持秘密，則主管上級監督機關得拒絕提供相關文件與資訊。

一、立法理由

（一）警察為執行特定任務，有時須通知關係人到場以便調查，或者進行鑑識措施，故賦予警察有通知關係人到場權。

（二）依前項通知到場之人，不宜令其身體長久受拘束，故規定應即時為調查或執行鑑識措施。

二、參考依據

德國聯邦國境保護法第25條：

「(1)有下列情形之人，國境保護局得以書面或口頭傳喚之：

1.有事實足以認為該人能提供與該局達成某特定任務有關之供述。

2.為執行鑑識措施所必要者。

(2)傳喚得告知理由。決定傳喚時間時，應顧及被傳喚人之職業及其他生活關係。

(3)有下列情形之一，被傳喚人無足夠理由而未應傳喚者，得強制執行之：

1.該供述對防止某人自由、生命、身體等危害有必要者。

2.為執行鑑識措施所必要者。

(4)對被傳喚為證人或鑑定人之損害賠償，準用證人與鑑定人損害賠償法。」

三、內容解析

(一)立法說明

1.警察為防止具體危害，對於能提供警察完成防止具體危害任務之必要資料或有對其執行非侵入性鑑識措施之必要者，有通知其到場以便調查，或者進行鑑識措施之必要，爰於第1項明定其相關要件及程序。同項第2款所稱「非侵入性鑑識措施」，係指對身體外部採行之鑑識措施，諸如量身高體重、照相、錄音、錄影或採取指紋、掌紋等。

2.依前項通知到場之人，不宜令其長久受拘束，爰於第2項明定應即時為調查或執行鑑識措施。

(二)立法缺陷之質疑

本條文是將兩個（第1項第1款以及第2款）事實上並無關聯的情形，合併為同一條文，若觀察第2項「依前項通知到場者，應即時調查或執行鑑識措施」之規定，理論上並無區分第1項或第2項之情形，因此，似乎亦可得對第1款情形之人執行鑑識措施，當然若如此解釋，則顯然不符立法原意[67]。

本條文是立法院所提版本第18條規定，參考李震山教授版本而來[68]。吾人若對照李震山教授以及陳其邁委員之提案，可以發現兩法案在本條規定之前一條文，有警察於身分查證不能確認身分時得有執行「鑑識措施」之規定[69]。而通過的警察職權行使法卻刪除該條「執行鑑識措施」規定，而保留了第14條規定，使人覺得有不連貫之感，此種立法值得深思[70]。

本文認為本條應屬身分查證之條文，順序上應置於第8條之後，建議應在本條規定前，另有一條文規定警察在何種條件下可「執行鑑識措施」，例如依本法第7條無法身分查證時，可作如此規定：「警察依前條規定無法查證身分時，得採取非侵入性之鑑識措施。[71]」

(三)通知到場之定義與意義

1.通知到場之定義

通知到場是要求特定人於所規定的時間到一定場所出現，並停留至所通知辦理事件完成後才得離開的法律所規定之命令。在此所稱之場所通常是指警察局而言，通知得以口頭或書面為之。

---

[67] 本條文是參考德國法而來，其名稱為「傳喚」，但在德國的兩個草案中，亦即，標準法草案以及選擇草案，對不服從傳喚兩草案意見不同，前者主張使用強制力，後者則否，而我國通過之條文，是主張不得使用強制力，但為避免警察拖延，而有第2項之規定，立法本意本屬可採，但立法技術上卻值得爭議，會使人產生誤解。

[68] 參閱立法院2003年4月9日所提出數個版本對照表；李震山主持，警察職務執行法草案之研究，內政部警政署委託研究，1999年6月10日，頁234。

[69] 參考李震山版本之第10條以及陳其邁委員所提版本第10條規定。

[70] 「執行鑑識措施」，應是屬「身分查證」的重要手段，本條文卻列在「資料蒐集」部分上，使人覺得有不搭調之感。

[71] 陳委員其邁所提之版本也作如此規定。

2.通知到場之意義

通知到場是否具有下命性質，而為行政處分，則有進一步探討之餘地。

被通知到場者若屬法律上有提供資料之義務時，亦即，當事人有義務時，若其無理由，而不到場，則可用強制力為之，則此種通知到場為具有拘束力的通知到場，應屬具負擔的行政處分。主張此說者，認為「通知到場」為警察公權力措施之一種[72]，對無正當理由經通知而不到場者，警察得依行政執行法之規定，採取進一步的強制到案措施[73]。反之，若該通知到場僅屬不具拘束力的性質，則應屬於觀念通知的事實行為。

主張此說者認為，無正當理由經通知而不到場者，我國警察職權行使法對此並無處罰以及使用強制力之規定。是否可依據社會秩序維護法第41條所稱「嫌疑人、證人、關係人之傳喚手續」規定，而將「通知到場」者下令「傳喚」，本文認為，兩法的適用對象不同，因此，不得援引該條之規定。

此外，我國刑事訴訟法對通知到場無正當理由不到場者，警察亦無直接使用強制力之規定，刑事訴訟法第71條之1規定：「司法警察官或司法警察，因調查犯罪嫌疑人犯罪情形即蒐集證據之必要，得使用通知書，通知犯罪嫌疑人到場詢問，經合法通知，無正當理由不到場者，得報請檢察官核發拘票。」強制拘提到案，仍須經由檢察官之核發，因此，依警察職權行使法無正當理由不到場者，仍不宜使用強制力「強制到案」。

(四)通知到場的實質要件

1.有事實足認其能提供警察完成防止具體危害任務之必要資料者。

2.有事實足認，為防止具體危害，而有對其執行非侵入性鑑識措施之必要者。

上述「有事實足認」所稱之情形，應符合所謂的「有具體危害之虞」，警察才有權可下令為之。在此，若僅以為了調查犯罪事實是不足夠的，因為並無呈現所謂的「具體危害」。

---

[72] 主張此說者認為，其屬警察職權行使法第2條所稱的「具體公權力措施」，因此，應屬行政處分無疑。
[73] 在此，警察的通知書上應載明「不到場得強制執行之意旨」，以作為「強制到案」之依據。

(五)通知到場的形式要件

本條之通知以書面或口頭皆可，但必須敘明理由，並未嚴格要求一定的要式記載。因此，只要敘明事由及到場之時間、地點爲已足；惟如以口頭通知，宜有書面紀錄（例如電話紀錄），以明權責。

通知到場應包括兩種命令，一爲通知到場，另一爲報告義務。有到場義務，並非就有報告義務[74]。但若其志願提供資料，則不在此限。

(六)通知到場之法效果

行政程序法第39條規定：「行政機關基於調查事實及證據之必要，得以書面通知相關之人陳述意見。通知書中應記載詢問目的、時間、地點、得否委託他人到場及不到場所生之效果。」但由於本條並無「得使用強制力」之明文，故依本條規定通知到場者，尚不得使用強制力。因此，本條之通知到場，非屬行政處分，而是觀念通知之事實行爲。

經通知到場者，應即時調查或執行鑑識措施。在此，爲加強警察之責任不過度侵害人民權利而有即時爲之之必要。

第15條（治安顧慮人口之定期查訪）

警察爲維護社會治安，並防制下列治安顧慮人口再犯，得定期實施查訪：

一、曾犯殺人、強盜、搶奪、放火、妨害性自主、恐嚇取財、擄人勒贖、竊盜、詐欺、妨害自由、組織犯罪之罪，經執行完畢或假釋出獄者。

二、受毒品戒治人或曾犯製造、運輸、販賣、持有毒品或槍砲彈藥之罪，經執行完畢或假釋出獄者。

前項查訪期間，以刑執行完畢或假釋出獄後三年內爲限。但假釋經撤銷者，其假釋期間不列入計算。

治安顧慮人口查訪項目、方式及其他應遵行事項之辦法，由內政部定之。

---

[74] Schenke, a.a.O. (Fn.10), Rdnr. 130.

一、修法理由（2011年4月8日通過、4月27日公布）

（一）第1項第1款增列「竊盜、詐欺、妨害自由」，並配合刑法修正刪除「常業竊盜」及將「性侵害」修正為「妨害性自主」。

（二）配合檢肅流氓條例廢止，刪除第1項第3款及第2項有關規定。

（三）其餘照案通過。

二、修正背景

依據統計分析，目前社會上大部分之犯罪，係由少數職業慣犯所為，尤其影響民心至深且鉅之竊盜、強盜、搶奪、性侵害及毒品等犯罪，絕大多數均為累犯所為，造成社會動盪不安，基於維護治安及使社會大眾有免於恐懼之自由，而有其執行職務上之必要[75]，是以，我國於警察職權行使法於制定時，乃於第15條規定有警察對於社區危害較大之治安顧慮人口，得定期實施查訪、以防制其再犯的機制[76]。

但於2003年6月25日公布、同年12月1日施行後，隨著時代變遷、實務運作爭議及相關法規之修正，有重新修正之必要，對此，立法院乃於2011年4月8日通過（同年4月27日公布）本法第15條之修正，此次修法亦是警職法公布施行以來的首次修正。

本次修正之重點如下：

(一)刪除檢肅流氓條例相關規範

由於檢肅流氓條例多次遭到宣告部分違憲，多次違反法律明確性原則、正當法律程序原則、比例原則及憲法第16條對於訴訟權之保障，在多次修正之後，條文已顯得殘破不堪，內容規定多已不合時宜，使治安顧慮人口條文之相關規定已失所附麗，故於修法爰予刪除。

---

[75] 我國早期之戶口查察將人口分為一種戶、二種戶、三種戶，其中區隔是以其所違反法條之可非難程度而言，一種戶即相當接近於治安顧慮人口範圍，二種戶則是較具危險之客戶或行業如：(1)所犯刑事案件經起訴或少年法院裁定保護處分者。但過失、酒醉駕駛及簡易程序判決案件除外。(2)由一種戶經改列為二種戶者。(3)受毒品戒治人：指毒品危害防制條例第25條第2項警察機關得採驗尿液者。(4)自衛槍枝戶。(5)委託寄售及舊貨業、汽機車修配保管業、當鋪業。(6)旅（賓）館及其他供公眾住宿處所。(7)其他影響治安場所或人口。然而除了上述一、二種戶以外之一般人民即為第三種戶。

[76] 內政部警政署編，同前揭註29，頁60。

(二)加入妨害自由罪

於我國刑法中針對妨害自由罪特別專章為其立法，藉此可見其所欲保護之自由法益為基本人權之重要表徵，且於我國實務上曾犯妨害自由罪者之再犯可能性甚高，故為防止其再犯、保障基本人權及維護社會治安，故於本次修正將條文中加入曾犯「妨害自由」罪之項目。

(三)刪除常業竊盜罪及加入竊盜罪

我國刑法第322條之常業竊盜罪已於民國94年2月2日刪除，導致原有之規定失其所本，因此將條文中之「常業竊盜」項目刪除；惟因考量竊盜犯罪對社會治安及民眾權益影響甚鉅，且再犯比例偏高，因此仍增列竊盜罪之項目。

(四)加入詐欺罪

近年來詐欺犯罪案件造成受害民眾之嚴重財產損害，導致民怨高漲，進而使反詐騙已然成為警方之主要業務，且考量其再犯比例偏高，故增列詐欺罪之項目。

三、參考依據

本條係立法委員周慧瑛等於2003年3月27日本法第二次審查會時之提案，其原提案條文如下：

「警察為維護社會治安，並防制下列治安顧慮人口再犯，得定期進入其住居所實施查訪：

一、曾犯殺人、強盜、搶奪、性侵害、恐嚇、擄人勒贖、槍械、走私、組織犯罪之罪，經執行完畢或假釋出獄者。

二、有犯竊盜罪之習慣或以犯竊盜罪為常業者。

三、受毒品戒治人或曾犯製造、運輸、販賣、持有毒品之罪，經執行完畢或假釋出獄者。

四、經列入輔導或感訓處分執行完畢之流氓。

五、曾受刑事或保護處分執行完畢之少年。

六、其他報經內政部警政署核定有治安顧慮者。

對於前項查訪，得依法執行。」

四、內容解析

(一)治安顧慮人口查訪機關之確定

本條第3項規定：「治安顧慮人口查訪項目、方式及其他應遵行事項之辦法，由內政部定之。」當時為了訂定此辦法，警政署曾召開幾次會議進行討論，在會議中首先遭遇者乃是內部管轄權應如何認定之問題，亦即是，到底實施查訪者為行政警察或刑事警察，其次，是該辦法發布後，以後的戶口查察是否就應廢除之問題，因為以前的戶口查察作業規定是以「內規」作規範，蓋以，本條查訪對象其實就是既有規定的一種戶、二種戶查察，因此，兩者重疊處之處理應有其必要性。

就此，內政部警政署於2004年4月19日發布勤區查察家戶聯絡實施要點，該要點自2004年7月1日實施，「戶口查察作業規定」同時廢止。「勤區查察家戶聯絡實施要點」是補充治安顧慮人口查訪辦法（2003年11月27日發布）的規定，其中有關聯絡對象是以本條所稱的各種犯罪類型，家戶聯絡對象改列作業，以及各類對象聯絡次數之律定[77]。2007年7月4日修正公布警察勤務條例第11條，警政署於2007年12月13日將原有之戶口查察作業規定，修改成警察勤務區「家戶訪查辦法」及「家戶訪查作業規定」作為實施家戶訪查之依據。

本條最大的困難是沒有強制力的規定，若在執行上，當事人拒絕查訪，本條之規定將形同具文。

(二)治安顧慮人口查訪辦法內容

內政部警政署於2003年11月27日發布（同年12月1日施行）治安顧慮人口查訪辦法（以下稱：本辦法），2012年1月4日並修正第2條、第4條

---

[77] 其分為(1)重點聯絡對象：每月直接聯絡一次。但受毒品戒治人，每三個月直接聯絡一次。(2)經常聯絡對象：每三個月直接聯絡一次。(3)一般聯絡對象：每年直接聯絡一次。而前述所稱的三種聯絡對象的歸類是規定在該實施要點的「參」之「十五」的家戶聯絡對象改列作業中。

及第10條之規定。

　　有關辦法之內容，本文分析如下：

1.查訪對象與查訪期間之確定

　　本辦法第2條第1項是將本法第15條第1項所稱罪名，配合刑法相關法條作列舉之規定，並於第2項重複本法第15條第2項的「查訪期間」之規定。

2.實施查訪之機關

　　本辦法第4條規定：

　　「治安顧慮人口由戶籍地警察機關每個月實施查訪一次。必要時，得增加查訪次數。

　　戶籍地警察機關發現查訪對象不在戶籍地時，應查明及通知所在處所之警察機關協助查訪；其為行方不明者，應通報直轄市、縣（市）政府警察局協尋。」

　　本辦法於制定時，對於查訪之機關究竟歸屬於行政或刑事警察即有爭議，最後仍決定由戶籍地警察機關為管轄機關，如此決定符合目前現狀之情形。

3.實施查訪之項目、方式與查訪時間

　　本辦法第3條規定：

　　「警察實施查訪項目如下：

　　一、查訪對象之工作、交往及生活情形。

　　二、其他有助於維護社會治安及防制查訪對象再犯之必要資料。」

　　查訪之目的，在於進一步瞭解其現況，並即時防止再犯之可能，因此，除瞭解其交往、工作與生活情形外，並進一步蒐集一些防止再犯之必要資料。

　　本辦法第5條規定：「警察實施查訪，應選擇適當之時間、地點，以家戶訪問或其他適當方式為之，並應注意避免影響查訪對象之工作及名譽。」第5條之規定在於考量當事人應有之權益。因為其本身所犯之罪已執行完畢或假釋出獄，現並非犯罪之人，所以實施查訪時，應顧及當事人

之情境與名譽等。

　　本辦法第6條規定：「警察實施查訪，應於日間為之。但與查訪對象約定者，不在此限。」以日間為之，儘量避免造成當事人之困擾。

4.實施查訪之程序

(1)履行告知義務

　　本辦法第7條規定：「警察實施查訪時，應著制服或出示證件表明身分，並應告知事由。」此為警察實施查訪時所應遵守之程序（並參警察職權行使法第4條之規定）。

(2)勸導改正

　　本辦法第8條規定：「警察發現查訪對象有違法之虞時，應以勸告或其他適當方法，促其不再犯。」實施查訪主要目的在於防止當事人再犯，若警察實施查訪，發覺查訪對象有違法之虞時，則應適時導正，始能達成查訪之目的。

5.通報之義務

　　本辦法第9條規定：「警察依本法第六條至第十條規定實施身分查證及資料蒐集，發現行方不明治安顧慮人口之第三條所定資料時，應通報其戶籍地警察機關。」

　　警察機關執行本法之身分查證及資料蒐集時，有時發現行方不明治安顧慮人口之第3條所定資料時，則此時應賦予該警察機關有通報其戶籍地警察機關之義務，並將此資料傳遞之。

(三)治安顧慮人口查訪之性質與效果

　　由於本條文並未賦予警察機關任何之強制力，因此，實施查訪僅屬於所謂「事實行為」，因此，當事人若拒絕警察之查訪，警察只能採用其他資料蒐集之手段為之。

(四)治安顧慮人口與家戶訪查之比較

1.法規演進背景及所規範之對象

(1)戶口查察因無法律授權而廢止

由於早期之戶口查察即有將訪查對象分為一種戶、二種戶、三種戶等，並由於早期的戶口查察乃是在日據時代之歷史背景下所產生的，其作業規定在飽受學者批評其合憲性一向有爭議，其時常淪為對住宅之臨檢，似有違憲，而約莫於1996年以後，我國行政法制開始有極大之討論與整建，尤其行政程序法於1999年2月3日公布實施後，行政程序法要求限制人民權利者要有法律授權之法規命令才可為之[78]，亦即，法規命令之內容應明列其法律授權之依據，於此背景之下，戶口查察工作的主要依據法源「戶口查察實施辦法」，由於係內政部（警政署）本於職權所訂之命令，不符合行政程序法之規定，故內政部明令於2000年10月31日廢止。此後，內政部警政署一向所採取以修正戶口查察作業規定來回應變革聲浪之保守作法，也因「戶口查察實施辦法」廢止，面臨各界不斷質疑戶口查察執行之正當性與適法性的問題。

(2)治安顧慮人口及家戶訪查規範之訂定

由於早期戶口查察所規範之對象與現今之治安顧慮人口似乎有所重疊，所以在治安顧慮人口訪查實施後，警政署於2007年12月13日原有之戶口查察作業規定修改成警察勤務區家戶訪查辦法，與治安顧慮人口雙管齊下，此種作法類似將早期之戶口查察一分為二，將一、二種戶獨立出來為治安顧慮人口訪查之對象；三種戶則成為家戶訪查之對象。此二者之法律授權均為明確，治安顧慮人口查訪辦法是由警察職權行使法第15條第3項所授權訂定，而家戶訪查辦法之授權則是由警察勤務條例第11條第1款訂定之。

---

[78] 行政程序法第150條規定：「本法所稱法規命令，係指行政機關基於法律授權，對多數不特定人民就一般事項所作抽象之對外發生法律效果之規定（第1項）。法規命令之內容應明列其法律授權之依據，並不得逾越法律授權之範圍與立法精神（第2項）。」

2.就其規範之目的

　　家戶訪查主要之目的在於，結合社區治安需求、爲社區服務、調查社會治安及建立警民夥伴關係[79]，此爲較普遍大眾化之目的，警察勤務區家戶訪查作業規定中提及警勤區員警實施家戶訪查時應謙和有禮，妥愼運用電腦及個人資料，關懷轄區內實際活動居民，誠懇籲請民眾共同維護社區治安，鼓勵主動反應可疑治安情資，建構社區安全生活空間，兼顧民眾正當生活作息與社區治安需求，實施適合整體警察形象之活動，達成危害預防與犯罪防制之目標。而若未強制執行此一計畫，實際上並不會對於社會大眾造成過多危害或抽象危險；然則治安顧慮人口，主要則是針對曾犯社會上刑事治安案件中較具有非難性且再犯率較高者，其所保護的是社會上要重要的保安及預防功能。

3.小結

　　在我國學界中，針對家戶訪查與治安顧慮人口之功能及範圍是否有重疊之處，正反皆有所採，但大多數學者認爲兩者究屬有別，不可混淆，兩者雖然皆屬於「行政指導」與「行政調查」之事實行爲，且皆不具有強制力，但兩者之對象、目的及密度皆大不相同，況且，並非不具有強制力即不具有干預性，綜合而言，治安顧慮人口對於受訪者之訪查密度及干預程度皆在家戶訪查之上，故兩者自然不得等同視之。

(五)治安顧慮人口與相關法規重疊之探討

1.性侵害犯罪防治法

(1)規範對象

依性侵害犯罪防治法第2條規定：

「本法所稱性侵害犯罪，係指觸犯刑法第二百二十一條至第二百二十七條、第二百二十八條、第二百二十九條、第三百三十二條第二項第二款、第三百三十四條第二款、第三百四十八條第二項第一款及其特

---

[79]　李震山、李錫棟，警察針對特殊治安對象之職權行使，收錄於：李震山，警察行政法——自由與秩序之折衝，元照出版，2014年6月，頁337。

別法之罪。

　　本法所稱加害人，係指觸犯前項各罪經判決有罪確定之人。」

　　性侵害犯罪加害人登記報到查訪及查閱辦法（以下簡稱查訪及查閱辦法[80]）第2條規定：「本辦法所稱加害人，指本法第二十三條第一項、第二項所列觸犯刑法或其特別法之罪，有本法第二十條第一項各款情形之一，且犯罪時年齡為十八歲以上之人。」

　　依其內容規範對象限縮在於刑法第十六章之妨害性自主罪及強盜罪、海盜罪、擄人勒贖罪結合強制性交罪者，且犯罪時年齡為十八歲以上之人。且有下列各款情形之一者：

　　①有期徒刑或保安處分執行完畢。但有期徒刑經易服社會勞動者，於
　　　准易服社會勞動時起執行之。

　　②假釋。

　　③緩刑。

　　④免刑。

　　⑤赦免。

　　⑥緩起訴處分。

　　⑦經法院、軍事法院裁定停止強制治療。

(2)手段

　　查訪及查閱辦法規定第3條規定：

　　「監獄、軍事監獄應於加害人刑期屆滿前二個月、奉准假釋或經赦免尚未釋放前，將加害人確定之判決書函送其戶籍所在地之直轄市、縣（市）主管機關。加害人屬中高以上再犯危險者，並應於函文中敘明。

　　檢察機關、軍事檢察機關應儘速將加害人受緩起訴之處分書、緩刑或免刑宣告確定之判決書、有期徒刑經易科罰金執行完畢之指揮書或准易服社會勞動之通知書連同確定之判決書函送其戶籍所在地之直轄市、縣（市）主管機關。

　　加害人有刑法第八十七條之情形者，檢察機關應於受監護處分期間屆

---

[80]　本辦法係依性侵害犯罪防治法第23條第6項規定授權訂定之法規命令。

滿前一個月,或收受法院免其監護處分執行之裁定後二週內,將確定之判決書提供其戶籍所在地之直轄市、縣(市)主管機關。

直轄市、縣(市)主管機關應於接獲前三項之資料起三日內函轉戶籍所在地之直轄市、縣(市)政府警察局以書面通知加害人於指定期日辦理登記。」

依上述規定程序,監獄、軍事監獄、檢察機關、軍事檢察機關等機關在刑期屆滿或監護處分期間屆滿前或緩起訴之處分書、緩刑或免刑宣告確定之判決書或其他情形,有事先通知戶籍所在地之直轄市、縣(市)主管機關之義務。

之後,直轄市、縣(市)主管機關應於接獲前三項之資料起三日內,函轉戶籍所在地之直轄市、縣(市)政府警察局以書面通知加害人於指定期日辦理登記。加害人須向所屬區域之警察機關提供姓名、國民身分證統一編號、出生年月日、戶籍所在地地址、居所地地址、聯絡方式、聯絡電話、任職單位名稱、地址、職稱、工作內容、負責人聯絡電話、牌照號碼、車主姓名、廠牌、型式、顏色、排氣量等[81]。

查訪及查閱辦法第10條規定:「加害人登記報到期間,管轄警察局(分局)應每個月對加害人實施查訪一次,並得視其再犯危險增加查訪次數。」就此,管轄警察局應每個月對加害人實施查訪一次,並得視其再犯危險增加查訪次數。

(3)執行力

加害人未依規定辦理登記、報到或未依規定接受查訪,管轄警察局(分局)應檢齊相關資料函報所屬直轄市、縣(市)主管機關依性侵害犯罪防治法第21條第1項規定處罰,其得處新臺幣一萬元以上五萬元以下罰鍰,並限期命其履行,屆期仍不履行者,對加害人得處一年以下有期徒刑、拘役或併科新臺幣五萬元以下罰金[82]。

從上分析,對性侵害加害人之查訪,仍屬警察機關職權,但與警職法

---

[81]　參照性侵害犯罪加害人登記報到查訪及查閱辦法第4條。
[82]　參照性侵害犯罪加害人登記報到查訪及查閱辦法第11條及性侵害犯罪防治法第21條。

比較，本法之查訪因爲法條有處罰依據，執行成效佳。

2.毒品危害防制條例

(1)規範對象

曾施用危害防制條例所規範之毒品者，包括成年與未成年人，對此之人依該條例第25條第3項訂定採驗尿液實施辦法，該辦法第2條規定：

「本辦法所稱應受尿液採驗人之範圍如下：

一、本條例第二十五條第一項之受保護管束者。

二、本條例第二十五條第二項所定得由警察機關採驗尿液之人員。」

以及有關特定人員尿液採驗，只是爲防制毒品氾濫，主管機關對於所屬或監督之特定人員所實施之採驗；所謂特定人員，指從事與公共安全有關業務、因業務需要經常接觸毒品或經行政院認定爲防制毒品氾濫而有實施尿液採驗必要之人[83]。依據該條例第33條第2項訂定特定人員尿液採驗辦法。

(2)手段

A.特定人員之尿液採驗

毒品危害防制條例第33條第1項規定：「爲防制毒品氾濫，主管機關對於所屬或監督之特定人員於必要時，得要求其接受採驗尿液，受要求之人不得拒絕；拒絕接受採驗者，並得拘束其身體行之。」特定人員尿液採驗辦法第4條規定：「對特定人員之尿液採驗，以受僱檢驗、懷疑檢驗、意外檢驗、入伍檢驗、復學檢驗、在監（院、所）檢驗、不定期檢驗或隨機檢驗之方式行之。」

採驗辦法第6條規定：「不定期檢驗之實施，應於四小時前通知受檢人，受檢人應依規定之時間、地點報到，接受採驗尿液（第1項）。受檢人有正當事由無法依限接受採驗尿液時，主管機關應於一個月內另行通知採驗尿液（第2項）。」

並且，內政部警政署刑事警察局也屬尿液之檢驗機關之一[84]。

---

[83]　參照特定人員之尿液採驗辦法第3條第1款規定，特定人員尿液採驗辦法第3條第1款修正附表有進一步規定其適用範圍。

[84]　毒品危害防制條例第33條之1第1項第3款規定。

B.曾施用毒品者

採驗尿液實施辦法第8條規定：

「執行保護管束者依本條例第二十五條第一項規定，於保護管束期間內執行定期尿液採驗者，其採驗期間如下：

一、保護管束期間開始後前二個月內，每二週採驗一次。

二、保護管束期間開始後第三個月至第五個月，每一個月採驗一次。

三、所餘月份，每二個月採驗一次。

犯本條例第十條之罪與他罪合併定執行刑之假釋付保護管束者，其定期採驗尿液期間，為一年六個月。期間內之尿液採驗次數，依前項規定辦理。

前項保護管束期間不滿一年六個月者，採驗尿液期間至保護管束期滿止；保護管束期間超過一年六個月者，超過部分，執行保護管束者於必要時，仍得採驗尿液。」

第9條規定：「警察機關依本條例第二十五條第二項規定執行定期尿液採驗，每三個月至少採驗一次。」

(3)執行力

對曾施用毒品者，依據採驗尿液實施辦法第9條第2項以及第11條規定，應受尿液採驗人經合法通知而無正當理由不到場，或到場而拒絕採驗者，警察機關或執行保護管束者得報請檢察官或少年法院許可，強制採驗。

對曾施用毒品者，實施尿液採驗之機關仍以警察機關為主。

3.組織犯罪防制條例

(1)規範對象

犯罪組織，所謂犯罪組織，指三人以上，以實施強暴、脅迫、詐術、恐嚇為手段或最重本刑逾五年有期徒刑之刑之罪，所組成具有持續性或牟利性之有結構性組織。所謂有結構性組織，指非為立即實施犯罪而隨意組成，不以具有名稱、規約、儀式、固定處所、成員持續參與或分工明確為必要。

(2)手段

本條例之第3條第3項規定，犯第1項之罪者（發起、主持、操縱或指揮或參與犯罪組織者）應於刑之執行前，令入勞動場所，強制工作，其期間為三年。應於刑之執行完畢或赦免後，令入勞動場所，強制工作，其期間為三年；犯前項之罪者（第1項之再犯者），其期間為五年。

有關執行強制工作已達相當期間後可否免其處分繼續執行、延長、免除其刑之全部或一部執行等，準用刑法第90條第2項但書、第3項及第98條第2項、第3項規定，以臻明確。

(3)執行力

由前段所述，組織犯罪防制條例規定，於刑之執行前，令入勞動場所，強制工作，期間為三年，而現行之治安顧慮人口訪查辦法第2條第2項規定：「前項查訪期間，以刑執行完畢或假釋出獄後三年內為限。」

4.觀護人制度

(1)規範對象

可依犯罪年齡（十八歲），分為成年觀護及少年觀護制度，並分別由地檢署觀護人及法院少年法庭之少年調查保護官負責執行。

(2)手段

觀護人每月至少訪視或約談受保護管束人一次，並視個案之需要，輔以電話查詢、運用觀護志工就近輔導或以其他適當方式加強輔導。

A.約談

依保安處分執行法第74條之2第4款規定，受保護管束人於保護管束期間內，對於身體健康、生活情況及工作環境等，每月至少向執行保護管束者報告一次。相對受保護管束人之報告義務，執行保護管束者（觀護人）之作為稱為約談。依地方法院檢察署執行觀護案件手冊規定，執行保護管束之期間，已達六個月以上而受保護管束人表現正常者，觀護人得依其情狀，准以書面報告代替親自報到。但每次准以書面報告之期間不得逾三個月。

B.訪視

觀護人執行保護管束案件除進行約談工作外，尚有訪視工作。為求對個案有深入多方面之瞭解，訪視之對象則不限於個案本人，例如個案之家屬、親友、雇主、同學、工作夥伴等。訪視之地點則因相同之原因，除個案之住家外，也可能是個案之工作地、就讀學校、常去休閒處所、關係最切之親友家或管區員警等。

C.尿液採驗

為加強對於曾犯毒品犯罪者不再碰觸毒品，依毒品危害防制條例第25條第1項規定，警察機關或執行保護管束者應定期或於其有事實可疑為施用毒品時，通知其於指定之時間到場採驗尿液，無正當理由不到場，得報請檢察官或少年法院（地方法院少年法庭）許可，強制採驗。到場而拒絕採驗者，得違反其意思強制採驗，於採驗後，應即時報請檢察官或少年法院（地方法院少年法庭）補發許可書。性侵害犯罪防治法第20條第3項第3款亦規定，對於受保護管束之加害人有事實可疑為施用毒品時，得命其接受採驗尿液。

(3)執行力

執行保護管束者如發現，受約談者之生活動態等事項有違常現象時，得增加受保護管束人每月之報告次數。而如通知其於指定之時間到場採驗尿液，無正當理由不到場，得報請檢察官或少年法院（地方法院少年法庭）許可，強制採驗。並依函釋[85]保護管束案件分類分級評估結果，認該假釋付保護管束人需加強監管者，由該管地方檢察署函請轄內警察機關配合採行複數監督，或以運用觀護志工、結合受保護管束人親友等方式，共同監督輔導。

5.綜合分析

對於上述相關法規以及所施行的各項查訪及處遇辦法，均是針對各式犯罪所特別訂定的，各種罪刑均有其特殊之處，處遇自當也有所不同，針對毒品管制人口施以不定期驗尿措施，以嚇阻其再犯；組織犯罪防制條例

---

[85] 參閱法務部93年7月14日法保字第0931001002號函。

則是以強制工作，指導其一技之長，以利其再度社會化；性侵害防治之措施則是將其各項足以識別或追蹤身分之資料[86]登記，使其一旦再犯案即有極高的可辨識度，並輔以科技監控設備[87]（或稱電子監控，如電子手銬、腳鐐等）以利監控其行蹤；而觀護人之制度則是涵蓋最廣之機制，執行方式亦最廣，實務上，以上規範之執行單位，大多也委由警察代為執行，治安顧慮人口之訪查辦法，因不具備強制力下，似乎淪為補充的地位，因此，是否考慮給予警察更大之處理權限，實有探討之必要。

第16條（個人資料之傳遞）

　　警察於其行使職權之目的範圍內必要時，得依其他機關之請求，傳遞與個人有關之資料。其他機關亦得依警察之請求，傳遞其保存與個人有關之資料。

　　前項機關對其傳遞個人資料之正確性，應負責任。

一、參考法條

　　本條係參照德國聯邦與各邦統一警察法選擇草案第38條至第40條規定：

1.第38條

　　「為達成警察任務，警察機關間得互相傳遞與個人有關之資料。」

2.第39條

　　「為達成警察任務有必要時，警察得傳遞資料予其他機關或第三人。

　　其他機關在其權限範圍內，運用警察所傳遞之資料，對該資料之正確性自行負責。」

3.第40條

　　「為完成警察任務，或傳遞資料單位權限內之任務有必要者，其他機

---

[86] 如姓名、戶籍所在地地址、居所地地址、聯絡方式、聯絡電話、任職單位名稱、地址、職稱、工作內容、負責人聯絡電話、牌照號碼、車主姓名、廠牌、型式、顏色、排氣量等。
[87] 詳參性侵害犯罪付保護管束加害人科技設備監控實施辦法。

關得將與個人有關資料傳遞予警察。

　　該與個人有關之資料中有職業或特別職務秘密（聯邦資料保護法第45條第2句第1款第3句），且獲得該資料之傳遞機關，在義務人行使職業或職務義務時，有保密之責，若警察機關所欲完成之目的與傳遞機關獲得該資料之目的相同時，該資料傳遞予警察方為合法。」

二、內容評析

(一)資料傳遞之基本原則

1.目的拘束原則

　　警察在履行警察任務所必要範圍內，有權儲存、變更與利用資料。若取得目的與儲存合於警察之目的，即可為之。若儲存目的與當時蒐集目的不一時，為目的之改變，資料傳遞原則上是受目的拘束的，任何目的改變之傳遞是不被允許的。所傳遞之資料若涉及因執行職業而生之秘密，如醫生、律師、心理諮詢師等，若警察將此傳遞給他機關，他機關也必須基於與警察有相同之目的時，警察才可傳遞該項資料。

　　資料之傳遞應記載資料接受者、接受之日期以及資料之內容，以利將來確定責任之歸屬範圍。

2.履行警察任務所必要

　　警察任務是指本法警察行使職權之範圍，例如警察所採取查證身分，以及蒐集資料等各項職權所得之資料，而合乎警察之目的。

3.尚未逾越儲存期限

　　該項資料應仍屬各該職權儲存期限的範圍內。

(二)與通訊保障及監察法第18條之關係

　　本條係規範警察依本法規定所蒐集個人資料之傳遞對象，至於警察以通訊監察之方式所蒐集之資料，則依通訊保障及監察法規定辦理，兩者目的與採取之手段均不同。雖然依通訊保障及監察法第18條規定「監察通訊所得資料，不得提供與其他機關（構）、團體或個人」，但第18條但書也有例外規定，亦即，「符合第五條（犯罪監察）或第七條（國家安全

情報監察）之監察目的或其他法律另有規定者，不在此限」，故兩者尚不致發生牴觸[88]。

(三)資料傳遞

資料之傳遞係資料蒐集後處理之一環，為避免重複蒐集與節省人力、物力等，爰於第1項明定警察與其他機關間，得依對方之請求，互為傳遞相關之個人資料。例如蒐集之資料因發現犯罪嫌疑，移送檢察機關偵辦等。資料傳遞是指，儲存之資料或經過處理取得之資料，傳遞第三人或傳送給與閱覽。資料之傳遞是以目的為拘束，必須基於「警察行使職權之目的範圍內」為之。

警察資料之傳遞原則上是行政機關間之傳遞，將資料傳遞給私人，必須法律有特別規定才可為之。通常是為了防止重大公共利益或排除個人權益重大妨礙時，才允許之[89]。

(四)資料傳遞正確性之責任

資料之正確性，影響人民權益，爰於第2項明定傳遞機關，對其傳遞資料之正確性，應負維護責任。警察最常傳遞給他行政機關或司法機關的資料，則為警察所為的「偵訊或調查筆錄」，此種「資料傳遞」內容，經常涉及關係人的權益以及違法事實等，一稍有不慎，而發生警察所「資料傳遞」因錯誤記載或記載不實，則警察應負該責任。此點，警察機關應特別審慎為之。

(五)實務情形

非警察機關部分，配合其業務需求，提供國人入出境作業等資料：

1.國人入出境作業資料：提供各戶政事務所、區公所、法院、地檢署、高檢署、法務部調查局、國稅局、中華電信及交通部觀光局等機關。

2.外僑入出境作業資料：提供各戶政事務所、區公所、法院、地檢署、高檢署、法務部調查局、國稅局、中華電信及交通部觀光局等機關。

3.居留外僑動態管理資料：提供勞委會。

---

[88] 內政部警政署編，同前揭註29，頁63。
[89] Bäumler, a.a.O. (Fn.11), J. 740.

　　4.刑案資料：提供法務部資訊處。

　　5.查捕逃犯資料：提供法務部資訊處。

　　6.遺失身分證資料：提供戶役政資訊系統運用。

　　7.查尋人口資料：提供戶役政資訊系統、老人資料管理中心及童少資料管理中心等機關。

　　8.輟學學生資料：提供教育部[90]。

　　上述第1至3項於2007年1月2日內政部入出國及移民署成立（2014年1月2日更名為內政部移民署）時，已隨之移由移民署管轄，不再屬於本法警察職權行使之範圍。

三、爭議問題

(一)警察可否要求遠通提供ETC（eTag）系統連結，以查緝贓車？

　　依目前警政署無任何法源可以直接與所有ETC（eTag）裝置的車輛作系統連結，不管是否查到贓車或者犯罪證據，車輛被贓車辨識系統連結，對車主就是一種基本權之侵害，違反目的拘束原則[91]。

　　德國聯邦憲法法院2008年車牌自動辨識案判決，即宣布Hessen與Schleswigholstein等邦警察法有關電子比對車牌追蹤檔案違反基本法第1條第1項人性尊嚴與第2條第1項行動自由權而違憲[92]。

(二)財政部提供警方報關資料，是否屬於合法的資料傳遞？

　　財政部關稅總局依關稅法第12條第1項第7款「其他依法得向海關要求提供報關資料之機關或人員」應警政署要求，將保有之報關資料提供警政署，係為協助警政署有效查緝毒品走私，應符合個人資料保護法「法律明文規定」及「增進公共利益」特定目的外之利用[93]。

---

[90] 內政部警政署編，同前揭註29，頁64。

[91] 田炎欣，警察偵查犯罪侵害個人資料保護法之探討（下），台灣法學雜誌，第257期，2014年10月1日，頁90-91。

[92] 黃清德，自動辨識車牌的憲法問題，警專論壇，第8期，2013年9月，頁89-90。Vgl. BVerfG, 1 BvG 2014/05.

[93] 田炎欣，同前揭註91，頁89。

> **第17條（蒐集資料之利用範圍）**
> 　　警察對於依本法規定所蒐集資料之利用，應於法令職掌之必要範圍內為之，並須與蒐集之特定目的相符。但法律有特別規定者，不在此限。

一、立法目的

　　資料之利用受到「目的拘束」原則之拘束。因此，警察對蒐集所得資料之運用，應於法令職掌必要範圍內為之，並與蒐集之特定目的相符。此種規定在於防止警察機關資料之濫用，但此為原則性之規定，因法律狀況多樣，法律若有特別規定者，屬於特殊利用之情形，應容許其存在，而不受此限。

二、條文解析

(一)資料利用之定義

　　資料利用是指，警察對於所儲存之個人有關資料，並非經由變更、或進一步儲存，而僅是加以使用稱之。

(二)資料利用之要件

1.法令職掌必要範圍內

　　本條所稱「法令」，係指法律及依法律授權之「法規命令」。所謂「職掌」，是指警察防止危害與預防犯罪等範圍內。在此，所稱「必要」，是指比例原則所稱之「必要性原則」，例如警察為進一步確定「當事人身分」，而對於目前所蒐集之資料，進一步與警察資料庫已儲存資料加以比對，已確定當事人有無犯罪前科，即屬有「必要」情形的資料利用。

2.目的拘束原則

　　警察在本法所蒐集之資料是基於「預防性」之目的，對於資料之使用也應侷限在此範圍內。在此，要探討的是，警察因刑法追訴所蒐集儲存之資料可否作為「警察防止危害與預防犯罪」加以使用，一般而言，多數認

為應無問題，且在德國各邦警察法也容許並加以規定之[94]。

(三)資料利用之例外

1.本法與個人資料保護法之關係

電腦處理個人資料保護法於2010年4月27日修正並更名為個人資料保護法以規範個人資料之處理；本法亦明定警察得蒐集資料並加以利用。按個人資料保護法規定，是屬於普通法之規定，與本法比較，二者目的不同。個人資料保護法係以「保護個人資料」為目的，而警察職權行使法則以「防止或預防危害」為目的，若在前法無特別保護之規定，而警察職權行使法有規定時，則適用警察職權行使法，兩者係屬補充適用之關係。故警察行使職權有關蒐集資料並加以運用、傳遞等，應依本法所規定為之，本法未規定者，才應適用個人資料保護法等法律規定辦理。

2.個人資料保護法規定不得蒐集、處理或利用以及例外情形

個人資料保護法第6條第1項規定：

「有關病歷、醫療、基因、性生活、健康檢查及犯罪前科之個人資料，不得蒐集、處理或利用。但有下列情形之一者，不在此限：

一、法律明文規定。

二、公務機關執行法定職務或非公務機關履行法定義務必要範圍內，且事前或事後有適當安全維護措施。

三、當事人自行公開或其他已合法公開之個人資料。

四、公務機關或學術研究機構基於醫療、衛生或犯罪預防之目的，為統計或學術研究而有必要，且資料經過提供者處理後或經蒐集者依其揭露方式無從識別特定之當事人。

五、為協助公務機關執行法定職務或非公務機關履行法定義務必要範圍內，且事前或事後有適當安全維護措施。

六、經當事人書面同意。但逾越特定目的之必要範圍或其他法律另有限制不得僅依當事人書面同意蒐集、處理或利用，或其同意違反

---

[94]　SOG LSA, §22，德國聯邦與各邦統一警察法標準草案第10條A等。

其意願者，不在此限。」

本條規定，偵查機關如警察機關仍屬於例外可以蒐集犯罪前科之個人資料的機關。

3.個人資料保護法之特定目的

個人資料保護法第15條規定：

「公務機關對個人資料之蒐集或處理，除第六條第一項所規定資料外，應有特定目的，並符合下列情形之一者：

一、執行法定職務必要範圍內。

二、經當事人同意。

三、對當事人權益無侵害。」

此即所謂的「目的拘束原則」。警察蒐集犯罪前科之個人資料，其蒐集目的在於「刑事資料管理」，屬於法定職務上的蒐集行為[95]。值得探討的是，警察開具良民證，提供當事人犯罪前科資料，是否符合「目的拘束原則」，則有疑問，因為警察之提供並非基於偵查之需要[96]。

4.個人資料保護法之特定目的外之利用

個人資料保護法第16條規定：

「公務機關對個人資料之利用，除第六條第一項所規定資料外[97]，應於執行法定職務必要範圍內為之，並與蒐集之特定目的相符。但有下列情形之一者，得為特定目的外之利用：

一、法律明文規定。

二、為維護國家安全或增進公共利益所必要。

三、為免除當事人之生命、身體、自由或財產上之危險。

四、為防止他人權益之重大危害。

五、公務機關或學術研究機構基於公共利益為統計或學術研究而有必

---

[95] 田炎欣，同前揭註91，頁91。

[96] 田炎欣，同前揭註91，頁88。

[97] 第6條第1項所規定資料係指有關病歷、醫療、基因、性生活、健康檢查及犯罪前科之個人資料，亦即，這些不得作為特定目的外之利用，參閱田炎欣，同前揭註91，頁93。田氏並建議將本條「除第6條第1項所規定資料外」刪除之，以利於警察權之運作。

要，且資料經過提供者處理後或經蒐集者依其揭露方式無從識別特定之當事人。

六、有利於當事人權益。

七、經當事人同意。」

上述之利用，應注意保障當事人權利，例如教育或學術利用，而有公開之情形，應以「匿名」方式爲之。除非，該案件或利用資料，已屬於眾所知之，才可以本名爲之。

三、爭議問題

警察機關依法執行臨檢時所取得之個人資料，用以事後對員警風紀清查之作爲，是否合於個人資料保護法規定？

依法務部105年8月3日法律字第10503512050號書函意旨，個人資料之利用，除應符合個資法第16條之利用規定，並應符合個資法第5條比例原則之規定。警察機關爲查察員警風紀狀況，避免所屬員警有違紀案件發生，而將經列管之不妥當場所之所有受臨檢民眾之個人資料與所屬員警資料庫進行比對，此種全部、通案、預先之比對機制，恐有違反比例原則之虞。

第18條（資料之註銷或銷毀）

警察依法取得之資料對警察之完成任務不再有幫助者，應予以註銷或銷毀。但資料之註銷或銷毀將危及被蒐集對象值得保護之利益者，不在此限。

應註銷或銷毀之資料，不得傳遞，亦不得爲不利於被蒐集對象之利用。

除法律另有特別規定者外，所蒐集之資料，至遲應於資料製作完成時起五年內註銷或銷毀之。

一、參考依據

德國聯邦與各邦統一警察法選擇草案第42條至第44條：

(一)第42條（資料註銷、禁止使用）

「有下列情形之一，與個人有關之資料應註銷之：

1. 非法儲存者。
2. 該資料對儲存機關完成其權限下之任務不再有幫助，且無理由認為，因資料之註銷會傷及關係人值得保護之利益。

所註銷與個人有關之資料，不得用為不利於關係人之評鑑。該資料尤不准傳遞。」

(二)第43條（鑑識措施所獲資料之註銷）

「除第四二條規定外，有下列情形之一，因鑑識所獲資料應註銷之：

1. 資料係依第十五條蒐集，身分一經確定。
2. 資料係依第十六條第二項蒐集，從事重大犯行之危害一經消失。

若危害不繼續存在，因鑑識措施所蒐集資料，至遲應在資料蒐集後五年內註銷之。」

(三)第44條（經活動監視所獲資料之註銷）

「與活動有關之犯行嫌疑未移送偵訊，經活動監視所獲資料不得利用，該資料至遲在活動結束後一週內應即註銷。

縱然活動中有犯罪嫌疑存在，經監視所蒐得之資料不為刑事偵察所採用，應立即註銷之。經監視所獲資料僅為查證身分，身分確定後應註銷之。

經監視有資料被蒐集儲存於警察機關之人且有其住址者，至遲應於活動結束後六個月內，將資料儲存狀況通知該人。」

二、內容解析

(一)名詞解釋

1.註銷

就文義及現行立法例上的意義而言，係指有權機關對於以書面表示之資格、決議、權利及證照等，使之失其效力。

本條所謂資料之「註銷」，係指將警察蒐集之個人資料，自登記（列管）簿冊或電腦檔案中註記移除，使其無法辨識，無法使用；例如，將資料塗黑、黏貼、擦拭除去，或從電腦檔案中刪除等[98]，其意義如同少年事件處理法第83條之1規定，對於少年前科紀錄及有關資料之塗銷。

註銷之動作即是結束干預個人之資訊自決權。

2.銷毀

係指將警察蒐集之個人資料，完全消除或毀滅而言。參照機關檔案保存年限及銷毀辦法第13條規定：

「檔案銷毀之方法如下：

一、化為碎紙或溶為紙漿。

二、焚化。

三、擊碎至檔案內容無法辨識。

四、化為粉末。

五、消磁。

六、消除電子檔或重新格式化。

七、其他足以完全消除或毀滅檔案內容之方法。

前項方法，必要時得併用之。」

---

[98] Meixner/Martell, Gesetz über die öffentliche Sicherheit und Ordnung Sachsen-Anhalt, 3.Aufl., 2001, §32, Rdnr. 4f.

(二)註銷或銷毀之理由與例外

1.完成警察任務不再有幫助者

在此包括已完成任務，或蒐集之資料對完成任務無所幫助[99]。

2.「被蒐集對象值得保護之利益」之例外

所謂「被蒐集對象值得保護之利益」，係指資料之註銷或銷毀，將涉及被蒐集對象個人權利及法律上之利益主張等情形而言。在此，涉及所謂的「不確定法律概念」，其應依個案來決定，是無法提出一般標準。行政機關應依職權，就當事人之陳述與行為方式，以機關處理情形與一般生活經驗去判斷決定，是否屬於所謂的「值得保護之利益」[100]。

3.註銷或銷毀資料傳遞之禁止

應註銷或銷毀之資料，使用目的已不復存在，基於保護當事人之利益，禁止傳遞，當然亦不得進一步使用，尤其不利被蒐集對象之利用。

(三)註銷或銷毀之期限

本條第3項規定「除法律另有特別規定者外，所蒐集之資料，至遲應於資料製作完成時起五年內註銷或銷毀之」，上開規定所稱之「法律」，包括本法第9條至第11條有關資料銷毀之規定及其他法律如檔案法、家庭暴力防治法、性侵害犯罪防治法及少年事件處理法等有關資料處理之特別規定。至於「所蒐集之資料」，係指警察依法蒐集有關個人之各項資料。

在此，所稱的「註銷」期限，僅是指依本法所蒐集之資料，若是屬於其他法律，如刑法的犯罪資料，則不在此限。

---

[99] 在德國聯邦國境保護法第35條第2項第1款規定，警察得依職權對不允許儲存之資料，應即塗銷。
[100] Meixner/Martell, a.a.O. (Fn.17), §32, Rdnr. 23.

壹、有無單獨立法之必要

一、警察職權行使法之即時強制與行政執行法之即時強制屬重複立法

本法「即時強制」部分條文，大都仿行政執行法規定，且內容有相當部分相同，屬重複規定。

本章部分條文係仿行政執行法即時強制章條文，於本法審議階段，曾有部分機關代表及學者質疑有無重複立法的必要。其認為，一般具強制性之公權力措施，大多屬警察執行事項，重複規定似無必要。

但持反對說認為，世界民主國家亦不乏將「即時強制」規範於警察法之立法例，例如德國聯邦與各邦統一警察法標準草案、日本警察官職務執行法、韓國警察官職務執行法等，為完備警察職權法制，爰將行政執行法有關「即時強制」部分，納入本法並針對警察特性予以補充增列部分相關條文[1]。

---

[1] 我國所論的「即時強制」，與德國以及日本的警察官職務執行法所稱的「即時強制」，範圍仍有所不同。我國目前不管行政執行法或警察職權行使法的即時強制，係參考日本的行政執行法而來，如今該法已廢止，現行日本的警察官職務執行法雖仍有「即時強制」之類型，但卻不再作如此類似規定。同樣地，在德國（各邦）警察法，雖有所謂即時強制之規定，但此種規定，只是定義性之規定，並無類似我國類型化之情形，此外，有關「人的管束」、「物的扣留或保全」已列入所謂的「類型化措施」（Standardmaßnahmen）中，而劃出即時強制之範圍。因此，我國目前「即時強制」之範圍與類型規定，則屬各國所無之立法。

二、本法即時強制與行政執行法之適用關係

(一)行政執行法為基本法

行政執行法第1條：「行政執行，依本法之規定；本法未規定者，適用其他法律之規定。」係將該法定位為基本法，於該法作一般性規定，若在該法中無規定者，才適用其他法律，故未來行政機關遇有行政強制執行事務時，如該法及其他法律均有規定，且其規定「不同」時，則應優先適用該法（行政執行法）之規定。如二者規定均相同時，則適用任何一種，其結果均無差異。

至於行政執行法未規定而本法有特別規定部分，因行政執行法第1條後段已規定「……；本法未規定者，適用其他法律之規定。」對於行政執行法未規定部分，並未排除適用其他法律之特別規定，則本章有關即時強制之不同規定部分，可以認係行政執行法之補充規定而加以適用，將不致發生法律適用問題。

(二)警察行使「即時強制」職權之特別規定

本法第三章有關警察行使「即時強制」職權之規定，與行政執行法有關規定仍有若干差異。則這些差異，屬特別加強之規定，使警察職權之行使更為具體詳細。茲就差異之處敘述如下：

1.人的管束

本法增加行政執行法所未規定的一些強制措施，其為第19條第3項：「得檢查受管束人之身體及所攜帶之物。」另外，第1項第1款將行政執行法所稱之「酗酒」，改為「酒醉」。第20條：「得對依法留置、管束之人使用警銬或其他經核定之戒具。」

綜上，警察職權行使法有關「人的管束」部分，配合警察實務之需要，增加了一些強制的措施，如對人「身體」及「所攜帶之物」的檢查以及第20條對被管束人使用警銬或其他經核定之戒具等強制規定。第20條之使用「戒具」，其行為應屬「直接強制」措施，規定在「即時強制」中，不甚妥當。

2.危險物之扣留

本法第22條增加了扣留之程序規定，第23條增列扣留物之變賣程序。

3.驅離

本措施行政執行法並無規定，為警察職權行使法之特別規定。「驅離」之處分屬於直接強制措施，將之規定在「即時強制」中，似有未妥。

4.警察職權補充性條款

第28條第1項的「警察職權概括規定」，是補充第2條第2項所稱「公權力具體措施」外的「概括規定」，第28條第2項，則是補充其他機關職權的概括規定。基於此種「概括規定」下的警察職權，應包括各種不同方式的職權，不僅僅是「即時強制」而已。因此，規定於本章中，似有未妥，應改列在總則篇中。

綜上所述，本法第三章「即時強制」的規定，包括一些非屬於「即時強制」性質措施在內，如第20條、第27條以及第28條等規定。

貳、逐條釋義

第19條（管束之事由與程序）

警察對於有下列情形之一者，得為管束：

一、瘋狂或酒醉，非管束不能救護其生命、身體之危險，或預防他人生命、身體之危險。

二、意圖自殺，非管束不能救護其生命。

三、暴行或鬥毆，非管束不能預防其傷害。

四、其他認為必須救護或有危害公共安全之虞，非管束不能救護或不能預防危害。

警察為前項管束，應於危險或危害結束時終止管束，管束時間最長不得逾二十四小時；並應即時以適當方法通知或交由其家屬或其他關係人，或適當之機關（構）或人員保護。

警察依第一項規定為管束時，得檢查受管束人之身體及所攜帶之物。

一、立法理由

（一）警察為防止危害，對特定人有管束其自由之必要，爰參酌行政執行法第37條及配合道路交通管理處罰條例第35條有關酒醉駕駛之規定，於第1項及第2項前段，明定其實施管束之相關要件及時間限制。

（二）第1項第4款概括規定，包括基於保護逃學或逃家之兒童或少年之安全，於警察尋獲時，必要時亦得為保護性管束。

（三）第2項後段明定警察實施管束時，應即時以適當方法通知或交由受管束人家屬或其他關係人，或適當之機關（構）或人員保護，俾符實務需要。

（四）為達管束目的及保護受管束人之安全，避免危害之發生，爰於第3項明定警察得檢查受管束人身體及所攜帶之物。

二、參考依據

參酌行政執行法第37條及配合道路交通管理處罰條例第35條有關酒醉駕駛之規定，於第1項及第2項前段，明定其實施管束之相關要件及時間限制。

(一)行政執行法第37條

「對於人之管束，以合於下列情形之一者為限：

一、瘋狂或酗酒泥醉，非管束不能救護其生命、身體之危險，及預防他人生命、身體之危險者。

二、意圖自殺，非管束不能救護其生命者。

三、暴行或鬥毆，非管束不能預防其傷害者。

四、其他認為必須救護或有害公共安全之虞，非管束不能救護或不能預防危害者。

前項管束，不得逾二十四小時。」

(二)道路交通管理處罰條例第35條

「汽機車駕駛人，駕駛汽機車經測試檢定有下列情形之一，機車駕駛

人處新臺幣一萬五千元以上九萬元以下罰鍰，汽車駕駛人處新臺幣三萬元以上十二萬元以下罰鍰，並均當場移置保管該汽機車及吊扣其駕駛執照一年至二年；附載未滿十二歲兒童或因而肇事致人受傷者，並吊扣其駕駛執照二年至四年；致人重傷或死亡者，吊銷其駕駛執照，並不得再考領：

一、酒精濃度超過規定標準。

二、吸食毒品、迷幻藥、麻醉藥品及其相類似之管制藥品。

汽車駕駛人有前項應受吊扣情形時，駕駛營業大客車者，吊銷其駕駛執照；因而肇事且附載有未滿十二歲兒童之人者，按其吊扣駕駛執照期間加倍處分。

本條例中華民國一百零八年三月二十六日修正條文施行之日起，汽機車駕駛人於五年內第二次違反第一項規定者，依其駕駛車輛分別依第一項所定罰鍰最高額處罰之，第三次以上者按前次違反本項所處罰鍰金額加罰新臺幣九萬元，並均應當場移置保管該汽機車、吊銷其駕駛執照及施以道路交通安全講習；如肇事致人重傷或死亡者，吊銷其駕駛執照，並不得再考領。

汽機車駕駛人有下列各款情形之一者，處新臺幣十八萬元罰鍰，並當場移置保管該汽機車、吊銷其駕駛執照及施以道路交通安全講習；如肇事致人重傷或死亡者，吊銷其駕駛執照，並不得再考領：

一、駕駛汽機車行經警察機關設有告示執行第一項測試檢定之處所，不依指示停車接受稽查。

二、拒絕接受第一項測試之檢定。

本條例中華民國一百零八年三月二十六日修正條文施行之日起，汽機車駕駛人於五年內第二次違反第四項規定者，處新臺幣三十六萬元罰鍰，第三次以上者按前次違反本項所處罰鍰金額加罰新臺幣十八萬元，並均應當場移置保管該汽機車、吊銷其駕駛執照及施以道路交通安全講習；如肇事致人重傷或死亡者，吊銷其駕駛執照，並不得再考領。

汽機車駕駛人肇事拒絕接受或肇事無法實施第一項測試之檢定者，應由交通勤務警察或依法令執行交通稽查任務人員，將其強制移由受委託醫療或檢驗機構對其實施血液或其他檢體之採樣及測試檢定。

　　汽機車所有人，明知汽機車駕駛人有第一項各款情形，而不予禁止駕駛者，依第一項規定之罰鍰處罰，並吊扣該汽機車牌照三個月。

　　汽機車駕駛人，駕駛汽機車經測試檢定吐氣所含酒精濃度達每公升零點二五毫克或血液中酒精濃度達百分之零點零五以上，年滿十八歲之同車乘客處新臺幣六百元以上三千元以下罰鍰。但年滿七十歲、心智障礙或汽車運輸業之乘客，不在此限。

　　汽機車駕駛人有第三項、第四項、第五項之情形，肇事致人重傷或死亡，得依行政罰法第七條、第二十一條、第二十二條、第二十三條規定沒入該車輛。

　　汽機車駕駛人有第一項、第三項或第四項之情形，同時違反刑事法律者，經移置保管汽機車之領回，不受第八十五條之二第二項，應同時檢附繳納罰鍰收據之限制。

　　前項汽機車駕駛人，經裁判確定處以罰金低於第九十二條第四項所訂最低罰鍰基準規定者，應依本條例裁決繳納不足最低罰鍰之部分。」

參、內容解析

一、管束之意義

　　管束是基於公權力措施所產生的法律關係，係基於警察特定目的，在一定條件下，違反當事人意願或未經其同意，暫時拘束人身自由之即時措施[2]。管束並不一定拘束於警察所設置之特定處所內，於警車內或醫院內，只要非短時間之拘束自由即屬之[3]。我國學者陳立中氏稱人的管束為「警察機關為排除目前急迫危害之人，以實力暫時拘束其行動自由之管

---

[2]　李震山，警察任務法論，登文書局，1998年2月，頁398。

[3]　自由限制與自由剝奪，不論學理上或實務上有時難以區分，通常以時間長短以及措施目的來作為區分，在此，所稱「目的」是指，該項措施之採取目的，是否為附帶措施或主要措施，例如帶往警所之限制自由屬附帶措施，主要措施為「查證身分」，若屬「附帶措施」，則有可能僅屬自由限制，時間因素通常是指兩小時以上，屬自由剝奪。符合兩者則屬「自由剝奪」，但若僅符合「主要措施」，時間短暫仍屬自由限制，但若符合時間之要素，但屬「附帶措施」時，如帶往，則吾人仍認為是自由剝奪。

束」[4]。茲就其定義如下：

(一)管束是基於警察目的的公權力措施

管束之目的，有基於安全性，如維持秩序，或基於保護性，如保護生命、身體等，屬警察目的之範圍。管束只要合於警察之目的且有必要之情形，警察不必經由當事人意思表示或其配合，可由警察依其事實狀況單獨為之的公權力措施。

(二)管束得以實力為之的公權力措施

管束屬即時強制之一種，其本身即含有強制之性質，若當事人不服從管束措施時，警察得以實力為之，以達成警察之目的。但此種強制力之行使，仍得注意比例原則之適用。

(三)管束是對當事人自由剝奪之措施

管束之時間最長不得超過二十四小時，因此，管束時間因已非屬短暫自由之限制，而屬自由之剝奪。

管束因對人身自由之干預，非基於特別重大之理由以及非基於形式法律，不得為之。目前我國行政執行法所規定之管束，雖有發動構成要件之規定，但可惜的是缺乏相關程序之規定[5]。警察職權行使法於第19條以及第20條則規避此缺點，而於條文中明定程序之規定。

二、管束之要件

(一)具體要件

管束乃是基於特定目的而發動，依本法第19條所列各款情形，吾人大致可將其分成兩種類型，一為保護性之管束，另一為安全性之管束。

1.保護性之管束

該公權力措施係為了保護當事人或他人生命、身體而為之管束。保護

---

[4]　陳立中，警察行政法，萬人出版，1991年1月，頁500。
[5]　行政執行法施行細則第35條雖有相關程序之規定，但吾人認為此涉及人身自由之限制，應宜於行政執行法中規定為佳。

性之管束依新法規定，共包括第1款與第2款之情形。

第1款保護之發動要件，與行政執行法規定有若干差異。行政執行法係基於當事人瘋狂或酗酒泥醉，而陷於無意識或精神耗弱之狀態，如不加以管束，可能導致當事人或他人生命、身體之危險。而警察職權行使法將「酗酒泥醉」更改爲「酒醉」。所謂「瘋狂」通常係指當事人陷於精神喪失之狀態，無法掌控自己之行爲，有危及自己或他人生命及身體者。例如精神病者，拿刀自殘或攻擊他人。

所謂「酗酒泥醉」，飲酒過量，完全喪失意志，如不予管束，有危及自己或他人生命及身體者。例如，泥醉倒地不起不省人事，此時若不加以管束，可能危及生命。

但若以「酒醉」作爲管束之發動，是否要件過於寬鬆，有進一步探討之必要。首先，「酒醉」與「泥醉」兩者有程度上之差異。一般而言，「泥醉」狀態是指完全喪失意志，而何謂「酒醉」狀態，其標準何在，則不易判斷。如果以超過刑法所定的標準值爲酒醉，則有可能當事人仍處於「意識清楚」之情形，並無管束之必要。但若屬酒醉駕車情形，除處汽車駕駛人罰鍰外，可依道路交通管理處罰條例第21條規定「當場禁止其駕駛」，此種「當場禁止其駕駛」，若屬持續一段時間，則屬於「管束」。

第2款「意圖自殺」情形，如準備跳樓、開瓦斯或持有刀械自殺之情形，管束之目的在於使其情緒平靜，管束期間並通知家屬領回。對自殺行爲警察之介入，是屬於所謂「公共安全」因素之考量。

2.安全性管束

係爲制止即將發生或發生且繼續中的犯罪或違反秩序之行爲，而爲之管束。此種管束發動原因爲「暴行或鬥毆」，且其發生場所大多屬公開場所，而致危及公共安全與秩序之情形，爲了不讓事態繼續發展，以確保公共安全，乃有管束之必要。此種管束之要件，須是「暴行或鬥毆」，有直接產生立即之危害，且有必要性，非管束不能阻止其生命、身體危害以及對公共安全造成危害之虞時，始得爲之。如無線計程車之占用馬路，集體械鬥，若不加以管束不能終止其繼續械鬥時，才爲之。

3.其他認為必須救護或有危害公共安全之虞的管束

此為本法第19條第1項第4款之規定，屬前三款列舉事項以外之其他有關之保護性與安全性的管束。所謂「必須救護」，應是當事人或他人陷於生命身體之危險狀況，警察有救助而保護之義務而言，是針對保護性管束的概括規定，例如嗑藥而陷入昏迷狀態、小孩迷失乏人照顧、保護逃學或逃家之兒童或少年之安全，於警察尋獲時，必要時亦得為保護性管束，或依家庭暴力防治法第40條警察之保護受害之未成年人暫時性之管束等。

所謂「有危害公共安全之虞」是針對安全性管束，係指其行為對公共安全有致生危害即為已足，是否已有危害發生則不重要。「公共安全」通常是指法規、個人之權利及利益、國家或其他公權力主體設施與活動之存續，不可侵害之謂。因此，公共安全包括對國家公權力與個人之生命、身體、自由、財產之不可侵害以及所謂法規之維護不受任何侵害[6]。而本款管束之「公共安全」似乎應作限縮，應僅是補充上述安全性管束列舉規定之不足，而侷限在個人生命身體之傷害而言。因此，凡有涉及個人生命、身體權益，而有觸犯刑法或秩序法等法秩序之虞者，則有管束之必要。

三、管束時間之規定與提審

人之管束，係未經當事人同意，且具有強制性地剝奪當事人之人身自由，因此，是否此種人身自由之剝奪，應由法官介入以保障人權，學者看法各有不同。林紀東氏認為：「行政官署，得於法定條件之下，對人身為二十四小時以內之管束，其實質與憲法第八條之逮捕拘禁相仿，行政官署，既非司法機關，又非警察機關，則此項規定，是否違憲？亦可研究，吾人以為此項規定，並不違憲，因對於人之管束，並非對於人身之處罰，其管束又係由於救助被管束者本人，或維護社會秩序之必要，非以犯罪為

---

[6] 李震山，同前揭註2，頁144以下。此種定義應是指警察防止危害之任務而言，範圍較寬，在此之管束似乎應作限縮。

其原因，且行政執行法規定之條件極嚴，故不能視爲違憲也。」[7]

李震山氏則反對此種動機合理化手段之見解，其認爲「人之管束已構成人身自由之剝奪，性質上屬憲法第八條第一項之逮捕拘禁，不能因動機手段之不同，而有適用憲法規定之區別……，假借管束之名，行逮捕拘禁之實，……排除法院之介入，已違反法治國原則，以行政效率爲名，架空司法審查行政不法之功能……。」[8]但李氏卻又認爲，行政管束之採行，多屬急迫情形，事實上不可能事先取得法官允許，但如情事迅速處理，可能亦無須法官事後之裁定，因此，他引用德國聯邦與各邦統一警察法標準草案第14條第2項第1句規定：「如警察處置原因消滅後，法官之裁定才會達到者，則無須請求法官之裁定。」最後他主張原則上對於人之管束，應取得法官之許可[9]。但吾人若觀以德國法之規定，警察事實上在未取得地方法院法官許可前，仍有權至翌日結束前，實施管束[10]。故從此觀點，在德國警察仍保有二十四小時以內之權限。

從保障基本人權之角度，本文甚爲贊同李氏之論點，但，即時強制多屬急迫性而有即時處置之必要，發生期間多在晚上，非屬法官上班時間，且我國法上已對發動原因時機作了相當嚴格之限制，並且限制於二十四小時內爲之；另外值得一提的是，在我國管束之執行機關多數爲警察，警察之管束通常係基於防止危害之發生所爲之急速處分，是屬「依法定職權所爲之必要處置」，其對當事人自由剝奪，是爲保護當事人或他人生命身體遭受危害爲目的，而非以剝奪當事人自由爲直接目的，尚不違反憲法第8條之規定。但因管束直接對人自由的剝奪，是否事後亦應取得法官之許可，其實仍有探討之空間。

對人之管束雖係出於救護生命、預防傷害或危害爲目的，但被管束人之自由實際上已受到剝奪，爲不爭之事實，對確保當事人之權益，避免管

7　李震山，同前揭註2，頁400。
8　李震山，同前揭註2，頁427。
9　同前註。
10　Wolff/Bachof, Verwaltungsrecht III, S. 89；此外，德國聯邦國境保護法第20條第3項亦作相同規定而稱：「管束之目的達到後，應即停止管束，若非事先依其他法律已由法官裁定剝奪人身自由之期間，至遲須於管束翌日結束前釋放之。」

束之不當實施，本條第2項在程序上作嚴格之管制，敘述如下：

(一)即時通知相關人員或適當機構之義務

所謂「即時通知」，是在管束發生後，立即為之，此種通知為職務義務，若有違反，屬違法之行為，若警察有過失時，相關人得申請國家賠償。即時通知的目的，在於管束為人身自由的剝奪，避免其親戚或相關人以為發生當事人無故失蹤，因此，公權力所為之管束，基於法治國之要求[11]，應有憲法第8條第2項告知之適用[12]。家屬如父母或親戚，其他關係人如未成年人之監護人等，在此所稱其他適當之機關（構），如警察機關的上級機關、當地的法院、社教機構等。若屬外國人，得通知使館或領事館。

通知之內容為告知管束之事實，以及管束之地點等。通知之形式，應以書面為主。

此外，行政執行法施行細則第35條有「不能告知者」情形之規定，本條亦應有其適用，其是指無法從被管束人知悉其身分，如酒醉不省人事、心神喪失精神耗弱，或因身分不明，而無從告知者。

本法並無行政執行法施行細則第35條「應即將管束原因及概略經過報告主管長官」之規定，但此乃當然之理，因此，本條仍應有其適用。

從上述分析，對人的管束若持續一段時間，為免除執行上之爭議以及明確符合憲法第8條之規定，似可建議管束若持續一段時間，警察仍須取得法官之同意，較為恰當。但若已超過最長管束時間二十四小時之規定，而仍有管束之必要，如宿醉不醒超過二十四小時時，警察則應依憲法第8條之精神，向法院申請令狀，繼續管束。

由於管束對人之身體、自由干涉強烈，實施管束時，應注意其身體及名譽。執行人員以強制力實施時，應注意不得逾必要之程度[13]。

---

[11] 與此相對如德國納粹或臺灣警總戒嚴時代等，即屬非法治國之時代。

[12] 本條規定與行政執行法比較相當類似，行政執行法施行細則第35條規定：「依本法第三十七條執行對人之管束時，執行人員應即將管束原因及概略經過報告主管長官；執行機關並應儘速將管束原因，告知本人及其配偶、法定代理人、指定之親友或其他適當之機關（構）。但不能告知者，不在此限。」

[13] 參照行政執行法施行細則第36條之規定。

惟，應特別注意者，2014年1月8日提審法第2條第1項修正規定：「人民被逮捕、拘禁時，逮捕、拘禁之機關應即將逮捕、拘禁之原因、時間、地點及得依本法聲請提審之意旨，以書面告知本人及其指定之親友，至遲不得逾二十四小時。」警察職權行使法第19條第1項之管束，亦應納入提審法適用範圍；執行「管束」時，除應即時以適當方法通知或交由其家屬或其他關係人，或適當之機關（構）或人員保護外，並應同時交付「執行管束通知書」，逮捕、拘禁機關之人員，若故意違反告知、解交或回復義務，應負刑責。

(二)實施管束時的附帶措施

本條第3項「爲管束時，得檢查受管束人之身體及所攜帶之物」之規定，此種檢查之規定應是在有必要時才爲之，尤其是針對第1項第3款之情形，而非任意爲之，否則恐有不當侵害之嫌。若對照本法第7條第1項第4款之「檢查其身體及所攜帶之物」是在「有明顯事實足認其有攜帶足以自殺、自傷或傷害他人生命或身體之物者」的條件下，才可爲之。因此，對被管束之人執行同樣的「檢查」措施時，亦應採取相同的要件，亦即，應是在「有明顯事實足認」之情形下，而非放諸警察機關的任意之行爲。

(三)結束管束

應於管束原因結束時，亦即，已達到防止危害目的時，危險或危害結束時終止管束。是否已達到警察之目的，應依個案爲斷。例如，酒醉之人經由數小時管束後，意識已經清醒，無須他人之助，可獨自自行離開時，則管束原因已不存在，即應放行。

四、爭議問題

依精神衛生法規定，警消人員於第一時間到場協助或參與護送時，警消人員是否可進行提審書面告知本人及其指定之親友？或到達逮捕、拘禁機關後，由逮捕、拘禁機關進行書面告知？

依臺灣高等法院暨所屬法院民國103年11月19日103年法律座談會審查意見認為，提審法第2條第1項規定：「人民被逮捕、拘禁時，逮捕、拘禁之機關應即將逮捕、拘禁之原因、時間、地點及得依本法聲請提審之意旨，以書面告知本人及其指定之親友。」依司法院釋字第392號解釋理由書所示，謂「逮捕」，係指以強制力將人之身體自由予以拘束之意；而「拘禁」則指拘束人身之自由使其難於脫離一定空間之謂，均屬剝奪人身自由態樣之一種。如嚴重病人情況危急，非立即給予保護或送醫，其生命或身體有立即之危險或有危險之虞，屬於保護性質的警消人員，於第一時間到場協助、參與護送，予以緊急處置，係在保護該情況危急的嚴重病人，並非基於剝奪人身自由之意思而加以「逮捕」、「拘禁」，自非「逮捕」、「拘禁」機關。嗣如醫院決定強制住院時，該醫院始屬於「逮捕」、「拘禁」機關，而有告知義務。

第20條（戒具之使用時機）

　　警察依法留置、管束人民，有下列情形之一者，於必要時，得對其使用警銬或其他經核定之戒具：

　　一、抗拒留置、管束措施時。

　　二、攻擊警察或他人，毀損執行人員或他人物品，或有攻擊、毀損行為之虞時。

　　三、自殺、自傷或有自殺、自傷之虞時。

　　警察對人民實施查證身分或其他詢問，不得依管束之規定，令其供述。

一、參考法條

(一)德國法

　　德國聯邦與各邦統一警察法標準草案第33條：「當實施其他強制處分窒礙難行，或施行將無結果，或不合目的時，警察得行使直接強制處分。直接強制處分之方式及方法適用第三五條以下各條之規定。」

以及本法條第1項各款情形之規定，參考德國聯邦與各邦統一警察法標準草案第40條「束縛或桎梏」（Fesselung）之規定訂定之。

本條第2項規定，是參考德國聯邦與各邦統一警察法標準草案第33條第2項規定：「不得以直接強制之手段，令其供述」，只是將「直接強制」改為「管束之規定」。

(二)我國法

第1項所稱「其他經核定之戒具」，參考監獄行刑法第22條第2項規定。

綜觀本條，範圍包括「依法留置與管束」，對其之使用「戒具」，除管束外，其餘針對「依法留置」之人的強制措施，應屬直接強制措施。

二、內容解析

(一)規範對象

本條規範對象除前條所稱被管束之人外，尚包括警察依法留置者。所謂留置是指警察或秩序機關基於一定目的使用強制力，要求當事人出現或停留於一定場所。此種使用「警銬或其他經核定之戒具」措施，屬於人身自由之剝奪：

1.依本法之留置

本法第7條第2項之「帶往」，也屬「留置」之情形。但此種帶往屬「查證身分」目的的附帶措施，若其符合第19條所稱管束之情形，是否得依「管束」之規定為之，容有探討之餘地。但，本條第2項卻規定：「警察對人民實施查證身分或其他詢問，不得依管束之規定，令其供述。」本法第7條第2項之「帶往」是在「實施查證身分」，因此，此種「帶往」，不得以「強制管束」之手段，亦即，不得「使用警銬或其他經核定戒具」，令其供述，乃屬當然。

但若警察依本法第7條「查證身分」或第8條「攔停交通工具」規定，而發覺駕駛人有酒醉駕車之情形，則在此，是否得以其為處在「酒醉」的情形，而由「查證身分」轉換成「管束」之階段，而對於酒醉之駕

駛人有第20條第1項各款情形，即可對其實施「強制管束」之手段，則有進一步探討之餘地。因為，酒醉駕車不服取締而抗拒，在我國情形屢出不窮，若遽然採取「強制管束」之手段，恐非得宜。且本條第2項既然有禁止「轉換」（查證身分轉換成管束）之規定，似乎不宜逕行將查證身分時發現「酒醉駕車者」逕行管束為宜。

2.其他警察相關法規之留置

社會秩序維護法第42條以及第52條等的「強制到場」等。此等措施，屬強制措施，因此，性質上屬於具行政處分的「直接強制」措施，而非「即時強制」措施。本條第1項出現的「依法留置」規定，似乎有些與前條規定不相稱之處，本條規定主要參考德國法的「直接強制」而來，似有直接引用而產生之結果。將來修法之際應考慮是否對此作出調整。

(二)使用警銬或其他經核定戒具之要件

所謂「其他經核定之戒具」是指依據監獄行刑法第22條第2項規定，戒具以腳鐐、手梏、聯鎖、捕繩四種為限。有關「戒具」，在我國警械使用條例並無規定，究竟其範圍為何，是否以監獄行刑法第22條第2項規定為已足，學者意見不一，尤其「經核定戒具」，是否尚須主管機關核定，如何核定，本法並無進一步規定，有人主張其實本條應修改警械使用條例第3條以及第4條之規定，而直接適用該條例[14]。

1.抗拒留置、管束措施時

是指警察採取相關措施時，當事人抗拒此項措施，如民眾報案有人酒醉臥倒路中，警察前往帶走，當事人拒不服以拳頭相向；或警察獲報「有暴行或鬥毆」情事，前往處理，相關人拒絕警察的管束措施。

2.攻擊警察或他人，毀損執行人員或他人物品，或有攻擊、毀損行為之虞時

例如酒醉之人於警察局留置時，攻擊警察或毀損警察辦公之物。

---

[14]　此為洪文玲教授所主張，參閱林明鏘，「警察職權行使法評析」研討會，台灣本土法學雜誌，第56期，2004年3月，頁145。

3.自殺、自傷或有自殺、自傷之虞時

如開瓦斯意圖自殺或拿刀自殘或準備跳樓等行爲。

(三)比例原則之考量

1.基本權之干涉

使用警銬或其他戒具除涉及限制人身活動自由外，亦涉及人性尊嚴。在此，應考慮受限制之權利與欲保護法益間，是否合乎比例。例如僅是輕微物品之損害，若採取此種對自由之干預，應考慮該措施是否過當。

2.最後手段

此外，另一須考慮的是「使用警銬或其他戒具」，應是最後手段，若警察可以其他較輕微手段完成任務，則應使用該輕微手段。

(四)本條第2項之規定

本條第2項規定：「警察對人民實施查證身分或其他詢問，不得依管束之規定，令其供述。」係於立法院審議時，立法委員提議增列。似應移列於第19條之「管束」條文，較爲妥適。

若與第1項比較，第2項規定是有不相稱之處，第2項所謂「不得依管束之規定」是何所指，語意不明，就前後文關係觀之，似是指對受查證身分者「使用警銬或其他戒具」強制措施，但第1項規範範圍，除管束外尚包括「依法留置」之人，是否對依法留置之人，也應有第2項之適用，則有疑問。因此，本條第2項似有規定不清之情形。

此外，在立法體例上，第20條增加了「依法留置」之規定，是有點突兀，因爲本條應是接續前條管束規定而來，似應集中於「管束」措施上，此種增加，卻也使得行爲類型增加，亦即，對「依法留置」之人，進一步採取強制措施，不再是「即時強制」，而是屬於行政處分性質的「直接強制」。

總之，第2項「不得依管束之規定」，若僅侷限在「單純的管束措施」，不包括第1項使用戒具之情形，似應規定於第19條之「管束」條文，較爲妥適。

第21條（危險器物之扣留）
　　警察對軍器、凶器或其他危險物品，為預防危害之必要，得扣留之。

一、立法理由及參考依據

　　（一）明定警察基於預防危害及保護社會安全之需要，於執行職務時，發現危險物品得扣留之。

　　（二）參考行政執行法第38條第1項規定。

二、內容解析

(一)物之扣留之定義及意義

1.軍器、凶器或其他危險物品

　　軍器，係指軍方各種制式武器；凶器，泛指對人民生命、身體構成傷害，或對社會安全秩序危害之器械，例如槍砲彈藥及公告查禁之刀械；至於其他危險物品，則指軍器、凶器以外，對社會公共安全構成危害之物品，如化學物品、炸藥或硫酸等。

　　物之扣留並不變更物之所有權。其只是剝奪所有權人或其他有權者的事實上物的支配權。針對軍器、凶器及其他危險物之扣留，對象只是「動產」，並不包括不動產在內。

2.預防危害之必要

　　預防危害是指為預防造成對公共利益之危害，或人民生命身體之危害而言，因此不必有具體危害之情形。而「必要」是指，必要性之考量，警察得就具體狀況考量，是否有扣留之必要。例如，意圖自殺者手中持有的「刀械」，警察為預防危害之發生，得扣留之。

(二)扣留之除外規定

　　扣留係行政機關直接施以實力，暫時性排除物之所有人或現實占有人對該物之占有，而改由行政機關占有，故會造成財產權暫時受拘束之效果。扣留之物，參考行政執行法第38條第2項，於警察職權行使法第22條

第3項亦作同樣規定，有三種除外之情形；

1.沒入

屬違反行政罰之處分。如屬違反社會秩序維護法第22條所稱之情形，因違反該法行為或所得之物（以屬於行為人所有者為限）或查禁物，則屬沒入物。

2.行政罰之扣留

行政罰法通過後所稱之「扣留」，是為了保全證據之扣留，與本條之扣留，是為了預防人民生命身體之危害之「扣留」目的不同，也不包括在內。

3.沒收

依刑法第38條規定：「違禁物，不問屬於犯罪行為人與否，沒收之（第1項）。供犯罪所用、犯罪預備之物或犯罪所生之物，屬於犯罪行為人者，得沒收之。但有特別規定者，依其規定（第2項）。前項之物屬於犯罪行為人以外之自然人、法人或非法人團體，而無正當理由提供或取得者，得沒收之。但有特別規定者，依其規定（第3項）。前二項之沒收，於全部或一部不能沒收或不宜執行沒收時，追徵其價額（第4項）。」

4.毀棄或應變價發還

毀棄是指極易腐蝕或無利用價值之物品，歸還所有人毫無意義。通常，毀棄應是在不可變賣情形下，始得為之，是最後手段，應審慎為之。依法扣留之物屬軍器、凶器及其他危險物，則這些動產較不可能毀棄，變價之情形為多。變價是將扣留之物變價販售之。若依其性質極易腐蝕或消失其價值，或者保管須花費甚多或保管相當困難，與扣留之物價值顯然不成比例時，或因物之特性，對其保管不可能完全排除該物對公共安全與秩序之危害，如爆炸物或其他危險之化學物品，則可毀棄或變賣之[15]。

執行機關對上述依法應沒收、沒入、毀棄或應變價發還者，應即自行或移送有關機關依相關法令規定程序辦理，例如扣留之物為凶器時，其所有人或持有人可能涉嫌犯罪行為，執行機關應即將該凶器移送該管地方檢

---

[15] Drews/Wacke/Vogel/Martens, Gefahrabwehr, 9.Aufl., 1985, S. 213.

察署依法辦理，並將辦理之情形，通知所有人、持有人或保管人，使其知悉處理之情形[16]。

第22條（扣留器物之處理程序）

　　警察對於依法扣留之物，應簽發扣留物清單，載明扣留之時間、處所、扣留物之名目及其他必要之事項，交付該物之所有人、持有人或保管人；依情況無法交付清單時，應製作紀錄，並敘明理由附卷。

　　依法扣留之物，應加封緘或其他標示妥善保管。因物之特性不適於由警察保管者，得委託其他機關或私人保管之，並通知所有人、持有人或保管人。必要時，得以處分之相對人為保管人。

　　前項扣留之物，除依法應沒收、沒入、毀棄或應變價發還者外，期間不得逾三十日；扣留原因未消失時，得延長之，其延長期間不得逾二個月。

一、立法理由

　　（一）第1項明定警察依法扣留時，應簽發扣留物清單，交其所有人、持有人或保管人；依情況無法交付清單時，則參照行政程序法第76條有關送達證書收領人拒絕或不能簽名或蓋章時之處理方式，以「製作紀錄敘明理由附卷」方式處理。

　　（二）第2項明定對依法扣留之物保管之程序，若因物之性質特殊不適合由警察保管者，得委託其他機關或私人保管之，必要時得以處分之相對人為保管人，以符合警察實務需要。

　　（三）第3項係參照行政執行法第38條第2項規定，明定依法扣留之物之扣留期間與其延長扣留之要件及期間。

---

[16] 參照行政執行法施行細則第38條之規定。

二、參考法條

(一)行政執行法第38條第2項

「扣留之物，除依法應沒收、沒入、毀棄或應變價發還者外，其扣留期間不得逾三十日。但扣留之原因未消失時，得延長之，延長期間不得逾兩個月。」

(二)刑事訴訟法第139條第2項

「扣押物，應加封緘或其他標識，由扣押之機關或公務員蓋印。」

(三)刑事訴訟法第140條第2項

「不便搬運或保管之扣押物，得命人看守，或命所有人或其他適當之人保管。」

三、內容解析

(一)物之扣留的程序

1.製作收據

本法條所指「依法扣留之物」，其依法並非僅指依警察職權行使法第21條所行使之扣留，尚包括警察執行職務依其他法律所扣留之物，如各該法律無相關扣留之特別規定，亦應適用警職法相關扣留之處理程序規定，如汽車之牌照[17]。

為證明危險物已予以扣留，並使扣留物所有人、持有人或保管人能有所知悉，執行機關對扣留物實施扣留時，應製作收據，詳載扣留物之名稱、數量，交付予所有人、持有人或保管人[18]。

依情況無法交付清單時，則參照行政程序法第76條有關送達證書收領人拒絕或不能簽名或蓋章時之處理方式，以「製作紀錄敘明理由附卷」

---

[17] 蔡庭榕、簡建章、李錫棟、許義寶，警察職權行使法逐條釋論，五南出版，2005年2月，頁416。
[18] 此為行政執行法施行細則第37條第1項之規定，本項規定係參酌刑事訴訟法第139條第1項之規定而訂定的。

方式處理[19]。

2.加封緘或其他標示妥善保管

加封緘是指對扣留之物，貼上「封緘」，保全證據之程序，此證明扣留之物為原件，警察未再處理過。其他標示是指前述情形外，由警察保管所採取「保全原始證據之程序」。

3.委託保管

因物之特性不適於由警察保管者，得委託其他機關或私人保管之，並通知所有人、持有人保管人。必要時，得以處分之相對人為保管人。

(二)扣留期間

原則上扣留之物扣留期間不得逾三十日。但若扣留之原因尚未消失，執行機關認為有延長之必要時，得延長之，延長期間總共不得逾兩個月。上述情形，執行機關應將延長理由通知所有人、持有人或保管人知悉。

扣留之物若無繼續扣留必要者，執行機關無待請求，應即發還或變價發還，並以書面通知所有人、持有人或保管人出據具領；其經封存者，應予啟封[20]。但若一年內無人領取或無法發還者，其所有權始歸國庫，其應變價發還者，亦同。

第23條（扣留器物之變賣要件及程序）

　有下列情形之一者，扣留之物得予變賣：

　一、有腐壞或價值重大減損之虞。

　二、保管、照料或持有所費過鉅或有其困難。

　三、扣留期間逾六個月，無法返還所有人、持有人或保管人，且不再合於扣留之要件。

---

[19] 行政程序法第76條：「送達人因證明之必要，得製作送達證書，記載下列事項並簽名：一、交送達之機關。二、應受送達人。三、應送達文書之名稱。四、送達處所、日期及時間。五、送達方法。除電子傳達方式之送達外，送達證書應由收領人簽名或蓋章；如拒絕或不能簽名或蓋章者，送達人應記明其事由。送達證書，應提出於行政機關附卷。」

[20] 參照行政執行法施行細則第39條之規定，本條文是配合該施行細則第37條規定而來。有關扣留之程序，施行細則強調以書面為之的目的，在於使其法律關係明確化，減少事後之爭端，用意誠屬可嘉。

四、經通知三個月內領取，且註明未於期限內領取，將予變賣，而所有人、持有人或保管人未於期限內領取。

前項之物變賣前，應將變賣之程序、時間及地點通知所有人、持有人或保管人。但情況急迫者，不在此限。

物之變賣，採公開方式行之。因物之性質認難以賣出，或估計變賣之費用超出變賣所得時，得不經公開方式逕行處置之。第一項第三款、第四款之物，於六個月內未賣出者，歸屬各該級政府所有，並得將該物提供公益目的使用；其屬第一項第四款之物者，應將處理情形通知所有人、持有人或保管人。

扣留之物因腐壞、腐敗等理由而不能變賣者，得予銷毀之。

第二項通知之規定，於前項情形準用之。

一、立法理由

（一）所謂變賣，係指將扣留之物，不經拍賣程序，而以相當價格賣出，其為動產換價之例外方法，須有法定原因始得為之，爰於第1項明定扣留之物變賣之要件。

（二）第2項及第3項明定扣留之物變賣之程序。

（三）為解決警察實務單位對扣留之物保管及處理之困擾，爰於第3項明定對於扣留之物，因其性質認難以賣出，或因估計變賣之費用超出變賣所得等原因時，得不經公開方式逕行處置之；扣留之物未賣出者，其所有權歸屬依法執行扣留之警察機關所屬政府所有，並得將該物提供公益目的使用。

（四）第4項明定扣留之物銷毀之要件。

（五）第5項明定扣留之物銷毀，準用第2項有關變賣通知之規定。

二、參考法條

(一)強制執行法第60條

「查封物應公開拍賣之。但有左列情形之一者，執行法院得不經拍賣

程序，將查封物變賣之：

一、債權人及債務人聲請或對於查封物之價格為協議者。

二、有易於腐壞之性質者。

三、有減少價值之虞者。

四、為金銀物品或有市價之物品者。

五、保管困難或需費過鉅者。

第七十一條之規定，於前項變賣準用之。」

(二)行政執行法第38條

「軍器、凶器及其他危險物，為預防危害之必要，得扣留之。

扣留之物，除依法應沒收、沒入、毀棄或應變價發還者外，其扣留期間不得逾三十日。但扣留之原因未消失時，得延長之，延長期間不得逾兩個月。

扣留之物無繼續扣留必要者，應即發還；於一年內無人領取或無法發還者，其所有權歸屬國庫；其應變價發還者，亦同。」

(三)行政罰法第39條

「扣留物，應加封緘或其他標識，並為適當之處置，得拍賣或變賣而保管其價金。

易生危險之扣留物，得毀棄之。」

(四)民法第807條

「遺失物自通知或最後招領之日起逾六個月，未經有受領權之人認領者，由拾得人取得其所有權。警察或自治機關並應通知其領取遺失物或賣得之價金；其不能通知者，應公告之。

拾得人於受前項通知或公告後三個月內未領取者，其物或賣得之價金歸屬於保管地之地方自治團體。」

三、內容解析

(一)變賣之定義

所謂變賣，係指將扣留之物，不經拍賣程序，而以相當價格賣出的一種執行行為。程序較拍賣程序為簡單[21]，為動產換價之例外方法，須有法定原因始得為之，爰於第1項明定扣留之物變賣之要件。拍賣係由多數應買人公開出價中，選擇其最高者，與之訂立契約之一種競爭買賣方式（強制執行法第61條以下參照），其優點在於較易取得高價，且換價程序較具公正性，故強制執行法以之為動產換價方式之原則（強制執行法第60條第1項）。而變賣，則係不經公開拍賣程序，而將查封物任意出賣之換價方法，其缺點與拍賣之優點相對，故有迅速換價之必要時（強制執行法第60條第1項但書參照），方例外採之。

(二)扣留之物變賣之要件

1.有腐壞或價值重大減損之虞

新鮮物品如鮮魚、蔬菜，或扣留之車輛逾期未領取而有生銹毀損之情形等。

2.保管、照料或持有所費過鉅或有其困難

體積過大如推土機、怪手，有毒物或炸藥等危險物。

3.扣留期間逾六個月，無法返還所有人、持有人或保管人，且不再合於扣留之要件

本款是指無法返還之情形，例如無法找到上述所稱之人。此外，「不再合於扣留之要件」應是指已無「預防危害之必要」。

4.經通知三個月內領取，且註明未於期限內領取，將予變賣，而所有人、持有人或保管人未於期限內領取

此種情形可能有所有人、持有人或保管人不欲領取之情形。

---

[21] 拍賣與變賣之區別在於：一、查封至拍賣須經法定期間，且須先公告，而變賣則無須上述程序。二、拍賣之應買人須公開競價，變賣則依市價。三、拍賣有場所限制，變賣則否。

(三)扣留之物變賣之程序

1.原則

物之變賣，採公開方式為之。物之變賣前，應將變賣之程序、時間及地點通知所有人、持有人或保管人。但情況急迫者，不在此限。

2.例外

為解決警察實務單位對扣留之物保管及處理之困擾，爰於第3項明定對於扣留之物，因其性質認難以賣出，或因估計變賣之費用超出變賣所得等原因時，得不經公開方式逕行處置之。例如，刀械、槍械等器械性質，因具危險性，通常由警察機關逕行處置之。

(四)變賣後之處理

扣留之物未賣出者，其所有權歸屬依法執行扣留之警察機關所屬政府所有，並得將該物提供公益目的使用。

第1項第3款、第4款之物，於六個月內未賣出者，歸屬各該級政府所有，並得將該物提供公益目的使用；其屬第1項第4款之物者，應將處理情形通知所有人、持有人或保管人。

扣留之物因腐壞、腐敗等理由而不能變賣者，得予銷毀之。銷毀前，應將銷毀時間及地點通知所有人、持有人或保管人。但情況急迫者，不在此限。

四、爭議問題

本法條第3項前段規定：「物之變賣，採公開方式行之。」顯與強制執行法上拍賣或變賣有所不同，且以公開方式變賣扣留物，是否有礙迅速換價之立法原由，實值商酌。又其公開方式所指為何？應否先期公告（強制執行法第64條參照）？其與強制執行法之拍賣或變賣又有何差異？又依本法條第3項規定之「因物之性質認難以賣出，或估計變賣之費用超出變賣所得時，得不經公開方式逕行處置之」，所謂「逕行處置」所指為何？又有權處置機關為何？

　　針對上述問題，本文認為本條所稱公開方式係指應先經由公告程序，之後再以公開方式變賣之，其程序與一般拍賣程序同，逕行處置則以不公開方式由扣留機關處理之，程序與一般變賣程序同。

第24條（扣留器物或變賣價金之返還）

　　扣留之物無繼續扣留之必要者，應將該物返還所有人、持有人或保管人；所有人、持有人或保管人不明時，得返還其他能證明對該物有權利之人。

　　扣留及保管費用，由物之所有人、持有人或保管人負擔。扣留之物返還時，得收取扣留及保管費用。

　　物經變賣後，於扣除扣留費、保管費、變賣費及其他必要費用後，應返還其價金與第一項之人。第一項之人不明時，經公告一年期滿無人申請發還者，繳交各該級政府之公庫。

一、立法理由

　　（一）第1項明定扣留之物返還之要件及程序。

　　（二）第2項明定扣留之物返還時，得向物之所有人、持有人或保管人收取因執行扣留時所支出之費用及保管費用。

　　（三）第3項明定扣留之物變賣後，其價金返還之程序及期限。

二、參考法條

(一)德國聯邦與各邦統一警察法標準草案第24條

　　「扣押之要件一經消失，應即將該物返還予物被扣押之人，若物不可能返還前述之人，得返還任一能證明其對該物有權之人。因物之返還將構成新的扣押要件，不得返還該物。

　　物已變賣則返還其價金，若所有權人不存在或無法查明，其價金依民

法規定提存。物變賣三年後，其價金返還請求權消滅。

　　扣押及保管費用，由第四條、第五條之有責任人負擔，有責任人係多數時，為共同債務人。返還之同時得附收保管費用，物拍賣之費用可由價金抽取，費用可依行政強制程序徵收。

　　民法第九百八十三條之規定不受影響。」

(二)行政執行法第38條第3項

　　「扣留之物無繼續扣留必要者，應即發還；於一年內無人領取或無法發還者，其所有權歸屬國庫；其應變價發還者，亦同。」

(三)行政罰法第40條

　　「扣留物於案件終結前無留存之必要，或案件為不予處罰或未為沒入之裁處者，應發還之；其經依前條規定拍賣或變賣而保管其價金或毀棄者，發還或償還其價金。但應沒入或為調查他案應留存者，不在此限。

　　扣留物之應受發還人所在不明，或因其他事故不能發還者，應公告之；自公告之日起滿六個月，無人申請發還者，以其物歸屬公庫。」

三、內容解析

(一)扣留之物返還之要件及程序

　　扣留之物若無繼續扣留必要者，執行機關無待請求，應即發還或變價發還，並以書面通知所有人、持有人或保管人出據具領；其經封存者，應予啟封[22]。所有人、持有人或保管人不明時，得返還其他能證明對該物有權利之人。例如有占有請求者、監護人、遺產管理者，或其他享有合法占有權源之人，如承租人、借用人等等。若有多人時，則由警察裁量決定，何者依一般生活經驗最具有該物之管領權者。但警察仍應注意，不會因扣留物之返還，而危及警察之目的[23]。

---

[22]　參照行政執行法施行細則第39條之規定，本條文是配合該施行細則第37條規定而來。有關扣留之程序，施行細則強調以書面為之的目的，在於使其法律關係明確化，減少事後之爭端，用意誠屬可嘉。

[23]　Berner/Köhler, Polizeiaufgabengesetz, 14.Aufl., 1995, §28, Rdnr. 3.

(二)收取支出以及保管費用

警察機關對扣留物之保管，是所謂的「公法上之保管關係」，而屬於行政法上的債務關係，若有損害則警察有公法上之責任，因此，扣留物之返還，警察機關得基於此種保管關係，擁有「收取支出以及保管費用」的請求權。若該物為多人共同所有，則共同負擔該費用。

物經變賣後則扣留之原因就不復存在，扣除扣留費、保管費、變賣費及其他必要費用後，應返還其價金與第1項之人。但若不能找到有權受領返還價金之人，或找尋過於花費與該物價值不成比例時，則不在此限[24]。

但若經公告期滿後一年，無人領取或無法發還者，其所有權歸國庫，其應變價發還者，亦同。本條第3項所謂的繳交各該級政府之公庫，係依公庫法第2條定其範圍。

公庫法第2條規定：

「公庫經管政府現金、票據、證券及其他財物。

中央政府之公庫稱國庫，以財政部為主管機關；直轄市之公庫稱直轄市庫，縣（市）之公庫稱縣（市）庫，鄉（鎮、市）之公庫稱鄉（鎮、市）庫，以各該直轄市政府、縣（市）政府、鄉（鎮、市）公所為主管機關。

第一項所定其他財物屬不動產或需要堆棧倉庫保管之動產者，應以契據、倉單或其他證明文件代之。」

第25條（人民財產之使用、處置或限制其使用）

　　警察遇有天災、事變或交通上或公共安全上有危害情形，非使用或處置人民之土地、住宅、建築物、物品或限制其使用，不能達防護之目的時，得使用、處置或限制其使用。

---

[24] Meixner/Martell, Gesetz über die öffentliche Sicherheit und Ordnung Sachsen-Anhalt, 3.Aufl., 2001, §48, Rdnr. 4.

一、立法理由

　　警察對於因天災、事變或交通上或公共安全上之危害情形而威脅人民生命、身體、財產安全時，必須採取必要之措施，以維護社會公益，爰仿行政執行法第39條規定，予以明定。

二、參考法條

(一)行政執行法第39條

　　「遇有天災、事變或交通上、衛生上或公共安全上有危害情形，非使用或處置其土地、住宅、建築物、物品或限制其使用，不能達防護之目的時，得使用、處置或限制其使用。」

(二)災害防救法第30條

　　「民眾發現災害或有發生災害之虞時，應即主動通報消防或警察單位、村（里）長或村（里）幹事。

　　前項之受理單位或人員接受災情通報後，應迅速採取必要之措施。

　　各級政府及公共事業發現、獲知災害或有發生災害之虞時，應主動蒐集、傳達相關災情並迅速採取必要之處置。」

(三)災害防救法第31條

　　「各級政府成立災害應變中心後，指揮官於災害應變範圍內，依其權責分別實施下列事項，並以各級政府名義為之：

　　一、緊急應變措施之宣示、發布及執行。

　　二、劃定警戒區域，製發臨時通行證，限制或禁止人民進入或命其離去。

　　三、指定道路區間、水域、空域高度，限制或禁止車輛、船舶或航空器之通行。

　　四、徵調相關專門職業、技術人員及所徵用物資之操作人員協助救災。

　　五、徵用、徵購民間搜救犬、救災機具、車輛、船舶或航空器等裝

　　　　備、土地、水權、建築物、工作物。

六、指揮、督導、協調國軍、消防、警察、相關政府機關、公共事
　　業、民防團隊、災害防救團體及災害防救志願組織執行救災工
　　作。

七、危險建築物、工作物之拆除及災害現場障礙物之移除。

八、優先使用傳播媒體與通訊設備，蒐集及傳播災情與緊急應變相關
　　資訊。

九、國外救災組織來臺協助救災之申請、接待、責任災區分配及協調
　　聯繫。

十、災情之彙整、統計、陳報及評估。

十一、其他必要之應變處置。

　　違反前項第二款、第三款規定致遭遇危難，並由各級災害應變中心進
行搜救而獲救者，各級政府得就搜救所生費用，以書面命獲救者或可歸責
之業者繳納；其費用之計算、分擔、作業程序及其他應遵行事項之辦法，
由內政部定之。

　　第一項第六款所定民防團隊、災害防救團體及災害防救志願組織之編
組、訓練、協助救災及其他應遵行事項之辦法，由內政部定之。」

三、內容解析

　　本條之構成要件有二：

(一)遇有天災、事變或交通上、衛生上或公共安全上有危害情形

　　本條所謂天災、事變或交通上、衛生上屬例示之規定，重點在於有無
造成公共安全上之危害情形。天災如我國之九二一地震或水災，事變屬人
為所引起之事故，如搶劫或命案之保留現場，交通上如交通事故現場或橋
梁塌陷，以及衛生上如口蹄疫之流行或SARS之防治等，除上述情形外，
尚包括對其他造成公共安全上之危害情形，遭竊之現場保留或火災之處理
等。

(二)有防護之必要

是指非使用或處置其土地、住宅、建築物、物品或限制其使用，不能達防護之目的，亦即，有使用、處置或限制其使用之必要性。如消防隊員為救火，而侵入鄰宅或拆除相隔離之圍牆，或道路過度毀損而限制車輛之使用等。

符合上述情形外，執行機關仍應依合義務性之裁量，決定是否使用、處置或限制其使用。例如颱風來襲，帶來大量雨水，有造成土石流之虞，對於住在該地附近之居民，執行主管機關應限制居民繼續使用該房舍。

以往發生高屏大橋倒塌之情事，警察機關依據公路局的指示封鎖現場限制車輛繼續使用，即屬即時強制之例子。

第26條（進入處所之要件）

　警察因人民之生命、身體、財產有迫切之危害，非進入不能救護時，得進入住宅、建築物或其他處所。

一、立法理由及參考依據

參考行政執行法第40條規定，明定警察因人民之生命、身體、財產遭受迫切之危害，非進入不能救護時，得進入住宅、建築物或其他處所，以因應警察執行救護任務之需要。

行政執行法第40條規定：「對於住宅、建築物或其他處所之進入，以人民之生命、身體、財產有迫切之危害，非進入不能救護者為限。」

二、內容解析

本條係由舊行政執行法第10條移列並作了相當的修正。將舊法第1項第2款所稱「有賭博或其他妨害風俗或公安之行為，非侵入不能制止者」之規定予以刪除。以往警察機關用此款作為住宅進入之依據，卻引發不少之爭議，因為以賭博或其他妨害風俗或公安等秩序違反之行為，而侵入住

宅是否有違比例原則，一直是實務上困擾之問題。為免爭議，乃將其刪除。

本條所稱之住宅，應採廣義之解釋，除私人居住之空間外，尚包括地下室、走廊、前庭與花園等。此外，露營車、旅館房間與學生宿舍亦包括之。建築物或其他處所，似可包括一般商業大樓、工作場所與辦公場所等。因此，於營業時間內，得基於防止危害之目的進入工作場所與辦公場所以及其他公眾得出入之場所[25]。

本條之規定相當嚴格，對於住宅、建築物或其他處所之進入，係以人民之生命、身體、財產有迫切之危害，且若不進入則不能救護上述法益為限。例如，地震後進入建築物搶救傷患，或有人自殺非進入無法制止時。

對於「公眾得出入場所」之進入，可依本法第6條規定為之，本條規定是對於「私人住宅或建築物」之進入，必須合於本條所稱「即時救護」之要件。我國警察執行上最大困難在於，如何進入所謂採「會員制」之場所，或進入作為犯罪之工具的私人電腦網站查看等，本法並無任何規定。

第27條（人車驅離或禁止進入）
　　警察行使職權時，為排除危害，得將妨礙之人、車暫時驅離或禁止進入。

一、立法理由

（一）警察執行震災、火災、槍戰、刑案等現場勤務時，為排除危害，達成任務，必須驅離可能遭受危害與阻礙職務執行之人、車；因其限制人民之自由權利，爰予以明定，以符合法律保留原則。

（二）參考日本警察官職務執行法第4條及德國聯邦與各邦統一警察法標準草案第12條規定。

---

[25] Drews/Wacke/Vogel/Martens, a.a.O. (Fn.16), S. 203。公眾得出入之場所，如餐館、旅社戲院、游泳池、球場、博物館、百貨公司等等。

二、參考法條

本法條係參考日本警察官職務執行法第4條及德國聯邦與各邦統一警察法標準草案第12條規定。

(一)日本警察官職務執行法第4條

「警察官於認為有危害人之生命、身體，或重大損害其財產之虞之天災、事變、工作物損壞、交通事故、危險物爆炸、狂犬、奔馬等動物出現，或極端混亂等危險事態發生時，得對在場之人、該事物之管理人或其他關係人為必要之警告；或於特別緊急時，對於有受危害之虞者，為避免其在場之危害，於必要限度內將其留置或使其避難，或對在場之人、該事物之管理人或其他關係人，為防止危害，令其採取通常認為必要之措施，或由警察官自行採取該措施。

警察官對於依前項規定所採取之處置，應循序報告所屬之公安委員會。此時公安委員會應採取適當措施，請求其他機關對於後續處置給予必要之協助。」

(二)德國聯邦與各邦統一警察法標準草案第12條

「為排除危害，警察得將某人暫時驅離或禁止其進入某地。驅離亦適用於妨礙救火、救護及救難勤務之人。」

三、內容解析

(一)立法目的

警察為防止危害行使職權時，對行使職權之現場人、車，如不予以暫時驅離或禁止進入，將造成損害或妨礙任務之執行，警察得將妨礙之人、車暫時驅離或禁止進入，以排除危害。驅離是警察行使職權時，最常使用的一種預防性措施。

(二)驅離之要件

1.排除危害

警察於行使驅離職權時，是爲排除危害時才可爲之。在此，通常是指個案所存在之具體危害。如警察緝捕行動、處理公共場所或道路爆炸物、或颱風來臨前，禁止進入受土石流威脅的山區。至於救護與救災，目前我國警消已分隸，消防應不再屬於警察職權行使法之對象，因此本項職權若非由警察執行時，而由消防單位，則應適用消防法、災害防救法等規定。

至於，僅是喝酒，逗留在公園或行人徒步區的流浪漢，因其行爲尚未構成危害，非屬「驅離」對象[26]。

2.驅離措施

警察驅離措施有兩種情形：場所之驅離與場所之進入，在此所稱的場所，是指地點、道路、土地、建築物等有限之範圍，其包括公共空間以及閉鎖場所，亦即，公共場所以及公眾得出入之場所等。驅離對象主要包括好奇圍觀者，如基於安全理由引爆炸彈對圍觀者之驅離，或相關人如基於健康理由禁止靠近某地區，如SARS流行期的禁止進入等之驅離。

(1)於場所妨礙警察職權行使人員之驅離

警察對於停留在場所之個人或眾人，要求其離開（狹義的驅離）[27]。其驅離對象爲妨礙警察職權行使之「人」，也及於該人所駕駛的交通工具以及所屬的動物等[28]。所謂「妨礙」，是指因其之存在，使得警察行使職權相當不易或造成困難，而阻礙程序之進行或延誤時機。其對象包括「好奇圍觀者」，如警察緝捕要犯佈陣時之圍觀民眾；「相關人」，例如引爆建築物內未爆彈驅離當地居住或辦公之人[29]，以及「直接引發危害者」，如集會遊行之干擾者等。若現場義務人已經開始移動準備離開，則警察即無必要下「現場驅離」令[30]。

---

[26] Racher, Das Polizeihandeln in: Lisken/Denninger (Hrsg.), Handbuch des Polizeirechts, 2.Aufl., 1996, F. 269.

[27] Meixner/Martell, Gesetz über die öffentliche Sicherheit und Ordnung Sachsen-Anhalt, 3.Aufl., §36, Rdnr. 1.

[28] Samper/Honnacker, Polizeiaufgabengesetz, 15.Aufl., 1992, §36, Rdnr. 3.

[29] Möller/Wilhelm, Allgemeines Polizei-und Ordnungsrecht, 4.Aufl., 1995, S. 176.

[30] Lambiris, Klassische Standardbefugnisse im Polizeirecht, 2002, S. 25.

(2)場所進入的禁止

警察對於特定場所或空間，基於危害排除之目的，禁止個人或多數人之進入。在此，若允許其進入，有造成警察職權行使之妨礙之虞。例如，警察封鎖現場，以找尋證物或損害之情形，或車禍現場之封鎖等。

3.驅離是暫時性之限制

不管是場所之驅離或禁止進入，都是暫時性之措施。但若屬期間較長，如特定販毒或經常有暴力發生之場所或處所，對該場所或處所下令禁止進入達一個月之長，則非屬本條之規定。此外，驅離之場所或處所應是有限的點或面，而不是為防堵犯罪即將整個市區全面封鎖，應集中在特定地區上。在此，警察機關為驅離措施時，亦應注意比例原則之適用。

(三)驅離之法律性質與基本權利之干預

驅離為行政處分，警察之下令，具有下令或禁止當事人為一定行為之措施。驅離處分以口頭或手勢為之皆可。其涉及「身體移動之自由」，屬所謂人身自由之限制。但若執行驅離而實施管束，例如集會遊行對禁止進入者之「管束」，等集會遊行後予以放行，則此種管束為人身自由的剝奪[31]。

至於，驅離措施是否涉及「遷徙自由」，多數學者持否定態度，因為遷徙自由之限制必須持續相當時間，而驅離從定義觀之，只是暫時短暫性之限制而已[32]，與憲法上所稱「遷徙自由」並無關聯。

四、爭議問題

(一)警察為執行市政府的強制拆除令（文林苑），必須對圍觀或逗留現場之群眾，採取本條之措施，可否依本條公告路段、路線之封鎖或禁止通行？

警察依本條規定只能執行強制措施，而非依此擴充至公告路段、路線

---

[31] Racher, a.a.O. (Fn.27), F. 269.

[32] Racher, a.a.O. (Fn.27), F. 269; Lambiris, a.a.O. (Fn. 31), S. 73.

之封鎖或禁止通行；警察若欲實施路線管制，應依道路交通管理處罰條例第5條規定實施交通管制。

(二)驅離與國家賠償

依臺灣高等法院高雄分院民國99年10月28日99年度上國字第3號民事判決，若警察並未違反警察法第2條與警察職權行使法第27條等規定而行使職權，縱使違反他人意願驅離，亦屬依法令行使職務之正當行為，並未不法侵害他人自由權，並無國家賠償法第2條第2項前段規定，公務員於執行職務行使公權力時，因故意或過失不法侵害人民自由或權利者，國家應負損害賠償責任情形，無從請求國家賠償。

第28條（行使職權之時機）

　　警察為制止或排除現行危害公共安全、公共秩序或個人生命、身體、自由、名譽或財產之行為或事實狀況，得行使本法規定之職權或採取其他必要之措施。

　　警察依前項規定，行使職權或採取措施，以其他機關就該危害無法或不能即時制止或排除者為限。

一、立法理由

（一）個別法律賦予職權，乃依法行政之表現。惟社會政經文化等之變遷快速，法律一時自難以因應，若出現新興危害而不予處理，即無從維護公共安全與秩序，個人生命、身體、自由、名譽與財產，亦無法受到應有之保障，自非人民之福。此時若要求警察出面處理，自亦應賦予其相應之職權。爰參考德國聯邦與各邦統一警察法標準草案第8條第1項規定，於第1項予以明定。

（二）危害之發生，可能係人之行為所肇致，亦有可能係物之狀況引起。第1項所稱行為，係指前者；所稱事實狀況，係指後者而言。

（三）新興之危害，非必屬警察任務範圍。此時本應由各該任務機關

自行處理。但實務上，一般民眾遇有危害，多求助警察。抑且各該任務機關，非如警察接近民眾且二十四小時服勤，遇有危害必俟其到場處理，殆屬不可能，且有些危害之制止或排除，間不容髮，各該任務機關勢難克竟全功。為維持行政之一致性。並填補人權保障之闕漏，由警察適時補充介入，有其必要。爰參考德國聯邦與各邦統一警察法標準草案第1條之規定，於第2項予以明定。

二、參考依據

本條第1項，參考德國聯邦與各邦統一警察法標準草案第8條第1項規定而來。

第2項參考德國聯邦與各邦統一警察法標準草案第1條a：「其他機關不能或不可能適時防止危害時，方由警察執行之。」

三、內容解析

(一)立法理由

本條文規範兩種不同之範疇，第1項是所謂警察的概括條款，第2項是警察權補充他機關之補充性條款：

1.警察概括條款

個別法律賦予職權，乃依法行政之表現，此即所謂警察之類型化措施（Standardmaßnahmen）。惟社會政經文化等之變遷快速，法律一時自難以因應，若出現新興危害而不予處理，即無從維護公共安全與秩序，個人生命、身體、自由、名譽與財產，亦無法受到應有之保障。此時，若要求警察出面處理，自亦應賦予其相應之職權。爰參考德國聯邦與各邦統一警察法標準草案第8條第1項規定，於第1項予以明定警察的概括條款。

2.警察補充性條款

新興之危害，非必屬警察任務範圍，本應由各該任務機關自行處理。但實務上，一般民眾遇有危害，多求助警察；抑且各該任務機關，非如警

察接近民眾且二十四小時服勤，遇有危害必俟其到場處理，殆屬不可能，且有些危害之制止或排除，間不容髮，各該任務機關勢難克竟全功。為維持行政之一致性，並填補人權保障之闕漏，宜由其他機關就該危害無法或不能即時制止或排除者，依法請求警察適時補充介入協助，爰參考德國聯邦與各邦統一警察法標準草案第1條a之規定，於第2項予以明定此種警察補充性條款。

3.立法考量之分析

(1)條文規定之位置不當

本條文列在本法第三章「即時強制」中，似乎使人誤解為該文中所規定內容為即時強制。其實，補充性條款，是一種管轄權之規定，用來補充警察類型化措施（第1項），或補充其他秩序機關權限（第2項）不足之處，而給予警察有權補充該職權而採取必要之措施。但這些措施，並非等於即時強制。例如，警察受理民眾報案，有些並非警察管轄之案件，如電動玩具店容任未滿十八歲進入，警察所為調查之處理，該調查行為非屬於即時強制之行為。

本法第2條有對警察職權的「具體措施」加以規定，此即吾人所稱的「警察類型化措施」，而既然有此「具體措施」規定，則補充性的「概括條款」似應規定其後，較為恰當。

上述觀點，學者有不同意見，有認為「概括條款」既然放在即時強制上，即應用在即時強制的措施上，屬於即時強制的「概括條款」[33]。有認為，在條件不足之情形下，如個別授權條款並未相當完備，警察缺乏對概括條款「補充性」與「承接性」之認識，救濟管道未暢通而實施概括條款恐產生衝擊[34]。

本文仍認為，概括條款並非侷限在即時強制適用上，而應補充個別授權之不足，未來仍期待警察職權行使法有較完整的個別具體措施的增定，消除學者之疑慮。

---

[33] 林明鏘，論警職法第28條之權限條款與補充性原則，警察法學，第5期，2006年10月，頁25。
[34] 李震山，警察任務法論，登文書局，1998年，頁160-162。

(2)兩項規定無必然關聯

本條文第1項與第2項，雖然都屬於補充性條款，但兩者所規範內容迥然有別。第2項是警察與其他秩序機關的權限補充關係，與第1項僅屬警察之概括權限條款有別，似宜分別由不同條文規範。

兩項規定都不是所謂「即時強制」規定，且非屬於具體措施之規定，因此，應規定在第一章「總則」中。

上述兩項規定應都屬於所謂補充性規定，屬管轄權之補充，第1項為補充警察類型化措施之不足，第2項為補充其他機關權限之不足[35]。有認為上述兩項一為「權限授權」（第1項），另一為「權限行使」（第2項），先有權限之授予，後有權限行使之限制，兩者兼具有互生互限之「唇齒關係」，並非偶然相遇，無任何必然之關聯[36]。

上述見解，本文仍堅持前述兩項都是管轄權的補充性條款，並非所謂「權限授權」（第1項），與「權限行使」（第2項）之差異，兩者規範權限之範圍不同，一為警察職權相互間之補充關係，另一為警察機關與其他機關之補充關係，並無互補關係之存在。

4.名譽概念之界定

名譽權旨在維護個人主體性及人格之完整，為實現人性尊嚴所必要，受憲法第22條所保障[37]，誹謗性言論若不法侵害他人之名譽權，則構成刑法第310條誹謗罪，以及依民法第18條（人格權之保護）、第184條（獨立侵權行為之責任）以及第195條（侵害身體健康名譽或自由之非財產上損害賠償），構成侵權行為，不僅要負擔損害賠償，尚須負擔精神上損害賠償，並得請求回復名譽之適當處分，但以善意對可受公評之事為適當評論者，不構成侵害名譽權[38]。本條為警察對於公共安全、公共秩序或個人生命、身體、自由或財產之危害制止或排除外，尚增加對於名譽之保護。

---

[35] 陳通和，論警察職權行使法之原則——以制定法論述之（下），警政學報，第52期，2015年5月，頁141。
[36] 林明鏘，同前揭註33，頁29以下。
[37] 參閱釋字第656號解釋。
[38] 參閱臺灣高等法院臺中分院99年上字第310號（裁判日期：民國100年3月2日）。

(二)警察之概括條款

1.根源

　　此種警察概括條款，最早出現在1931年的德國普魯士警察行政法第14條第1項中。而目前德國各邦警察法概括條款以此為根據[39]，我國第28條第1項規定亦參考此而明訂之。

2.補充性之特質

　　概括條款與本法第2條所稱之「具體措施」在關係上，是一種補充關係，只有在第2條所未規定的情形下，才有該條款之適用。

3.適用之構成要件

(1)制止或排除現行危害公共安全、公共秩序或個人生命、身體、自由、名譽或財產

　　本項所稱的「現行危害」，是指現存在之「危害」而言。所謂「公共安全」是指，個人生命、身體、自由、名譽或財產、法秩序（Rechtsordnung）以及國家設施等不得受到任意侵害。

　　「公共秩序」是指個人於整體公開行為，應遵守所有不成文之規範，以作為共同生活必要之條件。

　　「公共安全」與「公共秩序」互為構成要件；「公共安全」保護實定法所承認之法益，而「公共秩序」則創設法規範以外的「保護法益」[40]。

(2)行為或事實狀況所引發

　　危害之發生，可能係人之行為所肇致，亦有可能係物之狀況引起。第1項所稱「行為」，係指前者；所稱「事實狀況」，係指後者而言。

(3)採取必要之措施

　　所謂「必要」，是指若警察之目的以其他方式不能或相當困難達到時，則此時警察採取之措施即屬必要，若危害尚屬輕微，警察之介入即無必要，因此，必要之考量仍屬比例原則之考量[41]。

---

[39] Woif-Rüdiger Schenke, Polizei-und Ordnungsrecht, §3, Rdnr. 48.
[40] Christoph Gusy, Polizeirecht, 5.Aufl., 2003, §3, Rdnr. 95.
[41] Samper/Honnacker, a.a.O. (Fn. 29), Rdnr. 4.

(三)其他秩序機關的補充性條款

所謂「補充性」是指危害防止本屬其他秩序機關任務，但因其他原因，無法或不能即時制止或排除時，由警察機關補充處理之，在此警察之介入屬「次要的」、「補充的」性質，是一種暫時性的防止危害措施。

1.補充性條款之意義

防止危害任務本屬警察專屬任務，但基於行政事務的分工，我國如同德國警察之發展般，逐漸走向所謂的「除警察化」（Entpolizeilic-hung），亦即，將諸多防止危害之任務，由其他秩序機關來執行，如建設機關、環保機關，以及最近由警察機關獨立出來的消防機關以及海岸巡防機關等。在此，產生了防止危害任務之分工，原則上，防止危害任務，若非法規授權他機關執行時，則屬警察之任務。

但若有管轄權機關因其他原因，無法或不能即時制止或排除時，由警察機關補充處理之，則屬例外規定。本條第2項之此種規定，是屬於所謂的「緊急或急迫管轄權」（Not-oder Eilkompetenz），傳統上對於此種緊急處分，並不視為警察原始權限，其僅是在他機關無法處理之際時的緊急處分權限[42]。因此，對此種管轄權競合，吾人稱其為正面的「管轄權競合」，亦即秩序機關與警察機關間的「雙重管轄權」，先行遭遇危害狀況之機關，得先行處理而採取必要之措施[43]。本條第2項所規定的補充性職權，是補充原處分機關的「原本管轄權」不足之處，警察之補充權是「次要的」，兩者應有優先順序。

由於警察仍屬與民眾接觸最頻繁的行政單位，且必須處理一些民眾報案，其卻可能屬其他機關管轄之案件，這些案件，通常涉及違法事件，如違規營業、盜採砂石、違規設置以及販賣石油等，在此情形下，若不給予警察機關先行處理權，以保全證據，則往往會錯失良機，且引發民眾不滿等，因此，本條第2項規定有其必要性。但在此，有兩個問題可以探討：

[42] Tegtmeyer, Polizeigesetz, Nordrhein-Westfalen, 8.Aufl., 1995, §1, Rdnr. 17.
[43] Denninger, Polizeiaufgaben, a.a.O. (Fn.27), E. 182.

(1)警察介入發動要件

是否因警察機關屬於正常上班外與週末仍值勤之公務員，警察即有此職權之行使。本文認為，不可因此而認為正常上班外之工作，皆屬警察之職權。若如此，則警察權將無限擴充。

(2)警察介入之程度問題

是否警察除緊急處理保全證據外，可進一步製作筆錄，有探討之必要。此種先行介入權與所謂的「職務協助」不同，前者是警察主動為之，後者是基於他機關請求而為。

2.警察介入之要件

本條第2項所稱「危害無法或不能即時制止或排除者」，對此警察得享有所謂的「預測與評估的空間」，就個案與警察的認知，來決定是否管轄機關無法或不能及時處理，警察有緊急處理之必要等預估。其判斷依據，只要警察主觀上認為管轄機關無法即時處理為已足。

(1)其他機關無法制止或排除危害

在此，尤其涉及例如：法律上之原因，如他機關缺乏所需之權限；事實上之原因，如必要執行該措施之手段等，無受過訓練之人員或應有的設備等。

(2)其他機關不能即時制止或排除危害

在此涉及所謂的「急迫性原則」（Unaufschiebbarkeit），基於時間急迫性，警察介入若請求其他有管轄權機關指示，恐不能即時制止或排除危害[44]。在此，對警察人員而言，最困擾的是，是否夜晚或假日，其他機關不上班的時間內，所有發生「危害排除」之事件，皆屬警察管轄。本文認為，此不足作為理由，他機關若其處理有關事務，有涉及正常時間外之勤務，則應有自己的編制，才屬恰當[45]。

(3)必要性之考量

警察之介入仍以事件有必要警察即時處理為前提，若該事件並無即時

---

[44]　Samper/Honnacker, a.a.O. (Fn.29), Rdnr. 2.
[45]　德國Sachsen-Anhalt邦的警察法第87條就規定，於正常勤務時間外的危害防止，賦予警察機關有義務，防止或排除危害。

處理之必要，則可等到其他有管轄之機關來處理，則警察介入即屬無必要。此種必要性之考量，應就個案觀察之，尤其考量該事件是否「有即時處置之必要」，或有「無法事先預見」之情形等。若基於行政目的之考量，例如績效，則不合此種必要性原則，如警察為績效，而經常介入營業場所，如電動玩具店之查察。

(4)通知報告之義務

通知報告之義務是在主管機關有繼續處理之必要時，尤其是主管機關於不能即時處理之情形[46]。

3.警察行政罰之調查權

在此，值得注意的是，警察此種緊急處分權，僅是暫時性之措施，並無產生管轄之移轉。警察不因為緊急處分權，而有核准或處罰之權限，但是否因而有所謂的行政罰或行政處分的「調查權」，則涉及警察介入程度之問題。我國實務上警察介入他機關所管轄事件的調查甚為深入，甚至他機關唯一作為處罰之依據，僅是依據警察所為之「警訊筆錄」，警察職權行使法第28條第2項所稱的「緊急處分權限」，是否給予警察如此權限，有進一步探討之必要。

行政罰事件首先必須先確定「管轄機關」，一般而言，經常會發生有管轄機關對於違序事件不能即時先行介入之情形，因案件的特殊性，例如案件發生在夜間或下班後，或其他案件之特殊性因警察巡邏或民眾報案而前去調查之情形，在此情形下，若警察非管轄機關時，法律是否應給予警察有違序之調查權，而介入一般行政機關的管轄權範圍，此即所謂的「第一次干預」（ersten Zugriff），吾人就法規規定之情形，可區分為下列兩種：

(1)法規牽涉刑事案件者

此即同一法條包括行政罰與刑罰在內之情形。在這些案件，警察本身即有刑法上之管轄權，其知有犯罪嫌疑，即應從事調查。

46　Berner/Köhler, a.a.O. (Fn.24), Rdnr. 2.

(2)法規僅規定行政罰者

此種情形警察是否有介入權，首先應就上述所稱本條「第2項」介入之前提要件觀察之。而不應因案件發生在一般公務員勤務時間外，即認定應由警察處理之。此外，應就有無「急迫性」以及「必要性」觀察，作為警察介入之要件。

德國社會秩序違反法第53條第1項第1款之規定：「警察機關、人員有合義務性的裁量去偵查違反違序之案件。並且為保全證物，防止違序事物的消失或不明確，得採取即時的措施。」即是屬於行政罰「第一次干預」的規定。

依德國法之規定，此種基於暫時性之管轄權，警察應立即將所有資料移送行政機關，如有涉及刑事案件，應即移送檢察官[47]。此種暫時性之管轄權，與職務協助有所區別，職務協助應經由請求而來[48]，屬被動的，而暫時性之管轄權屬主動的。

但我國警察職權行使法第28條第2項規定，並不包括警察行政罰之調查權，因為兩者（警察職權行使法與行政罰法）所規範的範圍不同。至於，未來行政罰法草案，是否增列，誠屬立法之考量。

四、爭議問題

本條第2項所指「警察依前項規定，行使職權或採取措施，以其他機關就該危害無法或不能即時制止或排除者為限。」與「職務協助」是否類同？

本條規定警察對於危害之制止或排除，以其他機關無法或不能即時制止或排除者為限，此種警察介入，應以警察對於該事件進行主觀判斷，來

---

47 參照德國社會秩序違反法第53條第1項第3款。
48 職務協助應遵守被動性、臨時性、輔助性三原則。就我國實務現況而言，關於警察機關逕行查報違反行政上不法行為並製作筆錄後移送主管機關處理，是否符合行政程序法上相關「管轄權限」規定之疑義，法務部90法律字第016356號解釋函，於說明二中指出：「按關於違反區域計畫法之土地使用管制案件，縱違規行為未涉其他刑責，警察機關逕行查報並製作調查筆錄後移送主管機關處理，係屬對於違法行為之舉發，並未逕為裁罰行為，尚無違反行政程序法有關行政機關管轄權限之規定。」由此可見，法務部對此亦持肯定見解。

決定是否管轄機關無法或不能及時處理，而警察有緊急處理之必要時，即可為之。此時警察行為是採取主動的態樣，與基於他機關請求而為之「職務協助」（行政程序法第19條）並不相同。

第29條（異議之時機及後續程序）

義務人或利害關係人對警察依本法行使職權之方法、應遵守之程序或其他侵害利益之情事，得於警察行使職權時，當場陳述理由，表示異議。

前項異議，警察認為有理由者，應立即停止或更正執行行為；認為無理由者，得繼續執行，經義務人或利害關係人請求時，應將異議之理由製作紀錄交付之。

義務人或利害關係人因警察行使職權有違法或不當情事，致損害其權益者，得依法提起訴願及行政訴訟。

一、立法背景

本條規定之訂定，源自於大法官釋字第535號而來，其解釋理由書稱：「在法律未為完備之設計前，應許受臨檢人、利害關係人對執行臨檢之命令、方法、應遵守之程序或其他侵害利益情事，於臨檢程序終結前，向執行人員提出異議，認異議有理由者，在場執行人員中職位最高者應即為停止臨檢之決定，認其無理由者，得續行臨檢，經受臨檢人請求時，並應給予載明臨檢過程之書面。上開書面具有行政處分之性質，異議人得依法提起行政爭訟。」

由於警察行使職權通常具有即時性，若當場不表示意見，其執行行為有可能立即結束，因此，本法特別明定義務人或利害關係人得於警察行使職權時，當場陳述理由，表示異議，並明定警察對於該異議，認無理由時，得繼續行使職權；經義務人或利害關係人之請求，應將其異議之理由作成紀錄交付之。當場表示異議之目的在於保障義務人或利害關係人表達

意見之權利，強化警察即時反省及反應能力，不影響其依法提起行政救濟之權利，故同時明定警察行使職權有違法或不當情事，致損害其權益者，得依法提起訴願及行政訴訟[1]。

二、立法理由

（一）警察行使職權之態樣不一，勉強區分各該行為態樣而分別規定，顯不符經濟原則，且現行法律對於行政救濟業已有明文規定。故本條第1項僅就警察行使職權之方法、應遵守之程序或其他侵害利益等情事，為特別規定，規定義務人或利害關係人得表示異議。

（二）為使義務人或利害關係人對於警察行使職權時，能有表示意見之權利，並強化警察即時反省及反應能力，第1項爰規定得於警察行使職權時，當場陳述意見，表示異議，並於第2項明定警察對於該異議之處理方式。

（三）警察對於異議認為無理由時，為保障義務人或利害關係人之權益，明確責任歸屬，爰於第2項後段明定得繼續執行，經義務人或利害關係人請求，應將異議之理由作成紀錄交付之。

（四）當場表示異議並不影響義務人或利害關係人依法得提起行政救濟之權利，爰於第3項明定警察行使職權有違法或不當情事，致損害其權益者，得依各該法律規定，提起訴願及行政訴訟。

（五）參考司法院大法官會議第535號解釋文、行政執行法第9條規定。

三、參考法條

(一)行政執行法第9條

「義務人或利害關係人對執行命令、執行方法、應遵守之程序或其他侵害利益之情事，得於執行程序終結前，向執行機關聲明異議。

---

[1]　內政部警政署編，警察職權行使法逐條釋義，內政部警政署編印，2003年8月，頁94。

前項聲明異議，執行機關認其有理由者，應即停止執行，並撤銷或更正已為之執行行為；認其無理由者，應於十日內加具意見，送直接上級主管機關於三十日內決定之。

行政執行，除法律另有規定外，不因聲明異議而停止執行。但執行機關因必要情形，得依職權或申請停止之。」

(二)強制執行法第12條

「當事人或利害關係人，對於執行法院強制執行之命令，或對於執行法官、書記官、執達員實施強制執行之方法，強制執行時應遵守之程序，或其他侵害利益之情事，得於強制執行程序終結前，為聲請或聲明異議。但強制執行不因而停止。

前項聲請及聲明異議，由執行法院裁定之。

不服前項裁定者，得為抗告。」

四、內容解析

(一)警察職權之類別

若干警察具體措施，因為具有下命、具體規範之意思表示，受規範的對象，亦即當事人有行為、不行為或忍受的義務，而產生直接法效果，因此，視為行政處分，例如：驅離、為查證身分之詢問，而實施攔停、要求出示證件、詢問住址等。

但若干警察具體措施，卻是屬於所謂以行動為之的「執行」行為，可區分為：

1.事實的執行行為

警察不必經由當事人配合，可獨力完成之行為。人的留置、管束、鑑識之實施、人、物或房子的搜索、物的保全。

2.資料蒐集之行為

警察的監控、資料之比對、傳遞、變更、儲存。

3.警察的強制措施

此部分屬於警察即時強制部分，如使用塑膠警棍驅離群眾。

上述的各種措施，被視為具有干預性質的事實行為。其中除第2項，屬於沒有與接觸當事人直接接觸外，其餘皆為有直接干預當事人的事實行為。上述之所以稱其為「事實行為」，是因為這些措施並非以意思表示在外，規範當事人權利或義務，其僅屬行動之「事實行為」。

警察職權，如查證身分措施、驅離、留置或管束等行為，其特質是具干涉性，但此種干預通常是在執行完成後即結束。因此，對此提起訴願，若無實質侵害，已無撤銷實益。

區別干預行政處分或事實行為，在於行政訴訟法上對抗已完成的警察干預行為有其意義。若該措施屬行政處分時，則因行政處分，必須先提起訴願，但由於該行政處分已執行完畢，無法撤銷，因此，雖無法訴願之提出，卻仍可提起違法確認訴訟[2]。我國行政訴訟法第6條第1項後段規定：「其確認已執行完畢或其他事由而消滅之行政處分為違法之訴訟，亦同[3]。」但提起前提要件必須是「原告有即受確認判決之法律上利益者」始得為之（第1項前段規定）。司法判決對於此種事實上早已執行完畢之行政處分，若當事人對此有可回復之權益（Berechtigtes Interesse），承認其有確認該行政處分違法與否之可能性（所謂的事後補充的確認之訴）[4]，而無須提起訴願。而所謂的「可回復之權益」是指，任何法律上、經濟上或理念上（ideeller）之利益[5]。我國行政訴訟法共有兩法條規定有關「已執行完畢」之事宜，除第6條第1項「確認訴訟」外，另於第196條第1項規定：「行政處分已執行者，行政法院為撤銷行政處分判決時，經原告聲請，並認為適當者，得於判決中命行政機關為回復原狀之必

---

[2] 黃錦堂，行政訴訟法逐條釋義第六條，收錄於：翁岳生主編，行政訴訟法逐條釋義，五南出版，2002年8月，頁104以下。

[3] 本條規定係參考德國行政法院法第113條第1項第4句：「若行政處分事先已撤回或方式而完成，若對確認違法行政處分當事人有法律上之利益時，得向法院提起確認之訴。」當事人準用該條規定而提起所謂「續行的確認訴訟」（Fortsetzungsfeststellumg）。

[4] Tegtmeyer, Polizeigesetz Nordrhein-Westfalen, 8.Aufl., 1995, S. 46.

[5] 例如因警察之措施而使得當事人基本權所保護之法地位受干預，如當事人地位於公開受到貶抑，則屬理念上之利益；參閱：Stefan Zeitler, Allgemeines und Besonderes Polizeirecht für Baden-Württemberg, 1998, S. 165.

要處置。」兩者皆以「行政處分已執行完畢」爲其要件，但第196條第1項是以「回復原狀」爲前提，亦即，所謂的「執行結果除去請求權」，其係指違法且侵害人民權利之行政處分，因執行結果，直接造成對人民持續違法的不利之事實狀態者，人民於行政法院或行政機關撤銷該處分後，得進而向行政機關請求排除執行結果之權利[6]。此種請求權係屬公法上之結果除去請求權之特殊型態。例如，行政機關違法向人民徵收稅捐、規費、罰鍰等公法上金錢給付義務請求權或違法沒入或扣留物品等，於違法處分經撤銷時，原處分之相對人繼續請求行政機關返還已繳交之款項或物品。其附隨違法撤銷請求權上。而第6條第1項「確認訴訟」並無「執行結果除去請求權」之情形，只是違法確認訴訟而已。

但若屬事實行爲，則屬確認訴訟或一般給付訴訟之範圍[7]。

(二)釋字第535號解釋

釋字第535號解釋在解釋理由書中，爲使人民有救濟機會，參考行政執行法第9條「聲明異議」之規定，而許「受臨檢人、利害關係人對執行臨檢之命令、方法、應遵守之程序或其他侵害利益情事，於臨檢程序終結前，向執行人員提出異議，認異議有理由者，在場執行人員職位最高者應即爲停止臨檢之決定，認其無理由者，得續行臨檢，經受臨檢人請求時，並應給予載明臨檢過程之書面。上開書面具有行政處分之性質，異議人得依法提起行政爭訟[8]。」

將該處分書視爲「行政處分」性質，依吳庚教授見解，是以方便當事人得依行政訴訟法提起訴訟，因爲若將其歸屬事實行爲，則依當時我國行政訴訟法之規定，將無救濟之可能[9]。

---

[6] 劉淑範，論「續行確認訴訟」（「違法確認訴訟」）之適用範疇：以德國學說與實務爲中心，台北大學法學論叢，第46期，2000年6月，頁128以下。

[7] Hessen/Hönle/Peilert, Bundesgrenzschutz, Verwaltungsvollstreckungsgesetz, Gesetz über den unmittelbaren Zwang, 4.Aufl., 2002, §14, Rdnr. 4ff；我國學者吳庚，理論上對警察事實行爲得提起一般給付訴訟，但在我國恐難採行，因此，釋字第535號解釋始有「視同行政處分之救濟」，在於方便救濟：參閱吳庚，行政法之理論與實用，2003年10月，頁640。

[8] 釋字第535號解釋理由書，參閱司法院公報，第44卷第1期，2002年1月，頁22。

[9] 吳庚，同前揭註7，頁640。

(三)警察職權行使法聲明異議之規定

2003年6月25日公布警察職權行使法第29條規定：「義務人或利害關係人對警察依本法行使職權之方法、應遵守之程序或其他侵害利益之情事，得於警察行使職權時，當場陳述理由，表示異議。前項異議，警察認為有理由者，應立即停止或更正執行行為；認為無理由者，得繼續執行，經義務人或利害關係人請求時，應將異議之理由製作紀錄交付之。義務人或利害關係人因警察行使職權有違法或不當情事，致損害其權益者，得依法提起訴願及行政訴訟。」

該條規定與釋字第535號不同之處在於：

1.書面製作之不同

釋字第535號稱：「應給予載明臨檢過程之書面」，此種臨檢過程之書面，係依照行政處分之格式製作，因此，視同其為行政處分。反之，警察職權行使法第29條稱：「應將異議之理由製作紀錄」，則該項書面僅是「異議之理由書」而已。異議理由僅是聲明異議者之陳述，本身並不包括警察臨檢過程之程序，其當然非屬行政處分，且連事實行為都不是。

2.救濟規定之不同

釋字第535號稱：「上開書面具有行政處分之性質，異議人得依法提起行政爭訟。」該號解釋並無提到訴願。而警察職權行使法第29條卻稱：「義務人或利害關係人因警察行使職權有違法或不當情事，致損害其權益者，得依法提起訴願及行政訴訟。」針對於此，吳庚提出批評而認為：「無論對警察手段定位為事實行為或行政處分，照理均不得提起訴願，而法條竟有訴願及行政訴訟（撤銷訴訟）之設，自欠妥當[10]。」

(四)警察職權行使法法救濟探討

1.第29條訴願及行政訴訟規定之不當

誠如吳庚教授所言，「無論對警察手段定位為事實行為或行政處分，照理均不得提起訴願（行政處分執行完畢不能訴願請求撤銷），而法條竟

---

[10] 同上註。

有訴願及行政訴訟（撤銷訴訟）之設，自欠妥當[11]。」就此部分，本文贊同之。但對於第29條所規定的「行政訴訟」是否為「撤銷訴訟」，則持保留態度。若從第29條的立法說明觀之，顯然並非如吳氏所言般。

本條之所以未如釋字第535號解釋將臨檢處分書視為「行政處分」，可從立法說明看出端倪，其稱：「係因為本法警察行使之職權態樣不一，若分別規定，顯不符經濟原則，且現行法律對行政救濟已有明文規定。」進而對該條第3項說明：「明定警察行使職權有違法或不當情事，致損害義務人或利害關係人之權益者，得依各該法律規定，提起訴願及行政訴訟。」因此，從其立法意旨觀之，其仍是參考釋字第535號解釋，而將該號解釋所稱的「行政爭訟」，進一步詳細規定「訴願及行政訴訟」，但並不意味著，所稱的「行政訴訟」即是「撤銷訴訟」，而是行政訴訟法之各類訴訟，只要符合發動要件即可適用，如此解釋，應符合當時立法者之本意。

2.撤銷訴訟或續行撤銷訴訟

如前所述，不管警察查證身分是行政處分或事實行為，皆屬執行完畢就完成之狀態。就其行為態樣，適用我國行政訴訟法之規定如下：

(1)行政處分

查證身分措施，若屬行政處分，因該措施已執行完畢，依行政訴訟法第6條第1項後段：「其確認已執行完畢或因其他事由而消滅之行政處分為違法之訴訟，亦同。」亦即，可提起所謂的「續行確認訴訟」之謂。若有行政訴訟法第196條「執行結果除去請求權」的情形，則依該條規定提起之。

(2)干預性事實行為

對於已執行完畢之事實行為可否救濟，吳氏認為依當時我國行政訴訟法之設計，並無任何一種「訴訟類型」可資運用[12]。但本文以為可藉由德國法實務與理論之觀點來解釋，我國仍可依行政訴訟法第6條第1項前段

---

[11] 吳庚，同前揭註7，頁640。
[12] 吳庚，同前揭註7，頁640。

「確認公法上法律關係成立或『不成立』之訴訟」來適用於事實行為。當事人得以「警察無權實施查證身分措施」，而要求確認該法律關係「不成立」之訴訟[13]。

(五)結論

　　警察職權屬「公權力措施」的執行，此種「公權力措施」，是一種經常使用的措施，對人民而言，有時會造成困擾，因此，在執行上應注意「正當程序」以及「人民之權利」。但在另一方面，也應顧及「公共利益」，不應無法適時執行「公權力」而造成對「公共利益」的重大損害。

　　因此，警察的具體公權力措施，除警察職權行使法本身所規範的強制力外，其他有關的法規，若有處罰規定可資援引，如社會秩序維護法等，亦可適用之。此外，對於人民不遵從警察具體「公權力措施」的執行，警察得視各種情狀，適用「行政執行法」之規定實施強制執行，以達警察目的之要求。

　　有關法律救濟，警察職權行使法第29條規定「訴願及行政訴訟」之途徑，是有瑕疵，尤其不應有「訴願」制度之規定，因為查證身分措施，都屬一經執行即完畢之措施，但有關「行政訴訟」部分，警察職權行使法第29條並非僅指「撤銷訴訟」而已，應視其法型態「行政處分」或「事實行為」而提起所謂「續行確認訴訟」或「確認訴訟」。

第30條（國家賠償）

　　警察違法行使職權，有國家賠償法所定國家負賠償責任之情事者，人民得依法請求損害賠償。

一、立法背景

　　按警察人員為實施其職權時，係以公務員之身分行使國家所賦予之公

---

[13] Drews/Wacke/Vogel/Martens, Gefahrabwehr, 9.Aufl., 1985, S.215f；Wolf-Rüdiger Schenke, Polizei-und Ordnungsrecht, 2.Aufl., 2003, §12, Rdnr. 667.

權力，如有國家賠償法所定國家負賠償責任之情事者，受損害人原得依國家賠償法向國家請求損害賠償，無待明文。惟鑑於警察職權實施有致人民權益遭受損害之虞，為期愼重，爰於本法為提示性之規定，促使警察人員注意兼顧人民權益之維護。

二、立法理由

（一）按警察人員為實施其職權時，係以公務員之身分行使國家所賦予之公權力，如有國家賠償法所定國家負賠償責任之情事者，受損害人原得依國家賠償法向國家請求損害賠償，無待明文。惟鑑於警察職權實施有致人民權益遭受損害之虞，為期愼重，爰於本法為提示性之規定，促使警察人員注意兼顧人民權益之維護。

（二）參考行政執行法第10條、德國聯邦與各邦統一警察法標準草案第45條。

三、參考依據

(一)行政執行法第10條

「行政執行，有國家賠償法所定國家應負賠償責任之情事者，受損害人得依該法請求損害賠償。」

(二)國家賠償法第2條

「本法所稱公務員者，謂依法令從事於公務之人員。

公務員於執行職務行使公權力時，因故意或過失不法侵害人民自由或權利者，國家應負損害賠償責任。公務員怠於執行職務，致人民自由或權利遭受損害者亦同。

前項情形，公務員有故意或重大過失時，賠償義務機關對之有求償權。」

四、內容解析

警察行使職權時，係以公務員之身分行使國家所賦予之公權力，尤其

警察行使職權若與其他行政機關比較，侵害性較大，如有國家賠償法所定國家負賠償責任之情事者，受損害人當然得依國家賠償法向國家請求損害賠償。

一般而言，我國法上區分違法有責的「國家賠償」，與合法無責的「損失補償」，警察職權行使法依此原則，分別於第30條與第31條規定之。因此，警察之國家賠償，係指警察不法行為行使職權，對人民生命、身體、自由或財產產生損害，其構成要件如下：

(一)須行使職權的公權力之行為

所謂行使職權，係指警察執行法律上所賦予任務的行為。該職權行使必須是行使公權力，而所謂公權力係指公務員居於國家公法上之地位，行使統治權之行為。公權力不僅包括所有法律行為，如行政處分、行政命令及公法上契約，尚且包括公法上之事實行為，但國庫行政（私法行為如購置物品或買賣行為）則非屬之。因此，判斷是否屬執行職務行使公權力行為，須以公法與私法區分為準，公法才屬國家賠償之範圍。例如警察利用警車去處理私人事務，或警察局購買警車、防彈衣與廠商所發生的契約行為，都不是行使公權力之行為。

(二)須為不法之行為

不法行為係指觸犯法規範而產生一定法效果之行為，如觸犯刑法構成要件產生刑罰的法效果，觸犯民法侵權行為而產生損害賠償義務的法效果，觸犯行政法上的職務義務而生的國家賠償義務，但若有阻卻違法事由時，則行為不屬不法之範圍。不法之概念主要是在於區別質的差異性，而有刑事、行政及民事不法等概念。而違法通常係指狀態而言，亦即觸犯法律之規定而言。因此不法及違法內涵應無多大差異性。

不法行為大致可區分為如下數種：

1.違反依法行政原則

論及依法行政原則，通常會以法律保留及法律優位作為其內涵。在此，則以公務員執法之行為作為考量。其中尤以法律保留最為重要，公務員執行職務時，應以法律為依歸，並注意非有法規不得任意限制人民之權

利[14]。

　　違背司法判決或大法官會議解釋亦屬違法之行爲。我國大法官釋字第185號稱：「……其（司法院）所爲之解釋，自有拘束全國各機關及人民之效力，各機關處理有關事項，應依解釋意旨爲之……。」由此可知其解釋具法規之效力，故違反解釋之行爲屬違法之行爲。如違警罰法經大法官會議釋字第166號解釋拘留及罰役，不符憲法第8條之規定而有違憲之情形，但警察官署在解釋之後，仍繼續行使拘留及罰役，即屬國家賠償法中的不法行爲。又如，警察職權行使法雖已公布實施，然而大法官釋字第535號解釋仍有其適用，若行使職權違背其解釋內容，也屬違法之行爲。

　　司法院第釋字368號解釋稱：「……倘行政法院所爲撤銷原決定及處分之判決，係指摘其適用法律之見解有違誤時，該主管機關即應受行政法院判決之拘束。」此是指行政法院之判決，若屬法律之見解，拘束該主管機關之效力，若違反也屬違反依法行政原則[15]。

　　在依法行政原則下，強調公務員執法時應注意以下原則：

(1)合乎權限及程序規定之義務

　　法律通常會規定機關之權限及處理程序之規定，公務員有義務遵守之。行政程序法中如計畫程序需有公聽會，又如處罰通知書應告知救濟方式及期限、警察行使職權應告知事由等等。此外，法律經常會規定行政機關處理事物之期限，如集會遊行法第12條規定，室外集會、遊行申請之許可或不許可，主管機關應於收受申請書之日起三日內以書面通知負責人。因此若公務員疏於上述程序規定即屬違法，至於權限則屬機關實際掌握之權力。此部分通常會與裁量產生關聯，如逾越權限或濫用權限等。

(2)遵守裁量之義務

　　行政裁量係公務員執法時相當重要之指導原則。裁量之有無雖源自於

---

[14] 目前我國司法院大法官針對違反法律保留之情事提出批評，而嚴格限制行政機關或地方自治團體非有法律之授權，不得限制人民之自由及財產，因而將某些處予行政處罰之空白授權及職權命令視爲違反法律保留之規定。

[15] 但若主張基於行政實務之考量，行政機關若有相當理由而與司法判決的法律見解相左，似應解釋爲不觸犯其職務義務。但由於此涉及行政機關如何舉證之問題，實務上相當困難，目前似仍以大法官解釋爲準較符合現況。

法律，但裁量行使之界線，則多屬實務運作所理出之原則，以這些原則來決定裁量有無錯誤。而一般所謂無錯誤裁量係指無逾越裁量、濫用裁量、不為裁量之情形[16]，以及裁量沒有觸犯比例原則、平等原則以及信賴保護原則等。

2.違反職務義務之行為

　　職務義務係指公務員對於國家或地方自治團體所負的義務及責任，職務義務之產生有基於外在及內在原因。外在原因係因法之規定而產生職務義務，亦即法律上之職務義務。此種職務義務之違反即屬違法行為，但是否造成第三人之損害，仍須視該法規有否保護第三人之利益而定，否則僅構成內部懲戒之原因。內在原因又可分為長官口頭之命令，具體之任務分配及基於抽象之命令，如職務命令等；如警察機關要求員警查報違規之電動玩具業或消防署指示消防隊員定期檢查轄區內違規之餐廳。違背職務義務尤其違背職務命令通常只會產生國家與公務員內在之關係，亦即構成懲戒之原因，是否造成對人民權利之損害，則需就個案觀察之。觸犯職務義務如違背長官所下的命令指示首先僅是內部之行為，但亦有可能發生觸犯第三人之權利。如公務員有服從上級長官命令的義務，而不遵從長官合法命令，導致觸犯第三人之權利，則公務員此種行為不僅觸犯面對於國家之內在義務，且觸犯外在人民之權利。在此所欲探討即是那些具外在效力的職務義務，亦即觸犯對於第三人之職務義務。若單純就觸犯內部職務義務觀之，此尚未構成違法性，僅屬構成懲戒之原因。但若其已觸犯第三人之權利時，則此時觸犯職務義務因結合了對於第三人之權利觸犯而在國家賠償法上成為國家之不法[17]。

　　至於具體情況下如何判斷是否造成第三人之損害，可依下列基準審查

---

[16] 一般而言給予行政機關行政罰之法規通常會授與執法人員裁量，如道路交通管理處罰條例及環保以及經濟等法規。目前依道路交通管理處罰條例，對於罰緩之額度是如此處理，按期繳納處最低，逾期則處最高額度。一般而言，只要不是將裁量限縮至於無裁量之餘地，仍屬合法之範圍。而在其他經濟、環保等法規，目前實務上皆採處罰最高額度，而不論其故意或過失以及初犯或累犯等問題。吾人若從法規給與裁量意義觀之，我國此種處理態度，顯然違反裁量之本意，因而歸之錯誤之裁量，然由於學界對此實務情況甚少提出批評，故容任此種情形繼續存在。

[17] Steinberg/ Lubberger, Aufopferung-Enteignung und Staatshaftung, 1991, S. 280f.

之：

(1)是否所觸犯之職務義務產生第三人保護之效果（產生外在效力）。

(2)受損害者屬於受保護之範圍（利害關係人）。

(3)被侵害之權利或法益包括在第三人保護效果之範圍[18]。

通常界定第三人之範圍是依職務義務所服務之目的而定，其目的不僅止於公共利益，而且至少也涉及個別關係人之利益，亦即，僅在職務義務與受損者存在著一個特別之關係，才會產生第三人保護之問題[19]。

以臺中衛爾康餐廳為例，消防隊員未遵守機關內部職務命令定期查報主管機關而使其在管區內發生火災，由於此項命令屬內規原則上不發生外在之效力，且違規營業非屬消防管理之範圍，故消防隊員疏於查報，疏於查報首先僅屬侵犯一般公共之利益，並不發生國家賠償之問題。但是，大法官釋字第469號解釋卻提出不同見解，而認為若此種「疏於查報」，消防機關已無不作為裁量之餘地時，則若疏於作為，受損之人民，得享有國家賠償之請求權。

3.須怠於執行職務

是指公務員對於第三人有作為之義務，卻疏於或遲緩作為之義務，致引起人民生命、身體、自由或財產之損害。怠於執行職務，原則上必須公務員對於第三人有作為之義務而不為或遲緩之情形，人民才有對之請求權。如警察受理民眾報案，卻未前往處理；或民眾申請集會，警察不核准也不退件，而將申請書置於文書櫃中不為處理。

至於，如國家機關監督不周或不作為，而引發人民之損害，受損人民是否可申請損害賠償？例如，人民因治安不好而受搶，是否能認為警察沒有作好防範措施，而申請國家賠償？又如，人民前往餐廳用餐，因該餐廳未作好消防設施，導致火災人民因而受傷，可否認為主管機關疏於監督，而要求國家賠償？對此，我國大法官釋字第469號解釋，反駁最高法

---

[18] Ossenbühl, Staatshaftungsrecht, 1991, S. 47.
[19] 同上註。

院72年台上字第704號判例的「反射利益」說[20]，而認為：「法律規定之內容非僅屬授予國家機關推行公共事務之權限，而其目的係為保護人民生命、身體及財產等法益，且法律對主管機關應執行職務行使公權力之事項規定明確，該管機關公務員依此規定對可得特定之人所負作為義務已無不作為之裁量餘地，猶因故意或過失怠於執行職務，致特定人之自由或權利遭受損害，被害人得依國家賠償法第二條第二項後段，向國家請求損害賠償。」大法官提出所謂的「裁量收縮至於零」理論，作為國家賠償請求權判斷之基準，亦即，在此情形下，公務員已無裁量之餘地，而應採取一定的作為，若怠於執行該行為，則不管是否人民有無公法上請求權都成立國家賠償責任[21]。例如，人民向警察報案，有發現未爆彈，而警察並未前往處理，致造成人員傷亡屬之。

又如，我國所謂輻射屋的形成，若主管機關未盡監督之責，而造成人民權益之損害，其疏於檢查卻與人民之損害確有特別之關聯而造成個人權益受損，對此，主管機關難脫其責，應可構成國家賠償責任。

(三)須有故意或過失

故意或過失為責任型態。故意乃指公務員有認知並有意使其發生。但法或事實的錯誤認知則非屬故意，而係過失。

過失係指公務員應注意而不注意因而違反職務義務。注意能力判斷的標準，係以一般公務員的平均能力作為判斷。過失又可區分為一般及重大過失。重大過失若依一般過失之標準，則只要執行職務的公務員，欠缺一般人之注意能力即屬之；公務員觸犯法條規定即屬一般過失。一般過失與重大過失之區別主要目的，在於確定公務員責任之問題，亦即國家對公務員有求償權僅限於故意或重大過失。

---

[20] 該號判決認為：「……若公務員對於職務之執行，雖可使一般人享有反射利益，人民對公務員仍不得請求為該職務之行為者，縱公務員怠於執行該職務，人民尚無公法上請求權以資行使，以資保護其利益，自不得依上開規定請求國家賠償損害。」

[21] 例如，以餐廳為例，顧客到餐廳消費，如臺中衛爾康大火，當時之顧客並無公法上之請求權，請求行政機關一定的作為，但仍可基於國家監督不周所引發對自己生命或身體等傷害，由自己或家屬請求國家賠償。又如三重因颱風遭致水害，若屬國家監督不周，人民雖無公法上要求國家一定作為之請求權，仍可申請國家賠償。

　　至於一般事實行爲如國家參與一般交通之行爲，如警車之巡邏、跟監，消防車之救火，垃圾車之清理街道而因故意或過失造成人民生命及身體之損害時，國家亦應負責[22]。例如，爲追緝逃逸車輛，警察逆向行駛，導致人的傷亡，則警察對此行爲，即應負責。

(四)須不法行爲與損害之產生有直接侵害關係

　　依事物的通常程序，此不法行爲得以產生該損害之結果時，稱之爲相當因果關聯；在具體情況下，若公務員合義務性的裁量下，可能對此作出其他決定時（不會作出不法行爲），則此不法行爲與損害之發生屬具相當因果關聯。因此，是否具相當因果關聯，需就具體狀況決定之。因果關聯亦適用於怠於執行職務之行爲，此種因果關聯之確定，即是若公務員在積極合義務性裁量下，不僅可實施作爲之情況，且其作爲確定可以阻止損害發生時，則其怠於執行職務與損害之發生具相當因果關聯。

　　但我國大法官釋字第469號解釋，卻不再以「相當因果關係」作爲界限，而以公務員是否已處於無裁量餘地，而應作爲，卻仍疏於作爲，致引起損害之發生，也屬於損害賠償範圍，因此，第469號解釋將損害之發生，若係由公務員疏於監督義務所導致，而產生「直接侵害關係」，則以此作爲判斷依據。

第31條（損失補償之事由及方法）

　　警察依法行使職權，因人民特別犧牲，致其生命、身體或財產遭受損失時，人民得請求補償。但人民有可歸責之事由時，法院得減免其金額。

　　前項損失補償，應以金錢爲之，並以補償實際所受之特別損失爲限。

　　對於警察機關所爲損失補償之決定不服者，得依法提起訴願及行政訴訟。

　　損失補償，應於知有損失後，二年內向警察機關請求之。但自損失發生後，經過五年者，不得爲之。

---

[22]　Ossenbühl, a.a.O. (Fn.18), S. 66.

一、立法理由

（一）行政法上之損失補償，乃行政機關基於公益之目的適法的實施行政權所為之補償，與國家賠償係對於違法之侵害者不同。人民對於國家社會原負有相當的社會義務，警察基於公益，合法實施警察職權，致其生命、身體或財產遭受損失時，如係在其社會義務範圍內者，負有忍受之義務，不予補償；必須超過其應盡之社會義務範圍，使應就其個別所遭受之特別損失或特別犧牲，酌予公平合理之補償。惟以其損失非可歸責於該人民之事由為限。

（二）行政上之損失補償，恆以金錢為之。為避免將來產生諸多糾紛，事實上亦以金錢補償較符合實際需要。補償之最高額度以實際所受之特別損失為限，惟非均必須以其實際所受之損失為完全之補償，只需本於公平正義，謀求公益與私益之調和，衡量國家財力負擔，酌予公平合理之補償為已足。

（三）損失補償係就實施警察職權後所生之特別損失酌予補償，對於警察機關所為損失補償之決定不服時，其救濟程序宜依普通行政救濟之方式，依法提起訴願及行政訴訟。

（四）參考行政執行法第41條、德國聯邦與各邦統一警察法標準草案第45條。

二、參考法條

(一)行政執行法第41條

「人民因執行機關依法實施即時強制，致其生命、身體或財產遭受特別損失時，得請求補償。但因可歸責於該人民之事由者，不在此限。

前項損失補償，應以金錢為之，並以補償實際所受之特別損失為限。

對於執行機關所為損失補償之決定不服者，得依法提起訴願及行政訴訟。

損失補償，應於知有損失後，二年內向執行機關請求之。但自損失發生後，經過五年者，不得為之。」

(二)行政執行法施行細則第40條

「依本法第四一條請求，特別損失之補償時，請求人或其代理人應以書面載明下列事項，並於簽名或蓋章後，向執行機關提出：

一、請求人之姓名、性別、出生年月日、國民身分證統一編號、職業及住居所。

二、有代理人者，其姓名、性別、出生年月日、國民身分證統一編號、職業及住居所或事務所。

三、請求補償之原因事實、理由及證據。

四、請求補償之金額。

五、執行機關。

六、年、月、日。」

(三)行政執行法施行細則第41條

「執行機關對於特別損失補償之請求，應於收到請求書後三十日內決定之。

執行機關為補償之決定者，應以書面載明補償之金額，通知請求人或其代理人出據具領；為不予補償之決定者，應以書面載明理由，通知請求人或其代理人。」

三、內容解析

(一)損失補償之意義

行政上之損失補償，乃行政機關基於公益目的合法實施行政權，產生對人民生命、身體或財產遭受損失所為之補償，此與國家賠償係對於違法之侵害者不同。基於所有權並非絕對之概念，人民對於國家社會原負有相當之社會義務，警察基於公益，合法行使職權致其生命、身體或財產遭受損失時，如係在社會義務範圍內，負有忍受之義務者，不予補償；必須超過其應盡之社會義務範圍，始應就其個別所遭受之特別損失或特別犧牲，

酌予公平合理之補償[23]。

(二)損失補償之要件

1.依法行使職權

不同於行政執行法僅侷限在「即時強制」上，本法之損失補償範圍及於所有「警察依法行使職權」，因此也包括了查證身分與資料蒐集等措施在內。因為，實施上述措施，也可能產生損失補償之情形。依法行使職權是指，警察依據相關警察法規行使職權，此乃是指公法上之職權。

2.須無故意或過失者

警察依法行使職權，若有故意或過失者，則屬國家賠償之範圍。損失補償是在警察合法行為下，致人民生命、身體或財產遭受損失時適用之。

3.人民特別犧牲，致其生命、身體或財產遭受損失時

在此提到「特別犧牲」之概念，主要係針對所謂「無責任人」而言，是指對該事件並無任何義務與責任，但因警察行使職權而遭受生命、身體或財產遭受損失時稱之。例如房屋出租給槍擊要犯，警察緝捕時所為之破壞行為；或警察開車追捕要犯而致使該要犯車輛碰撞不相干他人之汽車而受損害等。

此種「特別犧牲」的損失補償要件如下：

(1)警察權的直接干預

因警察職權行使所引起，並不以有目標之干預，亦即，不以高權的行政處分為前提，警察之事實行為如開車或消防緊急救護等，如對當事人造成直接法益之侵害即可成立。

(2)須非屬警察干擾者

損失補償僅及於非干擾者，亦即與事件無關的第三人，故警察任務之干擾者，雖有特別損失，仍不得要求補償。

(3)特別犧牲

以平等原則來衡量，特別犧牲是指對一個個別不平等負擔的干預，超

---

[23] 內政部警政署編，同前揭註1，頁97。

乎一般犧牲的特別負擔，亦即，國家之行為所涉及之當事人與族群，與其他人或族群比較處於特別不平等之處置，強迫地對公共福祉作不可期待之犧牲，且已超出「盡社會義務」所能容忍的界限。對此種特別犧牲，因為有違平等原則，有必要對其特別犧牲補償以求其平衡。如何界定一般犧牲與特別犧牲，通常是以立法者之意圖、事務之本質（Natur der Sache）以及公正與理性之判斷等。一般人忍受之界限，亦即，期待可能性，由立法者規定之。具體而言，仍得依一般信念，依理性公正思考來判斷犧牲界限。例如，上體育課因為有風險之存在，故不得要求補償。

4.有可歸責人民事由之例外

若人民對該損失補償事件之發生，本身也有過失而疏於防範，則此時法院得減免補償之金額。例如，警察緝捕要犯已作驅離的下令，而此時未來得及疏離，遭受生命身體侵害之現場人民，若自己也有過失時，則法院得依現場情形裁量之，得減免補償金額。

(三)損失補償之方式

一般而言，損失補償並非全額補償。補償之最高額度以實際所受之特別損失為限，惟非必均以其實際所受之損失為完全之補償，只需本於公平正義，謀求公益與私益之調和，衡量國家財力負擔，酌予公平合理之補償為已足[24]。為求簡便明瞭，損失補償以金錢為之，避免將來產生諸多糾紛，事實上亦以金錢補償較符合實際需要。

(四)對損失補償決定不服之救濟

損失補償係就警察行使職權後所生之特別損失酌予補償，如同國家賠償般，警察機關通常於作決定前，會與當事人協議，而作成行政處分，對於該管警察機關所為損失補償之決定不服時，其救濟程序宜依普通行政救濟之方式，依法提起訴願及行政訴訟。

---

[24] 內政部警政署編，同前揭註1，頁97-98。

(五)請求權時效

　　損失補償爲公法上之補償請求權，請求權期限應作適當規範，除顧及人民權益外，也應兼顧法律之安定性，不應讓案件一直懸而未決，因此而有請求權時效之規定，本項規定是參考行政執行法第41條第4項之規定。

第32條（施行日期）
　　本法自中華民國九十二年十二月一日施行。

　　本法係屬新創，攸關民眾權益，為使警察執法人員及民眾對本法有充分瞭解，實有教育與宣導之必要。此外，本法尚有授權法規（第三人（線民）遴用辦法及治安顧慮人口查訪辦法等二項子法）必須配合訂定，需預留其作業時程，本法於2003年6月25日總統公布，並明定本法自2003年12月1日施行[1]。

---

[1]　內政部警政署編，警察職權行使法逐條釋義，內政部警政署編印，2003年8月，頁100。

附　錄

一、「警察職權行使法」立法說明

民國92年6月5日立法院三讀通過

條　文	說　明
第一章　總則	**章　名**
第一條（立法目的） 為規範警察依法行使職權，以保障人民權益，維持公共秩序，保護社會安全，特制定本法。	明定本法之立法目的。
第二條（名詞定義） 本法所稱警察，係指警察機關與警察人員之總稱。	一、參考警察法施行細則第十條規定，於第一項明定本法所稱警察之定義。
本法所稱警察職權，係指警察為達成其法定任務，於執行職務時，依法採取查證身分、鑑識身分、蒐集資料、通知、管束、驅離、直接強制、物之扣留、保管、變賣、拍賣、銷毀、使用、處置、限制使用、進入住宅、建築物、公共場所、公眾得出入場所或其他必要之公權力之具體措施。	二、職權（Befugnis）與權限（Kompetenz）之用語，在國內常混為一談。前者係指機關為達成其法定任務，所採取公權力之具體措施，在性質上是屬於行政作用法之範疇；後者係指機關為達成其法定任務，所得採取公權力措施之範圍與界限，在性質上是屬於行政組織法之範圍，使用時應注意予以區辨。又警察為達成法定任務，得採取之作用或行為方式與類型極多，大致上可類分為意思表示之決定，如警察命令、警察處分等；以及物理措施，如攔停、查證身分、鑑識措施、通知等。本法旨在規範後者，除於各職權條款明定行使要件與程序，以避免因任意而侵害人民權益外，並於第二項明定警察職權之概念範圍，以明其義。
本法所稱警察機關主管長官，係指地區警察分局長或其相當職務以上長官。	三、警察行使職權，涉及人民自由權利者，如臨檢場所、路段及管制站之指定等，必須由具有相當層級之警察長官核准，方可實施，爰於第三項明定「警察機關主管長官，係指地區警察分局長或其相當職務以上長官」。至於「地區警察分局長或其相當職務以上長官」，係指直轄市、縣（市）警察局之局長、副局長、督察長、分局長、刑事、交通、保安警察（大）隊（大）隊長、少年警察隊、婦幼警察隊隊長等人員；專業警察機關比照之。

條　文	說　明
第三條（不得逾越限度） 警察行使職權，不得逾越所欲達成執行目的之必要限度，且應以對人民權益侵害最少之適當方法為之。	一、比例原則具有憲法之位階，可以拘束行政、立法及司法。我國憲法二十三條亦定有明文，為使此一憲法原則落實於警察職權之行使，爰於第一項予以明定。
警察行使職權已達成其目的，或依當時情形，認為目的無法達成時，應依職權或因義務人、利害關係人之申請終止執行。	二、警察行使職權，除應符合比例原則外，亦應為目的性考量，以作為職權行使之界限。是以，若已達成執行目的或認為目的無法達成時，應即停止其職權之行使，以避免不當之繼續行使，造成不成比例之傷害，爰於第二項予以明定。
警察行使職權，不得以引誘、教唆人民犯罪或其他違法之手段為之。	三、警察實務上所使用類似「釣魚」之偵查方法，常引發爭議，爰參酌美國、日本及我國司法實務上之判例、判決見解，於第三項明定警察行使職權，不得以引誘、教唆等違法（即對原無犯意之人民實施「誘捕」行為）之手段為之。
	四、參考司法院釋字第五三五號解釋、集會遊行法第二十六條、行政執行法第三條、第八條第一項第一款、第三款、行政程序法第七條與日本警察官職務執行法第一條第二項及德國聯邦與各邦統一警察法標準草案（Musterentwurf eines einheitlichen Polizeigesetzes des Bundes und der Laender，以下簡稱德國警察法標準草案）第二條規定。
第四條（出示證件表明身分） 警察行使職權時，應著制服或出示證件表明身分，並應告知事由。	一、警察行使職權，為執行公權力之行為，為使人民確信警察執法行為之適法性，警察於行使職權時，須使人民能確知其身分，並有告知事由之義務，爰於第一項予以明定。
警察未依前項規定行使職權者，人民得拒絕之。	二、警察行使職權，既未著制服，亦未能出示服務證件，顯難澄清人民之疑慮。為保障人民免受假冒警察者之撞騙，爰於第二項明定人民有拒絕之權利。
	三、參考司法院釋字第五三五號解釋及德國聯邦與各邦統一警察法選擇草案（Alternativentwurf einheitlicher Polizeigesetze des Bundes und der Laender，以下簡稱德國警察法選擇草案）第三十六條規定。
第五條（救護之義務） 警察行使職權致人受傷者，應予必要之救助或送醫救護。	一、警察執行職務，因而致人受傷者，應即將傷者給予必要之救助或送醫救護，爰予以明定。
	二、參考德國警察法標準草案第三十八條規定。

條　文	說　明
第二章　身分查證及資料蒐集	章　名
第六條（身分查證） 警察於公共場所或合法進入之場所，得對於下列各款之人查證其身分：	一、警察在日常勤務運作中，執行臨檢、盤查人民身分之情形相當頻繁，因涉及人民自由權利，其權力發動要件及時機，允宜法律明確授權，爰於第一項明定。所稱合法進入之場所，係指警察依刑事訴訟法、行政執行法、社會秩序維護法等相關法律規定進入之場所，或其他「已發生危害或依客觀合理判斷易生危害」之場所（司法院釋字第五三五號解釋參照）。至於私人居住之空間，應受住宅相同之保障，警察非依法不得以臨檢手段任意為之，乃理所當然。
一、合理懷疑其有犯罪之嫌疑或有犯罪之虞者。 二、有事實足認其對已發生之犯罪或即將發生之犯罪知情者。 三、有事實足認為防止其本人或他人生命、身體之具體危害，有查證其身分之必要者。 四、滯留於有事實足認有陰謀、預備、著手實施重大犯罪或有人犯藏匿之處所者。 五、滯留於應有停（居）留許可之處所，而無停（居）留許可者。 六、行經指定公共場所、路段及管制站者。	二、第一項第一款、第二款為防止犯罪；第三款係為防止具體危害；第四款、第五款係為防止潛在危害，而專針對易生危害之處所為身分查證；第六款則針對公共場所、路段及管制站，實施臨檢之規定。
前項第六款之指定，以防止犯罪，或處理重大公共安全或社會秩序事件而有必要者為限。其指定應由警察機關主管長官為之。	三、為避免警察裁量權過當，以保障人權，爰於第二項明定臨檢對象之指定層級及相關要件。
警察進入公眾得出入之場所，應於營業時間為之，並不得任意妨礙其營業。	四、第三項明定警察進入旅館、酒店、娛樂場所等公眾得出入之場所，應於營業時間為之，以避免干擾人民正當營業及生活作息。所稱「營業時間」，係指該場所實際從事營業之時間，不以其標示之營業時間為限。 五、參考司法院釋字第五三五號解釋、德國警察法標準草案德國聯邦與各邦統一警察法標準草案第九條規定。

條　文	說　明
第七條（查證身分必要措施） 警察依前條規定，為查證人民身分，得採取下列之必要措施：	一、警察行使查證身分職權時，所採取之必要措施，包括攔停、詢問、令出示身分證明文件、檢查等，爰於第一項予以明定。
一、攔停人、車、船及其他交通工具。 二、詢問姓名、出生年月日、出生地、國籍、住居所及身分證統一編號等。 三、令出示身分證明文件。 四、若有明顯事實足認其有攜帶足以自殺、自傷或傷害他人生命或身體之物者，得檢查其身體及所攜帶之物。	二、第一項第一款所稱攔停，係指將行進中之人、車、船及其他交通工具，加以攔阻，使其停止行進；或使非行進中之人，停止其動作而言。
依前項第二款、第三款之方法顯然無法查證身分時，警察得將該人民帶往勤務處所查證；帶往時非遇抗拒不得使用強制力，且其時間自攔停起，不得逾三小時，並應即向該管警察勤務指揮中心報告及通知其指定之親友或律師。	三、為保障人權，爰於第二項明定對無法查證身分者，例如該人民拒絕回答或出示身分證明，警察得將其帶往勤務處所查證之時間限制及應報告、通知等相關事項。該人民身分一經查明後，除發現違法事實，應依法定程序處理者外，即應任其離去，不得稽延。 四、參考德國警察法選擇草案第十五條、第二十三條及韓國警察官職務執行法第三條規定。
第八條（攔停交通工具採行措施） 警察對於已發生危害或依客觀合理判斷易生危害之交通工具，得予以攔停並採行下列措施： 一、要求駕駛人或乘客出示相關證件或查證其身分。 二、檢查引擎、車身號碼或其他足資識別之特徵。 三、要求駕駛人接受酒精濃度測試之檢定。	一、第一項明定警察對交通工具實施攔檢之要件及得採行之措施。同項第二款所稱「其他足資識別之特徵」，係指該交通工具之稀有零件廠牌、規格、批號及其所有人所為之特殊識別記號（如車身紋身）等。
警察因前項交通工具之駕駛人或乘客有異常舉動而合理懷疑其將有危害行為時，得強制其離車；有事實足認其有犯罪之虞者，並得檢查交通工具。	二、第二項賦予警察強制駕駛人或乘客離車及檢查交通工具之權限，並明定其發動要件，以防止犯罪及保障警察執勤安全。

條　文	說　明
第九條（以攝影、錄音或科技工具蒐集資料） 警察依事實足認集會遊行或其他公共活動參與者之行為，對公共安全或秩序有危害之虞時，於該活動期間，得予攝影、錄音或以其他科技工具，蒐集參與者現場活動資料。資料蒐集無法避免涉及第三人者，得及於第三人。	一、警察於集會遊行或其他公共活動期間，為防止有不法行為嫌疑之參與者造成公共安全或社會秩序之危害；實務上，有運用照相、錄影、錄音或其他科技工具，蒐集其現場活動資料之必要，爰於第一項前段予以明定。 二、資料蒐集措施之相對人，原則上為危害肇因者；非參與者不得為該措施之客體，但於技術上或其他事實上之原因，不可避免會被波及時，則例外亦應准予蒐集其資料，爰於第一項後段予以明定。
依前項規定蒐集之資料，於集會遊行或其他公共活動結束後，應即銷毀。但為調查犯罪或其他違法行為，而有保存之必要者，不在此限。	三、蒐集之資料，原則上除為調查有犯罪嫌疑參與者之犯罪或其他違法行為，而有保存之必要者外，應即銷毀之，爰於第二項予以明定。
依第二項但書規定保存之資料，除經起訴且審判程序尚未終結或違反組織犯罪防制條例案件者外，至遲應於資料製作完成時起一年內銷毀之。	四、第三項明定為調查有犯罪嫌疑參與者之犯罪或其他違法行為，而蒐集保存之資料，除經起訴且審判程序尚未終結或違反組織犯罪防制條例案件者外，至遲應於資料製作完成時起一年內銷毀之。 五、參考德國集會法第十二條a規定。
第十條（以攝影、科技工具或裝設監視器蒐集資料） 警察對於經常發生或經合理判斷可能發生犯罪案件之公共場所或公眾得出入之場所，為維護治安之必要時，得協調相關機關（構）裝設監視器，或以現有之攝影或其他科技工具蒐集資料。	一、配合刑事訴訟法嚴格證據主義，健全人證之供述，爰於第一項明定警察為維護治安之必要時，得協調相關機關（構），於經常發生或經合理判斷可能發生犯罪案件之公共場所或公眾得出入之場所（含路段），裝設監視器，或以現有之攝影或其他科技工具蒐集資料。
依前項規定蒐集之資料，除因調查犯罪嫌疑或其他違法行為，有保存之必要者外，至遲應於資料製作完成時起一年內銷毀之。	二、第二項係參考德國集會法第十二條a規定，明定警察對於經常發生或經合理判斷可能發生犯罪案件之場所、路段，所蒐集之資料，除為調查有犯罪嫌疑者之犯罪或其他違法行為，而有保存之必要者外，至遲應於資料製作完成時起一年內銷毀之。
第十一條（以目視或科技工具蒐集資料） 警察對於下列情形之一者，為防止犯罪，認有必要，得經由警察局長書面同意後，於一定期間內，對其無隱私或秘密合理期待之行為或生	一、警察為防止犯罪，於必要時，需以目視或運用科技工具蒐集個人資料。由於此一措施涉及憲法保障之一般人格權，在實施時必須遵循嚴格要件，並符合比例原則，爰於第一項明定其實施要件，以防止重

條　文	說　明
活情形，以目視或科技工具，進行觀察及動態掌握等資料蒐集活動： 一、有事實足認其有觸犯最輕本刑五年以上有期徒刑之罪之虞者。 二、有事實足認其有參與職業性、習慣性、集團性或組織性犯罪之虞者。	大法益受具體危害或為預防重大犯罪有必要者，且經警察局長核准後，方得為之。
前項之期間每次不得逾一年，如有必要得延長之，並以一次為限。已無蒐集必要者，應即停止之。	二、第二項明定資料蒐集之期間及限制。
依第一項蒐集之資料，於達成目的後，除為調查犯罪行為，而有保存之必要者外，應即銷毀之。	三、蒐得之資料除為調查犯罪行為，而有保存之必要者外，應即銷毀之，爰於第三項予以明定。 四、參考德國警察法前置草案第八條c及德國聯邦國境保護法第二十八條規定。
第十二條（第三人秘密蒐集資料） 警察為防止危害或犯罪，認對公共安全、公共秩序或個人生命、身體、自由、名譽或財產，將有危害行為，或有觸犯刑事法律之虞者，得遴選第三人秘密蒐集其相關資料。	一、警察預防犯罪或防制危害工作，運用第三人（俗稱「線民」）蒐集資料，乃各國通例，我國實務上亦屢見不鮮。惟為符法治及警察任務之需要，運用第三人蒐集特定人相關資料，應受法律保留原則之限制，爰參考德國警察法前置草案第八條c與德國聯邦國境保護法第二十八條規定，將警察運用第三人之要件，於第一項予以明定。
前項資料之蒐集，必要時得及於與蒐集對象接觸及隨行之人。	二、運用第三人蒐集特定人相關資料，通常會對無關之關係人權益，產生一定程度之影響，惟為避免影響不當擴大，爰參考德國警察法前置草案第八條c規定，於第二項明定其措施僅得及於蒐集對象接觸及隨行之人。
第一項所稱第三人，係指非警察人員而經警察遴選，志願與警察合作之人。經遴選為第三人者，除得支給實際需要工作費用外，不給予任何名義及證明文件，亦不具本法或其他法規賦予警察之職權。其從事秘密蒐集資料，不得有違反法規之行為。	三、運用第三人與警察合作蒐集資料，必須以該第三人自願合作為基礎，而該第三人因其非為警察人員，自不宜給予任何名義及證明文件，更不得賦予可得干預人民權益之職權，從而該第三人從事資料蒐集工作，亦不得違反法規，爰於第三項予以明定。
第三人之遴選、聯繫運用、訓練考核、資料評鑑及其他應遵行事項之辦法，由內政部定之。	四、為審慎篩選第三人，加強聯繫運用，並有效考核，爰於第四項明定由內政部訂定辦法規範之。

條　　文	說　　明
第十三條（警察與第三人之合作關係） 警察依前條規定遴選第三人秘密蒐集特定人相關資料，應敘明原因事實，經該管警察局長或警察分局長核准後實施。	一、運用第三人蒐集特定人相關資料，既屬干預人民權益之措施，是以其執行程序，不宜由警察任意為之，而應有所制約，爰參考德國警察法前置草案第八條c規定，於第一項明定警察局長或警察分局長始有核准權。
蒐集工作結束後，警察應與第三人終止合作關係。但新發生前條第一項原因事實，而有繼續進行蒐集必要且經核准者，得繼續合作關係。	二、運用第三人秘密蒐集資料，應以特定人為對象，並以個案為原則，是以，應於個案工作結束後，即予終止，爰於第二項予以明定。
依前條第一項所蒐集關於涉案對象及待查事實之資料，如於相關法律程序中作為證據使用時，應依相關訴訟法之規定。該第三人為證人者，適用關於證人保護法之規定。	三、第三人係以秘密方式蒐集資料，其獲得資料可否作為證據使用，易滋生爭議，宜予明文規定。又第三人事後可能成為證人，因而有檢肅流氓條例、組織犯罪防制條例、毒品危害防制條例等法律上證人舉證及證據調查之適用，若因此曝光，可能造成其個人生命、身體之危害，亦不能不予保護，爰於第三項明定其獲得資料之證據能力及其為證人時之保護規定。
第十四條（以口頭或書面敘明事由通知到場之人） 警察對於下列各款之人，得以口頭或書面敘明事由，通知其到場： 一、有事實足認其能提供警察完成防止具體危害任務之必要資料者。 二、有事實足認為防止具體危害，而有對其執行非侵入性鑑識措施之必要者。	一、警察為防止具體危害，對於能提供警察完成防止具體危害任務之必要資料或有對其執行非侵入性鑑識措施之必要者，有通知其到場以便調查，或者進行鑑識措施之必要，爰於第一項明定其相關要件及程序。同項第二款所稱「非侵入性鑑識措施」，係指對身體外部採行之鑑識措施，諸如量身高體重、照相、錄音、錄影或採取指紋、掌紋等。
依前項通知到場者，應即時調查或執行鑑識措施。	二、依前項通知到場之人，不宜令其長久受拘束，爰於第二項明定應即時為調查或執行鑑識措施。
第十五條（治安顧慮人口定期查訪） 警察為維護社會治安，並防制下列治安顧慮人口再犯，得定期實施查訪： 一、曾犯殺人、強盜、搶奪、放火、妨害性自主、恐嚇取財、擄人勒贖、竊盜、詐欺、妨害自由、組織犯罪之罪，經執行完畢或假釋出獄者。	一、依據統計分析，目前社會上大部分之犯罪，係由少數職業慣犯所為，尤其影響民心至深且鉅之竊盜、強盜、搶奪、性侵害及毒品等犯罪，絕大多數均為累犯所為，造成社會動盪不安，基於維護治安及使社會大眾有免於恐懼之自由，爰於第一項明定警察對於社區危害較大之治安顧慮人口，得定期實施查訪，以防制其再犯。

條　文	說　明
二、受毒品戒治人或曾犯製造、運輸、販賣、持有毒品或槍砲彈藥之罪，經執行完畢或假釋出獄者。	
前項查訪期間，以刑執行完畢或假釋出獄後三年內為限。但假釋經撤銷者，其假釋期間不列入計算。	二、第二項明定查訪期間限制，以利更生輔導。
治安顧慮人口查訪項目、方式及其他應遵行事項之辦法，由內政部定之。	三、第三項明定治安顧慮人口查訪項目、方式及其他應遵行事項，由內政部另訂辦法規範之，以資周延。
第十六條（傳遞個人資料） 警察於其行使職權之目的範圍內必要時，得依其他機關之請求，傳遞與個人有關之資料。其他機關亦得依警察之請求，傳遞其保存與個人有關之資料。	一、資料之傳遞係資料蒐集後處理之一環，為避免重複蒐集與節省人力、物力等，爰於第一項明定警察與其他機關間，得依對方之請求，互為傳遞相關之個人資料。
前項機關對其傳遞個人資料之正確性，應負責任。	二、資料之正確性，影響人民權益，爰於第二項明定傳遞機關，對其傳遞資料之正確性，應負維護責任。 三、參考德國警察法選擇草案第三十八條至第四十條規定。
第十七條（蒐集資料之利用） 警察對於依本法規定所蒐集資料之利用，應於法令職掌之必要範圍內為之，並須與蒐集之特定目的相符。但法律有特別規定者，不在此限。	一、資料之運用受到「目的拘束」原則之拘束。因此，警察對蒐集所得資料之運用，應於法令職掌必要範圍內為之，並與蒐集之特定目的相符。但法律有特別規定者，不在此限。 二、本條所稱「法令」，係指法律及依法律授權之「法規命令」。 三、參考電腦處理個人資料保護法第八條規定。
第十八條（資料註銷或銷毀） 警察依法取得之資料對警察之完成任務不再有幫助者，應予以註銷或銷毀。但資料之註銷或銷毀將危及被蒐集對象值得保護之利益者，不在此限。 應註銷或銷毀之資料，不得傳遞，亦不得為不利於被蒐集對象之利用。	一、基於個人資料保護之精神，爰於第一項與第二項明定資料註銷或銷毀之要件及其限制事項，以維護人民權益。

條　文	說　明
除法律另有特別規定者外，所蒐集之資料，至遲應於資料製作完成時起五年內註銷或銷毀之。	二、第三項明定資料註銷或銷毀之期限及例外規定。 三、參考德國警察法選擇草案第四十二條至第四十四條規定。
第三章　即時強制	**章　名**
第十九條（得為管束之情形） 警察對於有下列情形之一者，得為管束： 一、瘋狂或酒醉，非管束不能救護其生命、身體之危險，或預防他人生命、身體之危險。 二、意圖自殺，非管束不能救護其生命。 三、暴行或鬥毆，非管束不能預防其傷害。	一、警察為防止危害，對特定人有管束其自由之必要，爰參酌行政執行法第三十七條及配合道路交通管理處罰條例第三十五條有關酒醉駕駛之規定，於第一項及第二項前段，明定其實施管束之相關要件及時間限制。
四、其他認為必須救護或有危害公共安全之虞，非管束不能救護或不能預防危害。	二、第一項第四款概括規定，包括基於保護逃學或逃家之兒童或少年之安全，於警察尋獲時，必要時亦得為保護性管束。
警察為前項管束，應於危險或危害結束時終止管束，管束時間最長不得逾二十四小時；並應即時以適當方法通知或交由其家屬或其他關係人，或適當之機關（構）或人員保護。	三、第二項後段明定警察實施管束時，應即時以適當方法通知或交由受管束人家屬或其他關係人，或適當之機關（構）或人員保護，俾符實務需要。
警察依第一項規定為管束時，得檢查受管束人之身體及所攜帶之物。	四、為達管束目的及保護受管束人之安全，避免危害之發生，爰於第三項明定警察得檢查受管束人身體及所攜帶之物。
第二十條（使用警銬或戒具之情形） 警察依法留置、管束人民，有下列情形之一者，於必要時，得對其使用警銬或其他經核定之戒具： 一、抗拒留置、管束措施時。 二、攻擊警察或他人，毀損執行人員或他人物品，或有攻擊、毀損行為之虞時。 三、自殺、自傷或有自殺、自傷之虞時。	一、警察依法留置、管束人民，於必要時，得對其使用警銬或其他經核定之戒具（如腳鐐等），因其攸關人民自由權利，應受法律保留原則之限制，爰參考德國警察法標準草案第四十條規定，於第一項予以明定。 二、第一項所稱「依法留置」之情形，係指警察依有關法律，如檢肅流氓條例、社會秩序維護法等規定，對相關行為人所為之留置。

條　文	說　明
警察對人民實施查證身分或其他詢問，不得依管束之規定，令其供述。	三、警察對於人民實施查證身分或作其他詢問，相對人應有供述之自由，警察不得強制為之，自不得以管束之手段令其供述，爰參考德國警察法標準草案第三十三條第二項規定，於第二項予以明定。
第二十一條（扣留危險物品） 警察對軍器、凶器或其他危險物品，為預防危害之必要，得扣留之。	一、明定警察基於預防危害及保護社會安全之需要，於行使職權時，發現危險物品得扣留之。 二、參考行政執行法第三十八條第一項規定。
第二十二條（扣留物清單） 警察對於依法扣留之物，應簽發扣留物清單，載明扣留之時間、處所、扣留物之名目及其他必要之事項，交付該物之所有人、持有人或保管人；依情況無法交付清單時，應製作紀錄，並敘明理由附卷。	一、第一項明定警察依法扣留時，應簽發扣留物清單，交其所有人、持有人或保管人；依情況無法交付清單時，則參照行政程序法第七十六條有關送達證書收領人拒絕或不能簽名或蓋章時之處理方式，以「製作紀錄敘明理由附卷」方式處理。
依法扣留之物，應加封緘或其他標示妥善保管。因物之特性不適於由警察保管者，得委託其他機關或私人保管之，並通知所有人、持有人或保管人。必要時，得以處分之相對人為保管人。	二、第二項明定對依法扣留之物保管之程序，若因物之性質特殊不適合由警察保管者，得委託其他機關或私人保管之，必要時得以處分之相對人為保管人，以符合警察實務需要。
前項扣留之物，除依法應沒收、沒入、毀棄或應變價發還者外，期間不得逾三十日；扣留原因未消失時，得延長之，其延長期間不得逾二個月。	三、第三項係參照行政執行法第三十八條第二項規定，明定依法扣留之物之扣留期間與其延長扣留之要件及期間。
第二十三條（變賣扣留物之情形） 有下列情形之一者，扣留之物得予變賣： 一、有腐壞或價值重大減損之虞。 二、保管、照料或持有所費過鉅或有其困難。 三、扣留期間逾六個月，無法返還所有人、持有人或保管人，且不再合於扣留之要件。 四、經通知三個月內領取，且註明未於期限內領取，將予變賣，而所有人、持有人或保管人未於期限內領取。	一、所謂變賣，係指將扣留之物，不經拍賣程序，而以相當價格賣出，其為動產換價之例外方法，須有法定原因始得為之，爰於第一項明定扣留之物變賣之要件。

條　文	說　明
前項之物變賣前，應將變賣之程序、時間及地點通知所有人、持有人或保管人。但情況急迫者，不在此限。	二、第二項及第三項明定扣留之物變賣之程序。
物之變賣，採公開方式行之。因物之性質認難以賣出，或估計變賣之費用超出變賣所得時，得不經公開方式逕行處置之。第一項第三款、第四款之物，於六個月內未賣出者，歸屬各該級政府所有，並得將該物提供公益目的使用；其屬第一項第四款之物者，應將處理情形通知所有人、持有人或保管人。	三、為解決警察實務單位對扣留之物保管及處理之困擾，爰於第三項明定對於扣留之物，因其性質認難以賣出，或因估計變賣之費用超出變賣所得等原因時，得不經公開方式逕行處置之；扣留之物未賣出者，其所有權歸屬依法執行扣留之警察機關所屬政府所有，並得將該物提供公益目的使用。
扣留之物因腐壞、腐敗等理由而不能變賣者，得予銷毀之。	四、第四項明定扣留之物銷毀之要件。
第二項通知之規定，於前項情形準用之。	五、第五項明定扣留之物銷毀，準用第二項有關變賣通知之規定。 六、參考強制執行法第六十條、行政執行法第三十八條第二項、第三項及民法第八百零七條規定。
第二十四條（扣留物之返還） 扣留之物無繼續扣留之必要者，應將該物返還所有人、持有人或保管人；所有人、持有人或保管人不明時，得返還其他能證明對該物有權利之人。	一、第一項明定扣留之物返還之要件及程序。
扣留及保管費用，由物之所有人、持有人或保管人負擔。扣留之物返還時，得收取扣留及保管費用。	二、第二項明定扣留之物返還時，得向物之所有人、持有人或保管人收取因執行扣留時所支出之費用及保管費用。
物經變賣後，於扣除扣留費、保管費、變賣費及其他必要費用後，應返還其價金與第一項之人。第一項之人不明時，經公告一年期滿無人申請發還者，繳交各該級政府之公庫。	三、第三項明定扣留之物變賣後，其價金返還之程序及期限。 四、參考行政執行法第三十八條第四項及德國警察法標準草案第二十四條規定。
第二十五條（使用、處置人民之土地住宅或建築物等） 警察遇有天災、事變或交通上或公共安全上有危害情形，非使用或處置人民之土地、住宅、建築物、物品或限制其使用，不能達防護之目的時，得使用、處置或限制其使用。	一、警察對於因天災、事變或交通上或公共安全上之危害情形而威脅人民生命、身體、財產安全時，必須採取必要之措施，以維護社會公益，爰仿行政執行法第三十九條規定，予以明定。 二、參考災害防救法第三十條及第三十一條規定。

條　文	說　明
第二十六條（進入住宅救護） 警察因人民之生命、身體、財產有迫切之危害，非進入不能救護時，得進入住宅、建築物或其他處所。	參考行政執行法第四十條規定，明定警察因人民之生命、身體、財產遭受迫切之危害，非進入不能救護時，得進入住宅、建築物或其他處所，以因應警察執行救護任務之需要。
第二十七條（驅離或禁止進入） 警察行使職權時，為排除危害，得將妨礙之人、車暫時驅離或禁止進入。	一、警察依本法行使職權時，對行使職權之現場人、車，如不予以暫時驅離或禁止進入，將造成損害或妨礙任務之執行，爰予明定警察得將妨礙之人、車暫時驅離或禁止進入，以排除危害。 二、參考日本警察官職務執行法第四條及德國警察法標準草案第十二條規定。
第二十八條（行使職權或採取措施之限制） 警察為制止或排除現行危害公共安全、公共秩序或個人生命、身體、自由、名譽或財產之行為或事實狀況，得行使本法規定之職權或採取其他必要之措施。	一、個別法律賦予職權，乃依法行政之表現。惟社會政經文化等之變遷快速，法律一時自難以因應，若出現新興危害而不予處理，即無從維護公共安全與秩序，個人生命、身體、自由、名譽與財產，亦無法受到應有之保障。此時，若要求警察出面處理，自亦應賦予其相應之職權。爰參考德國警察法標準草案第八條第一項規定，於第一項予以明定。
	二、危害之發生，可能係人之行為所肇致，亦有可能係物之狀況引起。第一項所稱「行為」，係指前者；所稱「事實狀況」，係指後者而言。
警察依前項規定，行使職權或採取措施，以其他機關就該危害無法或不能即時制止或排除者為限。	三、新興之危害，非必屬警察任務範圍，本應由各該任務機關自行處理。但實務上，一般民眾遇有危害，多求助警察；抑且各該任務機關，非如警察接近民眾且二十四小時服勤，遇有危害必俟其到場處理，殆屬不可能，且有些危害之制止或排除，間不容髮，各該任務機關勢難克竟全功。為維持行政之一致性，並填補人權保障之闕漏，宜由其他機關就該危害無法或不能即時制止或排除者，依法請求警察適時補充介入協助，爰參考德國警察法標準草案第一條之規定，於第二項予以明定。
第四章　救濟	**章　名**
第二十九條（異議） 義務人或利害關係人對警察依本法行使職權之方法、應遵守之程序或其他侵害利益之情事，得於警察行使職權時，當場陳述理由，表示異議。	一、警察行使職權之態樣不一，勉強區分各該行為態樣而分別規定，顯不符經濟原則，且現行法律對於行政救濟業已有明文規定。故本條第一項僅就警察行使職權之方法、應遵守之程序或其他侵害利益等情事，為特別規定，規定義務人或利害關係人得表示異議。

條　文	說　明
前項異議，警察認為有理由者，應立即停止或更正執行行為；認為無理由者，得繼續執行，經義務人或利害關係人請求時，應將異議之理由製作紀錄交付之。	二、為使義務人或利害關係人對於警察行使職權時，能有表示意見之權利，並強化警察即時反省及反應能力，第一項爰規定得於警察行使職權時，當場陳述理由，表示異議，並於第二項明定警察對於該異議之處理方式。
	三、警察對於異議認為無理由時，為保障義務人或利害關係人之權益，明確責任歸屬，爰於第二項後段明定得繼續執行，經義務人或利害關係人請求，應將異議之理由作成紀錄交付之。
義務人或利害關係人因警察行使職權有違法或不當情事，致損害其權益者，得依法提起訴願及行政訴訟。	四、當場表示異議並不影響義務人或利害關係人依法得提起行政救濟之權利，爰於第三項明定警察行使職權有違法或不當情事，致損害其權益者，得依各該法律規定，提起訴願及行政訴訟。
	五、參考司法院釋字第五三五號解釋及行政執行法第九條規定。
第三十條（損害賠償） 警察違法行使職權，有國家賠償法所定國家負賠償責任之情事者，人民得依法請求損害賠償。	一、警察行使職權時，係以公務員之身分行使國家所賦予之公權力，如有國家賠償法所定國家負賠償責任之情事者，受損害人原得依國家賠償法向國家請求損害賠償，無待明文。惟鑑於警察行使職權有致人民權益遭受損害之虞，為期慎重，爰為提示性之規定，促使警察注意兼顧人民權益之維護。
	二、參考行政執行法第十條及德國警察法標準草案第四十五條規定。
第三十一條（損失補償） 警察依法行使職權，因人民特別犧牲，致其生命、身體或財產遭受損失時，人民得請求補償。但人民有可歸責之事由時，法院得減免其金額。	一、行政上之損失補償，乃行政機關基於公益目的合法實施行政權所為之補償，與國家賠償係對於違法之侵害者不同。人民對於國家社會原負有相當之社會義務，警察基於公益，合法行使職權致其生命、身體或財產遭受損失時，如係在社會義務範圍內，負有忍受之義務者，不予補償；必須超過其應盡之社會義務範圍，始應就其個別所遭受之特別損失或特別犧牲，酌予公平合理之補償。至人民有可歸責之事由，且其請求之補償金額與警察機關無法達成協議時，得依訴訟程序聲請法院裁決，爰於第一項予以明定。

條　文	說　明
前項損失補償，應以金錢為之，並以補償實際所受之特別損失為限。	二、行政上之損失補償，恆以金錢為之。為避免將來產生諸多糾紛，事實上亦以金錢補償較符合實際需要。補償之最高額度以實際所受之特別損失為限，惟非必均以其實際所受之損失為完全之補償，只需本於公平正義，謀求公益與私益之調和，衡量國家財力負擔，酌予公平合理之補償為已足，爰於第二項予以明定。
對於警察機關所為損失補償之決定不服者，得依法提起訴願及行政訴訟。	三、損失補償係就警察行使職權後所生之特別損失酌予補償，對於該管警察機關所為損失補償之決定不服時，其救濟程序宜依普通行政救濟之方式，依法提起訴願及行政訴訟，爰於第三項予以明定。
損失補償，應於知有損失後，二年內向警察機關請求之。但自損失發生後，經過五年者，不得為之。	四、損失補償，性質上為公法上之補償請求權，其請求期間為顧及人民權益，損失補償，應於知有損失後，二年內為之，但自損失發生後，經過五年者，不得為之，爰於第四項予以明定。
	五、參考行政執行法第四十一條及德國警察法標準草案第四十五條規定。
第五章　附則	章　名
第三十二條（施行日） 本法自中華民國九十二年十二月一日施行。	本法係屬新創，攸關民眾權益，為使警察執法人員及民眾對本法有充分瞭解，實有教育與宣導之必要。此外，本法尚有授權法規必須配合訂定，需預留其作業時程，爰明定本法自中華民國九十二年十二月一日施行。

二、「警察遴選第三人蒐集資料辦法」立法說明

條　文	說　明
第一條（授權依據） 本辦法依警察職權行使法（以下簡稱本法）第十二條第四項規定訂定之。	明定本辦法授權依據。
第二條（遴選程序） 警察遴選第三人時，應以書面敘明下列事項，陳報該管警察局長或警察分局長核准後實施： 一、遴選第三人蒐集資料之原因事實。 二、蒐集對象之基本資料。 三、蒐集資料之項目。 四、第三人個人資料及適任理由。 五、指定專責聯繫運用之人員（以下簡稱專責人員）及其理由。 第三人之真實姓名及身分應予保密，並以代號或化名為之，警察製作文書時不得記載第三人之年齡、住居所、國民身分證統一編號或護照號碼及其他足資識別其身分之資料。第三人之簽名以捺指印代之。 專業警察遴選第三人及核准程序，準用前二項規定。	一、警察遴選第三人以書面陳報該管警察局長或警察分局長核准後實施，爰訂定第一項。 二、為保護警察所遴選之第三人，指定專責人員採單線聯繫，並對第三人之真實姓名及身分保密，以代號或化名為之，對其個人之基本資料不得記載，第三人簽名則以捺指印代之，爰訂定第二項。 因專業警察單位如國家公園警察大隊、保安警察第二總隊、保安警察第三總隊、國道公路警察局、鐵路警察局等依法得偵查犯罪，惟其相當於警察局長或警察分局長之職稱為總隊長、（大）隊長、段長等，為其遴選第三人及核准程序，準用前二項規定，爰訂定第三項。
第三條（查核事項） 警察遴選第三人，應查核下列事項： 一、忠誠度及信賴度。 二、工作及生活背景。 三、合作意願及動機。	明定警察遴選第三人，應查核事項。
第四條（訓練事項） 遴選第三人經核准後，除最近二年內曾任第三人者外，應實施下列訓練： 一、蒐集資料之方法及技巧。 二、保密作為。 三、狀況之處置。 四、相關法律程序及法律責任。 五、本法規定及其他注意事項。 前項訓練由專責人個別指導。	一、為使所遴選之第三人能具備蒐證能力，於第一項明定施予有關訓練。並考量其接受訓練後，執行任務之熟練度及應變能力之時效，以二年為適當，故如於最近二年內，未經遴選為第三人者，應再施予訓練，以加強執行任務能力。 二、第三人之訓練，依其身分、地位、學識能力、層次、發展潛力及工作需要，指定專人個別指導，爰訂定第二項。

條　文	說　明
第五條（告知事項） 第三人完成訓練後，應以口頭或其他適當方式交付任務，並告知下列事項： 一、簡要案情狀況。 二、蒐集對象資料及其可能從事之危害或犯罪行為。 三、蒐集資料項目。 四、任務起迄時間。 五、聯繫方法。 六、其他應行注意之事項。	明定第三人於完成訓練後交付任務，並告知有關事項。
第六條（期間及其延長） 警察遴選第三人蒐集資料之期間不得逾一年。認有繼續蒐集必要時，得於期間屆滿前依第二條第一項程序報准延長之。但延長期間不得逾一年，以一次為限。	統計各案件破獲時間如賭博、竊盜、色情妨害風化、違反商標或著作權法等案件，約二個月至四個月；走私、販賣毒品等需四個月至一年，甚至更長時間不等，故取其平均數值，明定警察遴選之第三人蒐集資料不得逾一年。必要時，於遴選期間未屆滿前，依規定報准延長之，並以一次為限。
第七條（中止合作） 警察遴選第三人蒐集資料，有下列情形之一者，應依第二條第一項程序，報請終止合作關係，並即告知第三人： 一、原因事實消失者。 二、蒐集目的達成者。 三、有事實足認不適任者。	明定警察遴選第三人蒐集資料之終止合作關係及其情形規定。
第八條（聯繫及資料管理） 警察與第三人聯繫，應注意保密，並主動探詢其蒐集資料情形。 第三人之陳述有保全之必要，得經其同意後，予以錄音留存；其交付之證據資料，應載明取得之過程與方法。 第二項之錄音紀錄或證據資料，應依第十一條規定管理。	一、第一項明定警察與第三人聯繫，應注意保密。 二、第二項明定第三人之陳述有保全之必要，經其同意，得予以錄音留存。 三、第二項之錄音紀錄或證據資料，應依第十一條規定管理，爰訂定第三項。
第九條（考核） 警察應隨時考核第三人之忠誠度及信賴度，並適時檢討其工作成效。 前項工作成效未達預期者，得視案情狀況，加強其蒐集資料技巧及方法之訓練。 第三人之忠誠度、信賴度或工作成效經評估認為已不適任者，應停止執行，並依第七條報請終止合作關係。	明定警察應隨時考核第三人之忠誠度及信賴度，並檢討其工作成效，加強其蒐集資料技巧及方法之訓練。

條　文	說　明
第十條（資料鑑別） 警察對第三人所蒐集之資料，應客觀判斷其取得過程及方法，參酌經驗及結果事實情況，評鑑其可信性。 前項資料經研判認為可信，且具證據價值者，應依下列方式處理： 一、資料欠詳盡者，應告知繼續蒐集；必要時，應予適當之指導。 二、資料足資證明特定人有危害或犯罪行為者，應依法處理。 第一項資料經研判認為不可信者，依前條規定處理。	一、第一項明定警察對第三人所蒐集之資料，應客觀並參酌經驗及結果事實情況，評鑑其可信性。 二、警察對第三人所蒐集之資料，研判其可信及不可信之處理，爰訂定於第二項及第三項。
第十一條（檔案管理） 警察遴選第三人及第三人蒐集之資料，應列為極機密文件，專案建檔，並指定專人依機密檔案管理辦法管理之。 前項檔案文件，除法律另有規定者外，不得供閱覽或提供偵查、審判機關以外之其他機關、團體或個人。 第一項文件供閱覽時，應由啓封者及傳閱者在卷面騎縫處簽章，載明啓封及傳閱日期，並由啓封者併前手封存卷面，重新製作卷面封存之。	一、參酌證人保護法第十一條及其施行細則第十七條規定，第一項明定警察遴選第三人及第三人蒐集之資料，列為極機密文件，並依機密檔案管理辦法管理之。 二、警察遴選第三人及第三人蒐集之資料依一定程序管理，以提升保密之作為，並考量啓封者及傳閱者之保密機制作為，爰訂定於第二項及第三項。
第十二條（費用支付） 依本法第十二條第三項規定支給第三人實際工作需要費用時，應以專責人員名義具領後，親自交付第三人。 前項經費由各警察機關自行編列預算支應。	一、第一項明定支給第三人實際工作需要費用時，應以專責人員名義領後，親自交付第三人，另基於權利義務及對第三人權益有所保障，應於遴選期間為第三人投保意外責任險，保險費用由實際工作需要費用項目支列。 二、經費由各警察機關評估轄區治安狀況，審酌財力支應情形，自行編列預算支應，爰訂定於第二項。
第十三條（施行日期） 本辦法自中華民國九十二年十二月一日施行。	明定本辦法施行日期。

三、治安顧慮人口查訪辦法

民國92年11月27日訂定發布全文10條

民國101年1月4日修正發布第2、4、10條條文

第一條（授權依據）

本辦法依警察職權行使法（以下簡稱本法）第十五條第三項規定訂定之。

第二條（查訪對象）

依本法第十五條第一項規定得定期實施查訪對象如下：

一、曾犯刑法第二百七十一條或第二百七十二條之殺人罪者。

二、曾犯刑法第三百二十八條至第三百三十二條之強盜罪者。

三、曾犯刑法第三百二十五條至第三百二十七條之搶奪罪者。

四、曾犯刑法第一百七十三條第一項、第一百七十四條第一項、第一百七十五條第一項或第二項之放火罪者。

五、曾犯刑法第二百二十一條、第二百二十二條、第二百二十四條至第二百二十七條、第二百二十八條或第二百二十九條之妨害性自主罪者。

六、曾犯刑法第三百四十六條之恐嚇取財罪者。

七、曾犯刑法第三百四十七條或第三百四十八條之擄人勒贖罪者。

八、曾犯刑法第三百二十條或第三百二十一條之竊盜罪者。

九、曾犯刑法第三百三十九條、第三百三十九條之一、第三百三十九條之二、第三百三十九條之三或第三百四十一條之詐欺罪者。

十、曾犯刑法第二百九十六條、第二百九十六條之一、第三百零二條、第三百零四條或第三百零五條之妨害自由罪者。

十一、曾犯組織犯罪防制條例之罪者。

十二、毒品危害防制條例第二十五條第二項所定之受毒品戒治人。

十三、曾犯毒品危害防制條例所定製造、運輸、販賣、持有毒品之罪者。

十四、曾犯槍砲彈藥刀械管制條例所定製造、運輸、販賣、持有槍砲彈藥之罪者。

前項查訪期間，以刑執行完畢或假釋出獄後三年內爲限。

第三條（查訪項目）

警察實施查訪項目如下：

一、查訪對象之工作、交往及生活情形。

二、其他有助於維護社會治安及防制查訪對象再犯之必要資料。

第四條（查訪次數及通報）

治安顧慮人口由戶籍地警察機關每個月實施查訪一次。必要時，得增加查訪次數。

戶籍地警察機關發現查訪對象不在戶籍地時，應查明及通知所在處所之警察機關協助查訪；其爲行方不明者，應通報直轄市、縣（市）政府警察局協尋。

第五條（查訪限制）

警察實施查訪，應選擇適當之時間、地點，以家戶訪問或其他適當方式爲之，並應注意避免影響查訪對象之工作及名譽。

第六條（查訪時間）

警察實施查訪，應於日間爲之。但與查訪對象約定者，不在此限。

第七條（告知事項）

警察實施查訪時，應著制服或出示證件表明身分，並應告知事由。

第八條（勸告）

警察發現查訪對象有違法之虞時，應以勸告或其他適當方法，促其不再犯。

第九條（資料通報）

警察依本法第六條至第十條規定實施身分查證及資料蒐集，發現行方不明治安顧慮人口之第三條所定資料時，應通報其戶籍地警察機關。

第十條（施行日期）

本辦法自中華民國九十二年十二月一日施行。

本辦法修正條文自發布日施行。

四、實施臨檢盤查（查證身分）民眾異議紀錄表

警察局 分局　實施臨檢盤查（查證身分）民眾異議紀錄表				中華民國　　年　　月　　日 警　字第　　　號	
受查驗人	姓名		性別	身分證統一編號	住居所
	年　月　日		□男 □女		（縣）市　　區（市鄉鎮）　　村（里） 路（街）　　段巷弄　號　樓之

主旨	受查驗人因本單位於下列事實載明之時地，實施臨檢盤查（查證身分）時，當場表示異議，經在場執行帶班人員決定，認為無理由，並繼續執行完畢。

實事	一、實施臨檢盤查（查證身分）	時間：　　年　　月　　日　　時　　分起至　　年　　月　　日　　時 　　分止。 地點（處所、路段）：（　　　　）
	二、本單位員警於右記時地實施臨檢盤查（查證身分），執行時員警□著制服□已出示證件、表明身分，並當場告知受查驗人實施之事由。（於□中打✓）	
	三、於臨檢盤查程序進行中，受查驗人認執行員警□方法不當□未遵守程序□其他侵害其利益（載明何項利益），當場表示異議，經在場執行帶班人員決定，認為無理由，並繼續執行完畢。（於□中打✓）	
	四、因受查驗人拒絕接受詢問，亦堅決不出示身分證件，無從確定其身分；執行員警乃依警察職權行使法第七條第二項規定，將其帶回勤務處所查證。（有本項事實於□中打✓）	
	五、其他（載明相關事實）：	

據依令法及由理	□合理懷疑有犯罪之嫌疑或有犯罪之虞。（警察職權行使法第六條第一項第一款） □有事實足認對已發生之犯罪或即將發生之犯罪知情。（警察職權行使法第六條第一項第二款） □有事實認為防止其本人或他人生命、身體之具體危害，有查證身分之必要。（警察職權行使法第六條第一項第三款） □滯留於有事實足認有陰謀、預備、著手實施重大犯罪或有人犯藏匿之處所。（警察職權行使法第六條第一項第四款） □滯留於應有停（居）留許可之處所，而無停（居）留許可。（警察職權行使法第六條第一項第五款） □行經指定公共場所、路段及管制站。（警察職權行使法第六條第一項第六款） □已發生危害或依客觀合理判斷易生危害之交通工具。（警察職權行使法第八條） □其他（載明理由及法令依據）：

編號：	執行機關	警察局 分　局	（套印主官簽名章）	執行單位	隊 組 分駐（派出）所	執行人員簽章	帶班人員： 執行人員：
	附註	一、受查驗人如對旨揭決定有所不服，得於收受本紀錄表之次日起三十日內，繕具訴願書經本局（分局）向市縣（市）政府提起訴願。 二、本紀錄表一式三聯，第一聯交付受查驗人收執，第二聯由執行單位留存，第三聯送執行機關備查。					

警察局　分局　分駐（派出）所　臨檢紀錄表							
檢查時間	年　月　日　時　分				檢查地點		
事由					負責人		
檢查情形							
行為人	姓名	性別	出　生年月日	職業	身分證統一編號	住　　　址	備　註
帶案保管或扣留物品	名　　稱			單　位	數　量	所有人姓名	備　註
右陳主官（管）				檢查人：在場人：			

附註：在場人係指當事人或鄰居或該管自治團體人員或可為代表人當場會同簽名。

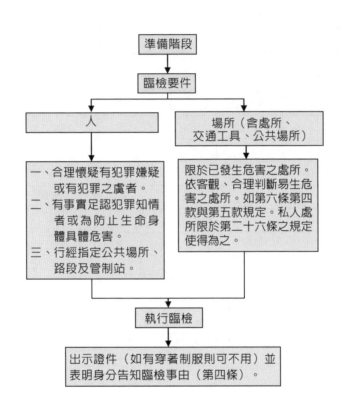

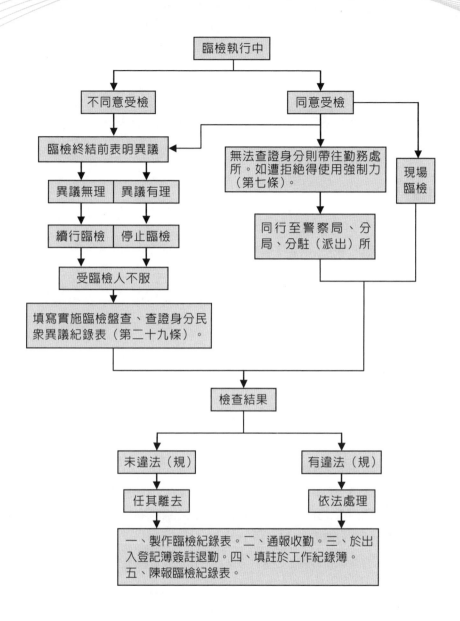

參考資料

中文書籍

90年版警察實用法令，內政部警政署，2001年4月。

王兆鵬，搜索扣押與刑事被告的憲法權利，元照出版，2003年3月。

王兆鵬，路檢、盤查與人權，元照出版，2001年6月。

吳庚，行政法之理論與實用，作者自版，2003年10月。

李惠宗，行政法要義，五南圖書，2001年8月。

李震山，警察任務法論，登文書局，2008年2月。

李震山，警察職務執行法草案之研究，內政部警政署委託研究，1999年6月。

林石猛，行政訴訟類型之理論與實務，新學林出版，2002年9月。

林明鏘，警察法學研究，新學林出版，2011年7月。

陳立中，警察行政法，萬人出版，2001年1月。

翁岳生主編，行政訴訟法逐條釋義，2002年8月。

湯德宗，行政程序法論——論正當行政程序，元照出版，2003年10月。

蔡庭榕、簡建章、李錫棟、許義寶，警察職權行使法逐條釋論，五南圖書，2005年2月。

蔡震榮，行政執行法，元照出版，2013年11月。

內政部警政署編，警察職權行使法逐條釋義，內政部警政署編印，2003年8月。

中文論文

田炎欣，警察偵查犯罪侵害個人資料保護法之探討（上）（下），台灣法學雜誌，第256期，2014年9月15日，頁85-94；第257期，2014年10月1日，頁85-94。

李震山，從釋字第五三五號解釋談警察臨檢的法制與實務，台灣本土法學雜誌，第33期，2002年4月，頁69-78。

李寧修，當代科技發展下國家集會遊行資料蒐集的憲法界限：德國聯邦憲法法院「巴伐利

亞邦集會遊行法部分暫停適用」裁定引發的反思，東吳公法裁判研究會第31回，2015年6月26日，頁1-30。

李佳玟，「社工」緝毒，月旦法學教室，第158期，2015年12月，頁51以下。

林明鏘，警察職權行使法基本問題之研究，台灣本土法學雜誌，第56期，2004年3月，頁97-131。

林明鏘，論警職法第28條之權限條款與補充性原則，警察法學，第5期，2006年10月，頁11-34。

林裕順，談警察風格之展現，警光雜誌，第554期，2002年9月，頁43-45。

陳通和，論警察職權行使之原則——以制定法論述之（上），中央警察大學學報，第51期，2014年5月，頁217-248。

陳通和，論警察職權行使法之原則——以制定法論述之（下），中央警察大學學報，第52期，2015年5月，頁135-161。

陳愛娥，相關警察執行職務法律草案是否已提供警察明確且有效的執法權限規範？，台灣本土法學雜誌，第44期，2003年3月，頁87-95。

陳愛娥，正當法律程序與人權保障——以我國爲中心，憲政時代，第29卷第3期，2004年3月，頁359-389。

程明修、楊雲驊，大法官釋字第五三五號解釋所涉問題分析，法學講座，創刊號，2002年1月，頁105-118。

傅美惠，誘捕偵查與警察職權行使法相關問題探討，刑事法雜誌，第57卷第4期，頁1-38。

黃清德，自動辨識車牌的憲法問題，警專論壇，第8期，2013年9月，頁89-98。

黃朝義，誘捕偵查與誘陷抗辯理論，中央警察大學法學論集創刊號，1996年3月。

湯德宗，具體違憲審查與正當程序保障——大法官釋字第五三五號解釋的續構與改造，憲政時代，第29卷第4期，2004年4月，頁445-479。

曹昌棋，論對警察反蒐證的爭議，警專學報，第5卷第7期，2014年4月，頁1-15。

劉淑範，論「續行確認訴訟」（「違法確認訴訟」）之適用範疇：以德國學說與實務爲中心，台北大學法學論叢，第46期，2000年6月，頁113-184。

蔡秀卿，日本警察臨檢法制與實務——兼論大法官釋字第五三五號解釋，台灣本土法學雜誌，第33期，2002年4月，頁85-97。

蔡英傑，警察蒐集資料之錄影蒐證的法律問題，政大警政班專題報告，2004年。

蔡聖偉，私裝GPS跟監與刑法第三一五條之一——評臺灣高等法院一○○年度上易字第二四○七號判決，月旦裁判時報，2015年2月，頁31-37。

蔡震榮，管轄權之意義，收錄於：台灣行政法學會主編，行政法爭議問題研究（上），五南出版，2000年12月。

蔡震榮，警察職務執行條例草案之探討，刊於：台灣本土法學雜誌，第44期，2003年3月。

鄭善印，警察臨檢法制問題之研究，內政部警政署警政法學研討會。

蘇永欽，人民聲請憲法解釋的裁判關聯性，司法周刊，第858期，2007年12月24日。

警察臨檢行為法制化——釋字第五三五號解釋座談會，月旦法學，第81期，2002年2月。

警察職務執行之定位與出發，特別企畫專題報導，台灣本土法學雜誌，第44期，2003年3月。

西文書籍

Berner/Köhler, Polizeiaufgabengesetz, 14.Auflage, 1995.

Christoph Gusy, Polizeirecht, 5.Auflage, 2003.

Conrads, Verkehrsrecht, Verlage Deutsche Polizeiliteratur GMBH, 8.Auflage.

Lisken/Denninger (Hrsg.), 2.Auflage, 1996.

Detlef Meyer-Stender/Klaus Hackelberg/Hartmut Gnass, Grundlage für die Arbeit in der Strassenverkehrsbehörde, GDV, 1998.

Dietel/Gintzel/Kniesel, Demonstrations-und Versammlungsfreiheit, 12.Auflage, 2000.

Drews/Wacke/Vogel/Martens, Gefahrabwehr, 9.Auflage, 1985.

Hartmut Maurer, Allgemeines Verwaltungsrecht, 12.Auflage, 1999.

Hessen/Hönle/Peilert, Bundesgrenzschutz, Verwaltungsvollstreckungsgesetz, Gesetz über den unmittelbaren Zwang, 4.Auflage, 2002.

Josef König,Eingriffsrecht, Massnahmen der Polizei nach der Strafprozessordnung und dem Polizeigesetz Baden-Württemberg, 1996.

Jost Benfer, Eingriffsrechte, 1997, S. 231.

Kopp/Schenke, Verwaltungsgerichtsordnung, Kommentar, 13.Auflage, 2003.

Kraft/Kay/Böcking, Eingriffsmassnahmen der Polizei, 2.Auflage, 1994.

Krüge, Versammlungsrecht, 1994.

Lambiris, Klassische Standardbefugnis im Polizeirecht, 2002.

Meixner/Martell, Gesetz über die öffentliche Sicherheit und Ordnung, Sachsen-Anhalt, 3.Auflage, 2001.

Möller/Wilhelm, Allgemeines Polizei-und Ordnungsrecht, 4.Auflage, 1995.

Ossenbühl, Staatshaftungsrecht, 1991.

Richard Taschenmacher, Polizeidiensrkunde Dienst-und Einsatzlehre, 1998.

Samper/Honnacker, Polizeiaufgabengesetz, 15.Auflage, 1992.

Stefan Zeitler, Allgemeines und Besonderes Polizeirecht für Baden-Württemberg, 1998, S. 165.

Stefan Zeitler, Versammlungsrecht, 1994.

Volkmar Götz, Allgemeines Polizei-und Ordnungsrecht, 13.Auflage.

Wolff/Bachof, Verwaltungsrecht III.

Wolf-Rüdiger Schenke, Polizei-und Ordnungsrecht, 2.Auflage.

Walter Gropp, Transparenz der polizeilichen Befugnisanwendung, Polizei und Datenschutz, 1999, S. 104-120.

西文期刊

J.Kohl, Videoüberwachung öffentlicher Räume, NVwZ 2002, S. 118ff.

Michael Dolderer, Verfassungsfragen der 'Sicherheit durch Null-Toleranz', NVwZ 2002, Heft 2, S. 130-134.

Michael Kniesel, Vorbeugende Bekämpfung von Straftaten im neuen Polizeirecht-Gefahrenabwehr oder Strafverfolgung? ZRP 1989, Heft 9, S. 329-332.

國家圖書館出版品預行編目資料

警察職權行使法概論／蔡震榮, 黃清德著. --
四版. -- 臺北市：五南, 2019.11
面；　公分
ISBN 978-957-763-751-2 (平裝)

1.警政法規

575.8　　　　　　　　　　108018590

1RA5

警察職權行使法概論

作　　者 ― 蔡震榮（378.1）、黃清德

發 行 人 ― 楊榮川

總 經 理 ― 楊士清

總 編 輯 ― 楊秀麗

副總編輯 ― 劉靜芬

責任編輯 ― 黃郁婷

封面設計 ― 姚孝慈

出 版 者 ― 五南圖書出版股份有限公司

地　　址：106台北市大安區和平東路二段339號4樓

電　　話：(02)2705-5066　　傳　　真：(02)2706-6100

網　　址：http://www.wunan.com.tw

電子郵件：wunan@wunan.com.tw

劃撥帳號：01068953

戶　　名：五南圖書出版股份有限公司

法律顧問　林勝安律師事務所　林勝安律師

出版日期　2016年 5 月三版一刷
　　　　　 2018年 1 月三版二刷
　　　　　 2019年11月四版一刷

定　　價　新臺幣450元